マーケティング・
リサーチ入門

星野崇宏・上田雅夫[著]

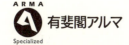

ARMA
有斐閣アルマ
Specialized

はしがき

　現在，マーケティングを取り巻く環境が大きく変化し，その環境変化への対応を迫られている。商品・サービスの開発や消費者コミュニケーションを適切に行うには，消費者と市場を深く理解することが必要であるため，マーケティング・リサーチは，マーケティングにおける最重要な活動と言ってよい。

　しかしながら，日本においてマーケティング・リサーチの重要性は過小評価されているようである。その原因はいくつかあるが，マーケティング・リサーチは大学の講義の科目としては非常に多く開講されていながら，マーケティング・リサーチを専門にする教員は国内にはほとんどおらず，体系的な教科書もないのが現状であること，さらにこの10年ほどでマーケティングそのもののあり方が大きく変わり，その変化に対して（今後の変化にも対応できる）統一的な視点から説明を行っている成書はほぼないことがあげられる。

　本書は，マーケティング・リサーチを初めて学ぶ大学学部生，ビジネススクールの院生，マーケティング・リサーチ業界の実務家，さらにマーケティング・リサーチを利用して企業のマーケティング活動にかかわる実務家を対象としている。そしてそこには，4点の特徴がある。

　まず1点目に体系的であることを志向した，という点である。リサーチでは目下のリサーチの目的を達成するためにどのようなデータを取得するべきかというリサーチの設計について，調査や実験・観察を行う際の調査項目の作成法や技法について，得られたデータから適切に知見を得る解析法についてそれぞれ理解する必要が

ある。これまでの成書の多くはどれかのプロセスのみ，あるいは偏って記述がされていたが，本書ではこれらを一貫した観点で説明することに努めた。これは以下の2点めとも関連する。

2点めに，「集めるデータ」と「集まるデータ」という統一的な視点から，これらをどのように扱えば，マーケティングの意思決定に利用できるのかについて事例を踏まえて説明することに努めた。これまでのマーケティング・リサーチでは，データは「調査」や「観察」などを行い，コストを掛けて「集める」ものであり，集まったデータを分析することがマーケティング・リサーチの主たる業務であった。しかし時代が変わり，自社のWebサイトのアクセスログや，アプリケーション上の行動履歴，位置情報などマーケティングに活用できるデータが自然に「集まる」時代となり，「集まるデータ」をどのように活用していくのかが，マーケティングの重要な課題となった。

今，ビッグデータと言われる「集まるデータ」に注目が集まっているが，大半の「集まるデータ」は量的なデータであり，その多くは行動の結果である。仮説の検証には適しているが，仮説そのものを得ることには適しているとは言い難い。したがってビッグデータの時代においてもこれまで同様，仮説を立案するための質的な調査手法の重要性は変わらない。

また，集まるデータは仮説の検証や効果検証にも使われるが，正しい因果効果を推定するにはリサーチのデザインや選択バイアスの問題など，注意するべき点がいくつかある。特に，選択バイアスについては「集まるデータ」では避けることのできない問題であり，それを回避する方法の1つに「集めるデータ」を用いて「集まるデータ」の補完をするといった方法がある。このように，「集まる

データ」の時代ではあるが，旧来の「集めるデータ」も必要であり，自社の課題に対して，「集めるデータ」と「集まるデータ」を組み合わせて問題を解決することが求められている。

　3点めに，それぞれの概念の説明にあたって具体性を高めることに注力したことである。成書ではともすると仮想例や，実例ではあるが読者が利用できない過去の調査案件を用いての説明が行われていた。本書では具体的に理解してもらうためにオリジナルの調査として「飲料メーカーの調査」「ゲームアプリの調査」を実施し，読者がその過程を追体験できるよう，本文や章末課題でこれらの調査について言及した。また調査票やデータなども提供する。

　4点めに，様々な資料の提供である。本書は大学の講義や実務家の勉強会での利用，自習などで教科書として利用しやすくすることを目的として，末尾で紹介するサイト（有斐閣「Web サポートページ」）に上述した2つの調査の「調査票」「データ」「解析のコード」「課題の解答例」などを掲載している。

　加えて，大学の講義や企業での勉強会での一定数の採用をされた講師に対しては Microsoft PowerPoint による講義資料（15回分）を提供するので，ご希望の方は出版社に問い合わせをいただきたい。

　本書は執筆者だけではなく様々な人のご支援を頂いて書きあげたものである。特に，データや資料の利用について快諾していただいた株式会社マクロミル社の小池直氏・橋本厚司氏，本書のための調査の協力を頂いた株式会社インテージの中野暁氏，本書を通してチェック頂いた関西大学の宮崎慧先生，東北学院大学の竹内真登先生，法政大学の猪狩良介先生，神戸大学の加藤諒先生，星野研究室の院生と星野崇宏研究会の学部ゼミ生の皆さんにはこの場を借りて御礼

申し上げる。

　本書の企画に賛同していただき，業務が多忙ななか，何度も編集のための打ち合わせをしていただいた株式会社有斐閣の岡山義信氏，渡辺晃氏，柴田守氏，また，当初の担当であった元有斐閣の尾崎大輔氏に心から感謝の意を申し上げたい。

2018 年 10 月

星野崇宏・上田雅夫

インフォメーション

■章の構成

　各章は Introduction（章の概要）から始まり，**Case**（架空事例），**Point!**（要点整理），**Column**（コラム），**課題**などを収録しています。**Column** ではマーケティング・リサーチを学ぶうえで参考となる追加的な話題や，魅力的な事例を提供します。各章末の**課題**は，学習内容を整理し定着させるための練習問題や，自ら学びを深めるためのテーマを用意しました。回答例は Web サポートページに掲載しています。

■ブックガイド

　巻末に，さらに進んだ学習のための参考書籍がリストアップされています。書籍は「統計学」「標本調査法」「マーケティング／消費者行動」「マーケティング・リサーチ」「マーケティング・サイエンス／マーケティング・エンジニアリング」「R の利用」「機械学習」「計量経済学」「因果推論」の 9 分野に整理してあります。

■Web サポートページのご案内

　有斐閣書籍編集第 2 部ウェブサイト内（下記の URL）で，本書のサポートページを開設しています。

http://yuhikaku-nibu.txt-nifty.com/blog/2018/11/22116.html

（「付加データ　マーケティング・リサーチ入門」で検索）

　各章末の「課題」の解答・解説や，練習用データの提供を行っています。補足解説なども随時更新予定です。ぜひご覧ください。

著者紹介

星野　崇宏（ほしの・たかひろ）

執筆　2章 Column⑥，3章，4章，5章，7章，8章

2004年，東京大学大学院総合文化研究科博士課程修了
　情報・システム研究機構統計数理研究所，東京大学教養学部，名古屋
　大学大学院経済学研究科，東京大学大学院教育学研究科を経て，
現在，慶應義塾大学経済学部教授，博士（学術），博士（経済学）
主著：『調査観察データの統計科学——因果推論・選択バイアス・データ
　融合』［シリーズ確率と情報の科学］岩波書店，2009年。『入門統計解
　析』（共著）新世社，2009年。『欠測データの統計科学——医学と社会
　科学への応用』［シリーズ調査観察データ解析の実際］（共著）岩波書
　店，2016年，など。

上田　雅夫（うえだ・まさお）

執筆　1章，2章，6章，9章

1995年，北海道大学大学院農学研究科修士課程修了
2015年，早稲田大学大学院商学研究科博士後期課程修了
　食品メーカー，シンクタンクの勤務を経て，
現在，早稲田大学理工学術院教授，博士（商学）
主著：『マーケット・セグメンテーション——購買履歴データを用いた販
　売機会の発見』（分担執筆）白桃書房，2008年。『ブランド戦略全書』
　（分担執筆）有斐閣，2014年。「連想のつながりの強さによるブラン
　ド・イメージの理解——項目反応理論の段階反応モデルの活用」『オペ
　レーションズ・リサーチ』60(12)：38-48，2015年。『マーケティン
　グ・エンジニアリング入門』（共著）有斐閣，2017年，など。

目　　次

第**3**章　リサーチの品質と誤差　　　　　　65

リサーチの落とし穴

第**6**章	*質的調査とは*	165

その定義・種類，設計・分析を考える

第**7**章	*量的調査とは（1）*	211

量的データの収集方法，特に調査方法について

Columns ●••

第1章

マーケティング・リサーチとは

市場に耳を傾ける

Introduction

　企業は，消費者のニーズの多様化にあわせ，それぞれのニーズに対応した商品やサービスを開発する必要に迫られている。そのため，消費者のニーズを把握するマーケティング・リサーチの必要性は以前よりも増している。コトラーの指摘にあるようにマーケティングを行うには，消費者の細分化（セグメンテーション）を行い，そのなかでどのセグメントを標的とするのか（ターゲティング）明らかにする（Kotler 1999）。さらに，市場にある商品やブランドの関係を明らかにし（ポジショニング），市場に商品を導入する。このセグメンテーション，ターゲティング，ポジショニングを行う前に，マーケティング・リサーチを行う必要があるとしており，このことから，マーケティングを行ううえで，マーケティング・リサーチの重要性が理解できる。

　本章では，マーケティング・リサーチの定義を確認したうえで，マーケティング・リサーチがなぜ必要なのか，さらに，マーケティング・リサーチを進めるうえで必要な知識について説明を行う。

1 マーケティング・リサーチとは何か

　マーケティング・リサーチとは何であろうか？　アメリカ・マーケティング協会（AMA）の定義では「消費者，顧客，公衆とマーケッターが情報を介してつながる機能」であると述べており，具体的な業務に「必要な情報を識別し，情報を収集する手法を設計し，データを収集する過程を管理し，実行する。あわせて，調査結果の分析及び，分析結果と結果から得られた示唆を伝えること」としている（https://www.ama.org/AboutAMA/Pages/Definition-of-Marketing.aspx より一部抜粋）。

　また，日本マーケティング協会の定義では「マーケティングとは，企業および他の組織がグローバルな視野に立ち，顧客との相互理解を得ながら，公正な競争を通じて行う市場創造のための総合的活動である」（https://www.jma2-jp.org/jma/aboutjma/jmaorganization 2018年11月時点）としている。

　どちらの定義にしても，消費者を理解するために情報を収集し，収集した情報を分析することは共通しており，情報＝データと言い換えると定義が意味するところについて，さらに理解しやすいであ

ろう。上に挙げた定義を総合的に考えると，マーケティング・リサーチは「マーケティングの目的に必要なデータを収集するため，その手法を設計し，データを得るまでの過程を管理し，得られたデータを分析することで，自社のマーケティングに活用できるような示唆を得ること」と定義できる。

マーケティングとマーケティング・リサーチ
アメリカ・マーケティング協会によるとマーケティングの定義は「顧客，クライアント，パートナー，社会のための価値の創造，伝達，提供，交換という全体の活動」である。ここで重要な点は，マーケティングは企画を立案することではなく「活動」であり，何らかの目的を遂行するための行動であるという点である。ただし，行動（実行）する前には，最も効率よく実行できるように計画を立て，実行したあとには，計画との乖離を確認する。よって，マーケティング業務プロセスを簡単にまとめると，Plan（計画）→Do（実行）→See（確認）の3つのフェーズに分かれる（図1.1参照）。

　先にマーケティングの中心が行動であると述べたが，円滑に行動するには客観的な事実による判断が必要である。マーケティング・リサーチは，マーケティングの担当者が意思決定に利用する判断材料を提供することである。

　マーケティング・リサーチは，図1.1のマーケティングのフェーズではPlanとSeeに関わる。どちらのフェーズもデータを収集し，分析を行い何らかの意思決定を行うフェーズである。ただし，その内容は大きく異なる。Planのフェーズは漠然とした課題を具体的な目標に変換させる過程であるため，量的データ（定量的なデータ）のほかに質的データ（定性的なデータ）も利用する。また，Planの段階では正確な情報，精緻な分析結果が必要になるため，

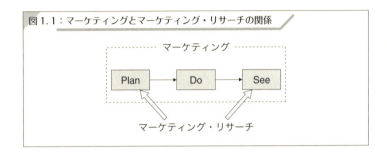

図1.1：マーケティングとマーケティング・リサーチの関係

マーケティング

Plan → Do → See

マーケティング・リサーチ

分析では時間よりも正確さが求められ，分析する際の手法も，統計的なモデルを構築し分析するなど集計以上のレベルが望まれる。

　一方，See のフェーズは実行した内容の確認が主であり，確認する際には量的データを用いることが多い（目標に対して達したか否かを確認するが，通常その目標は売上金額，購買人数などの定量的な目標となる）。また，早く分析結果を確認する必要があるため，データの分析レベルは集計レベルであることが多い。

Point !

量的データ（定量的なデータ）：量的な特性を表し測定可能なデータである。計算が可能なデータ。
質的データ（定性的なデータ）：質的な特性を表し，その本質は類別である。計算が不可能なデータ。

マーケティング・リサーチの手法

マーケティング・リサーチにはさまざまな手法がある。調査票を用いる「調査」，消費者の行動をみて仮説を得る「観察」もマ

ーケティング・リサーチに含まれる。それぞれの手法について，図1.2のような基準で分類することができる。

　マーケティング・リサーチではデータがすでに手元にある場合と，そうでない場合がある。前者はデータが手元に自然に集まることが多く，「集まるデータ」ということができ，後者は，目的を持って集める必要があるので，「集めるデータ」といえる。第2章で詳細を説明するが，マーケティング・リサーチに用いるデータは大きく分けると，「集まるデータ」と「集めるデータ」の2種類に分類できる。

　「集まるデータ」で，データが手元にあれば，そのデータを「分析」すればよく，手元になければデータを収集する手法から考える必要がある。データを収集する方法は，回答者と接触しない手法と，何らかの接触をする手法（調査票を送付して回答してもらうことも接触に含まれる）に分かれ，接触しない手法が「観察」である。接触する手法はさらに大きく2つに分かれ，対象者の環境に対し，何らかの統制（環境を人為的に制御，コントロールすること）を行うのが「実験」であり，統制を行わないのが「調査」である（なお，本書では，リサーチという語は，マーケティング・リサーチと同義の意味で用い，マーケティング・リサーチの手法についてのリサーチは主に「調査」という語を用いる）。また，「集めるデータ」もそのデータを収集したあとには分析を実施するが，ここではそれぞれの手法の特徴を明確にするため，図1.2では明示していない。

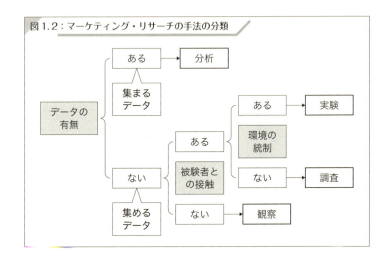

図1.2：マーケティング・リサーチの手法の分類

2 社会調査との違い

　世論調査に代表される，社会調査とマーケティング・リサーチは，一見類似しているが，その目的および内容は大きく異なる。どちらも，ある問題に対し，調査対象者から問題に対する意見，考えを収集し，そのデータを分析し，得られた情報から問題に対する解決策を提示するという点では同じであるが，調査の目的が大きく異なる。社会調査は何らかの社会的な問題を解決するため，公共のために行う調査（公的な機関が行う調査）であるが，マーケティング・リサーチは企業の経営上およびマーケティング上の課題を解決するために，私企業が行う調査である（私的な機関が行う調査）。そのため，調査に求める姿勢において大きな差異がみられる。

企業の活動では，時間という基準が大きな
判断材料となる。市場は止まってはくれな
いため，早く意思決定し，対応策を取らな
いと手遅れになる。そのため，マーケティング・リサーチでは調査
結果の正確さも求められるが，同時に結果を得るまでの早さも求め
られる。一方，社会調査は公共の意思決定に資する調査であるため，
早さよりも正しく調査対象者の意見を収集できることが重要である。
この点がマーケティング・リサーチと社会調査の大きな差異である。
マーケティング・リサーチでは，早さが重要であると指摘したが，
早さを特徴としたサービスがすでに提供されている。たとえば，マ
イクロサーベイというサービス（Google Consumer Surveys, Survata
など）は，24時間以内に調査したデータを提供できることを1つ
の特徴にしている。

　また，図1.2に示した「分析」の比率が高い（特に近年は高まっ
ている）のも，マーケティング・リサーチが社会調査と異なる点で
ある。マーケティング・リサーチは，マーケティングのために行う
ものであり，マーケティングでは市場の事実，行動の結果を用いて
意思決定を行うことが多い。また，市場の事実がないと，目標（予
算）を立てることができず，具体的な策を立案できないという問題
がある（たとえば，1億円の市場と100億円の市場では目標とする予算お
よび採用する施策が大きく異なる）。加えて，市場や消費者の動向を把
握するために，企業活動から得られるデータ（POSデータや顧客から
の問い合わせのデータ）やソーシャルメディア上のデータ，Webサ
イトのアクセスログなど扱うデータの種類が拡大しているという特
徴もある。一方，社会調査では，これから行う何らかの施策に対す
る評価を得るために行うことが多く，マーケティング・リサーチほ

ど，「分析」の比率が高くない。

Point !

POS データ：point of sales（販売時点）データ。商品別もしく
はカテゴリー別，日別（時には週別，月別）の販売状況を記録
したデータ。

3 マーケティング・リサーチの必要性

　ヘンリー・フォードやスティーブ・ジョブズは，消費者に欲しい
物を聞いても真に欲しい物は答えないという趣旨の発言をしている。
この発言をもとにマーケティング・リサーチの有効性に疑問を呈す
る議論が時々なされるが，本当にマーケティング・リサーチは必要
ないのだろうか。

　マーケティング・リサーチを商品のアイデア・考えを得るための
手段という視点だけで捉えると先のような不要論が生じるが，経営
活動という視点でマーケティング・リサーチを考えるとその必要性
が理解できる。企業の経営活動を支える思想の 1 つにリスクの回
避がある。いま，企画している商品が消費者に受け入れられるとは
限らず，消費者に受け入れられないというリスクが内在している。
そのリスクを回避するには，マーケティング・リサーチを実施し，
消費者の受容性を測定し，その結果をもとに意思決定すれば，受け
入れられる可能性が低い商品を市場に導入するという失敗を避ける

ことができる。

　マーケティング・リサーチを行う目的は，市場および消費者を理解することである。理解することで失敗する確率を下げ，効率的なマーケティングを行うことが可能となる。近年，企業を取り巻く環境が大きく変化し，その変化への対応が求められている。日本では少子高齢化の影響で人口の増加が見込めず，国内市場の拡大はこれ以上見込めない。企業が成長するには国内市場だけでは不十分で，海外市場に進出する必要に迫られている。

　海外市場では，価値観，習慣が国内とはまったく異なるため，消費に対する調査を行い，1つひとつ確認する必要がある。たとえば，P＆Gがメキシコ市場を攻略するにあたり，人々の生活を知るために，自社の社員をメキシコの一般家庭に派遣し，生活を直接体験させ，商品開発に利用したといった例がある (Lafley & Charan 2008)。なお，海外調査および国際比較の注意点については，第7章において詳細に説明する。

　また，国内市場では少子高齢化のほかに単身世帯の増加という変化が生じている。厚生労働省が行った国民生活基礎調査では，平成27年6月時点で単身世帯の比率は26.8％であり，企業にとって無視できない規模になっている。従来は親2人と子ども2人の4人世帯がマーケティングの主要な対象であったため，企業には単身世帯に対する知識，商品・サービス開発のノウハウが蓄積されておらず，マーケティング・リサーチを実施し，1つひとつ確認する必要がある。

　単身世帯向けの商品は単に量を減らせばよいというわけではない。量を減らすことは，商品のパッケージのサイズが小さくなることにつながり，小さなパッケージでは店頭で目立たない可能性がある。

　先に，単身世帯が増加する傾向にあると述べたが，そのような時代でもまとめ買いのニーズは存在する。たとえば，ヤクルト本社の主力商品である「ヤクルト」は当初５本パックで販売されていたが，現在では５本パックのほかに10本パックも販売されている。５本パックの購入者のなかに，さらに多く購入したいというニーズを持つ消費者がいたために，10本パックの商品も支持されたと考えられる。このように，消費者のニーズは一様ではないため，単身世帯の増加＝量目の少ない商品の支持という単純な関係は成り立たない。どのようなときでも消費者が何を欲しているかを調べ，事実に基づき意思決定する必要がある。

（出所）　ヤクルト本社広報部より提供。

売上を確保するにあたり，どのように陳列するのか，どのように店頭で訴求するのかといった点について十分に検討する必要があり，この検討を進める過程で，マーケティング・リサーチが実施される。

4 マーケティング・リサーチを進めるにあたって

マーケティング・リサーチのフロー

企業で行う業務は，おおよその進め方が決まっているが，マーケティング・リサーチも例外ではなく基本的に図 1.3 のような

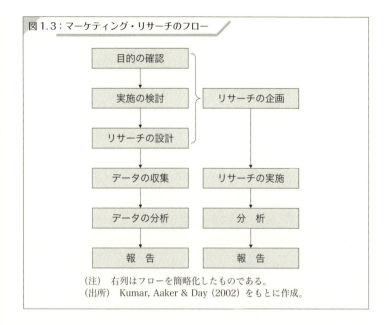

図1.3：マーケティング・リサーチのフロー

目的の確認

実施の検討 → リサーチの企画

リサーチの設計

データの収集 → リサーチの実施

データの分析 → 分　析

報　告 → 報　告

（注）　右列はフローを簡略化したものである。
（出所）　Kumar, Aaker & Day（2002）をもとに作成。

フローで進める。

　このフローで重要なのが，最初の企画の段階である。通常，企業内ではマーケティング・リサーチは専門の部署が担当し，企業内の各部門がリサーチの専門部署に調査を依頼する。その際，調査を依頼する側と実施する側で調査の意図，目的をすり合わせておかないと，得られた結果が想定していたものと異なり，せっかくコストをかけて実施しても，使えない結果となる。

　また，データを収集する際に，外部のマーケティング・リサーチ専門の企業，機関に依頼することがある。この時に依頼する企業・機関に調査する意図を正確に伝えないと，必要なデータを収集することができない可能性がある。特に，外部の企業側では，依頼する

企業の内部事情について，深い知識を持たないため，依頼する側が当然のように思っている事項も知らないことが多い。必要とあれば，秘密保持契約を結ぶなどして，情報の漏洩には注意を払いながら，依頼する側は情報を提供する必要がある。

マーケティング・リサーチに必要な知識

マーケティング・リサーチの目的は，マーケティングの意思決定に必要なデータを収集し，そのデータを分析し，意思決定に必要な情報を得ることである。そのため，データの収集について設計し分析するといった，リサーチに関する知識は中核で必須の知識である。たとえば，統計学や分析用の統計ソフトウェアの知識などはデータ分析を行ううえで不可欠な知識である。ただし，この統計ソフトウェアの知識だけではマーケティング・リサーチを行うことはできない。

マーケティング・リサーチは何らかのマーケティング上の課題，ひいては経営上の課題を解決することを目的にデータを収集し，分析する。したがって，企画を立案する際には，経営上の課題と調査の目的を結びつける必要がある。そのためには，経営学，会計学やマーケティングといったマーケティング・リサーチの周辺領域に関する知識も必須である。この周辺領域の知識には，情報技術（IT）の知識も含まれる。IT の進化はデータの収集にも大きな影響を与えており，これまで難しかったデータの収集が IT で収集できるなど，IT の知識はマーケティング・リサーチを行ううえで不可欠となっている。

以下に，マーケティング・リサーチを行ううえでの必要な各領域の知識をまとめる。

- 経営学：調査すべき課題が，自社の経営上のどこに位置づくのか，調査した結果が企業の活動についてどのような意味を持つのかを理解するために必要な知識。

- 会計学：マーケティングに関する施策を考える際に，貸借対照表や損益計算書などから自社や競合他社の財政状況や経営のパフォーマンスを理解するうえで必要な知識。

- マーケティング・消費者行動：分析のマーケティングにおける位置づけを明確にするために必要な知識。また，データの内容を理解するうえで，モデル化を行うことがあるが，その際にも必要な知識。

- 心理学・社会調査：人の態度や行動を測定する類似の領域であり，これらの領域で行われている手法は十分にマーケティング・リサーチで活用することができる。

- 統計学：データを分析し，情報を得るための基本的な知識（実験計画法，多変量解析およびデータマイニング〔機械学習〕なども含む）。

- プログラミング言語および統計ソフトウェア：分析にはコンピューターを利用するが，利用するには，分析者がCやPython などの言語で分析用プログラムを組むか，SPSSやR などのソフトウェアのプログラムを利用するかの2通りの方法があり，それらに関する知識。

- プレゼンテーション：マーケティング・リサーチはマーケティングに活用する目的で行うため，分析から得られた結果は関連する部署の担当者に正確に伝える必要がある。そのためには，プレゼンテーションの知識・スキルは不可欠である。

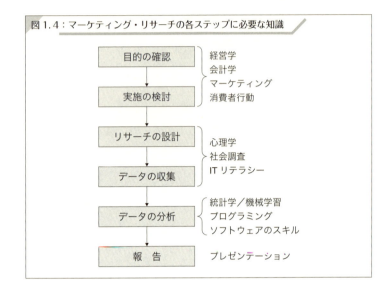

図1.4：マーケティング・リサーチの各ステップに必要な知識

| 目的の確認 | 経営学 |
| 会計学 |
| 実施の検討 | マーケティング |
| 消費者行動 |

| リサーチの設計 | 心理学 |
| 社会調査 |
| データの収集 | IT リテラシー |

| データの分析 | 統計学／機械学習 |
| プログラミング |
| ソフトウェアのスキル |

| 報　告 | プレゼンテーション |

　これらの知識について，先に説明したマーケティング・リサーチの各ステップとの関連をまとめたのが図1.4である。

　なお，マーケティング・リサーチで用いるデータには，リサーチのために集めるデータと，Webのアクセスログのように何らかの目的ですでに集められたデータを転用する場合の2つがある（第2章では，前者を「集めるデータ」，後者を「集まるデータ」と区分している。詳細は第2章参照のこと）。今後，マーケティング・リサーチにおいては後者の集められたデータを用いることが多くなると考えられ，図1.4の知識のほかにどのようなデータがどこに蓄積され，どのようなことが明らかになるのかといった知識も必要となる。

データの拡大

　マーケティング・リサーチでは市場，消費者を理解するためにデータを収集するが，

図 1.5 にあるように，ビジネスに活用可能なデータはさまざまなものがある。ビッグデータという言葉が登場し，マーケティング担当者が利用できるデータが増えているが，この拡大にあわせ，マーケティング・リサーチの担当者は，新たな知識・スキルの獲得が求められている。

1 つは，公的なデータの公開にあわせ，どのようなデータを官庁や地方自治体などが収集しているか，収集している内容も含め十分に理解することである。たとえば，総務省が収集している家計調査は，世帯の消費実態，特に時系列の変化を理解するには有効なデータであるが，集計した結果をまとめた表が多いため，自分が欲しいデータがどの帳票に記録されているかを一瞥して理解することは難しく，それぞれの帳票の内容を理解しておく必要がある。

もう 1 つはデータハンドリングに関するスキルである。第 4 章でも説明するが，マーケティング・リサーチの目的に応じて，データを加工する必要がある。たとえば，ID 付き POS データ（個人が識別できる POS データ）をマーケティングに用いるには，個人の属性が記録されたマスター，商品の分類が記載されたマスターが必要である（マスターとはある対象の特徴を記録したデータ。商品マスターとは，個々の商品の特徴である，メーカー，容量，荷姿などを記録したデータを意味する）。さらに，購買履歴をまとめたデータは 1 列（カラム）に 1 種類のデータがまとめられているが（図 1.6 の左），そのデータから購買行動の特徴を明らかにするには，データを加工する必要がある。

たとえば，あるカテゴリーの購買しているブランドのシェア別に消費者を分類したいのであれば，購買履歴データを人 × ブランドのデータに変形し（図 1.6 の右），データの各セルが購買点数もしくは

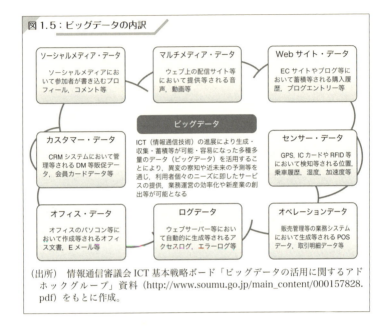

図1.5：ビッグデータの内訳

ソーシャルメディア・データ
ソーシャルメディアにおいて参加者が書き込むプロフィール，コメント等

マルチメディア・データ
ウェブ上の配信サイト等において提供等される音声，動画等

Web サイト・データ
EC サイトやブログ等において蓄積等される購入履歴，ブログエントリー等

ビッグデータ
ICT（情報通信技術）の進展により生成・収集・蓄積等が可能・容易になった多種多量のデータ（ビッグデータ）を活用することにより，異変の察知や近未来の予測等を通じ，利用者個々のニーズに即したサービスの提供，業務運営の効率化や新産業の創出等が可能となる

カスタマー・データ
CRM システムにおいて管理等される DM 等販促データ，会員カードデータ等

センサー・データ
GPS，IC カードや RFID において検知される位置，乗車履歴，湿度，加速度等

オフィス・データ
オフィスのパソコン等において作成等されるオフィス文書，E メール等

ログデータ
ウェブサーバー等において自動的に生成等されるアクセスログ，エラーログ等

オペレーションデータ
販売管理等の業務システムにおいて生成される POS データ，取引明細データ等

（出所）　情報通信審議会 ICT 基本戦略ボード「ビッグデータの活用に関するアドホックグループ」資料（http://www.soumu.go.jp/main_content/000157828.pdf）をもとに作成。

金額になっているデータを作成する必要がある。また，ブランド別の時系列の変化をみたいのであれば，日別・ブランド別に購買点数を集計すればよい。前者では日付，後者では人のデータを捨てているが，目的に応じてデータを加工することは，データに含まれる各カラムの取捨選択を行うことでもある。

Point !

　これまでのマーケティング・リサーチでは，いわゆる消費者調査を実施することで得られたデータを主に活用してきたが，消費者調査から得られるデータは，マーケティングに利用することを目的としたデータである。そのため，データを収集する前からマ

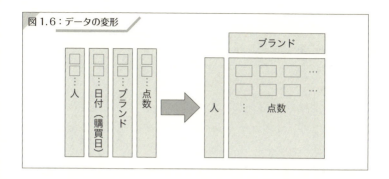

図1.6：データの変形

ーケティング業務の何に活用するかが明確であり，データ収集後の活用は明白であった。また，得られたデータも加工する必要なく利用できた。一方，マーケティングに利用することを目的としていないデータは，マーケティングのどこに活用できるか考えることから始まる。

　たとえば，POS データはそもそも，店頭における決済のためのデータであり，マーケティングで利用することを目的としたデータではなかった。ただし，店頭における商品の販売動向や消費者の購買の結果が正確に測定できるため，店頭の状況を変化させ，その効果を測定することができることが明らかになると店頭マーケティングで利用されることとなった。このように，マーケティングを目的としていないデータは，まずはマーケティングのどこに活用するかを検討する必要がある。

5 本書の構成

本章は全部で9章の構成になっている。

- 第2章：マーケティング・リサーチの進め方——調査の開始からフィードバックまで
- 第3章　リサーチの品質と誤差——リサーチの落とし穴
- 第4章　リサーチ・デザインとデータ形式——目的に応じたデザインとデータ形式の決定
- 第5章　リサーチ対象の選定——目的にあった対象とサンプルサイズをいかに決めるか
- 第6章　質的調査とは——その定義・種類，設計・分析を考える
- 第7章　量的調査とは（1）——量的データの収集方法，特に調査方法について
- 第8章　量的調査とは（2）——量的データの分析
- 第9章　これからのマーケティング・リサーチ——今後の展望

マーケティング・リサーチのフローは図1.3にあるように，リサーチの企画（目的に見合ったデータをいかに収集するか）と収集したデータの分析（データからいかに意思決定に用いられる情報を得るか）に大きく分けられるが，本書もそのような構成になっている。第3〜5章がマーケティング・リサーチのデザイン（設計）に関わる章であり，第6〜8章が具体的な手法（特に調査）に関する章である。

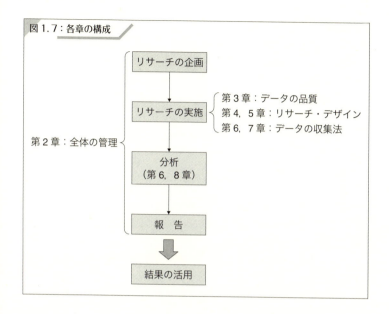

図1.7：各章の構成

リサーチの企画

リサーチの実施 ── 第3章：データの品質
第4，5章：リサーチ・デザイン
第6，7章：データの収集法

第2章：全体の管理

分析
（第6，8章）

報　告

結果の活用

　マーケティング・リサーチは企業の活動，特にマーケティング活動に貢献するためのものであり，データの収集および分析手法を理解しただけでは，十分な機能を発揮しない。そのため，データとは何か，データを収集する際の注意点など，データについてまず理解する必要がある。そこで，第2章では実務におけるマーケティング・リサーチの注意点をまとめ，第9章では，今後の展望についてまとめる。具体的な各章の内容は次のとおりである。

　第2章では，マーケティング・リサーチのフローに沿って，調査の開始から，調査結果のフィードバックまでの注意すべき点を指摘する。第3章は調査の品質に関わるデータの測定の誤差について説明する。先にマーケティング・リサーチは早さが求められると指摘したが，これは一定以上の品質を担保したうえでの話である。

Column ② マーケティング・リサーチ担当者の仕事 ●●●━━━

　人工知能（AI：artificial intelligence）の発達により，仕事の仕方が大きく変化するといわれている（Frey & Osborne 2013）が，インターネットの普及により多量のデータが蓄積されるようになり，マーケティング・リサーチの担当者の業務および，マーケティング・リサーチという部署やその仕事も大きく変わろうとしている。

　インターネットの普及によって，データの収集，蓄積が容易になり，企業内のさまざまな部署でデータを取得することが可能となった。広報部ではプレスリリースが掲載されているサイトのアクセス状況から，それぞれのリリースのなかで，どれが最も関心が高いのかを定量的に理解できるようになった。また，営業部では取引先からインターネット経由で開示されたPOSデータを分析することで，これまで見過ごされてきた販売機会をみつけることが可能となった。

　データの種類が増えることは，これまで定量的な判断が難しかった内容を評価することができるというメリットが生じるが，一方で，収集したデータの分析という新たな業務への対応が求められる。しかしデータを分析するスキルは短期間で身につけることは難しい。データを分析するには，知識やノウハウが必要なため，時間を掛けてその人材を育成するか社内で日常的にデータを扱う部署に応援を依頼するかのどちらかである。ビジネスは常に動いているため，スキルの習得まで待ってはくれない。そのため，後者が現実的であり，マーケティング・リサーチの部署はこれまでも業務としてデータを分析してきたため，当該の部署と共同で業務にあたることは1つの解決策である。さらに，この状況が進めば，マーケティング・

この品質とは，マーケティングの意思決定に活用できるレベルにおいての品質である。世論調査や社会調査のように，高い品質を要求されることはそれほど多くないが，大きな予算の支出に関連するプロジェクトの調査などは，そのリスクを回避する点から高い品質が求められる。

リサーチという部署のミッションが，マーケティングの支援から全社的な
データ分析の支援（時にはデータの収集についても支援）へと変化し，マ
ーケティング・リサーチは当該部署の業務の１つになると考えられる。
このことは，データを用いた効率的な意思決定を進めることとなり，企業
にとっては望ましいことではあるが，現在のマーケティング・リサーチの
担当者にとって，マーケティング以外の業務知識が必要となるため，それ
らの知識もあわせて習得する必要がある。同時に，企業全体の意思決定を
サポートするというような考え方の転換を求められる。

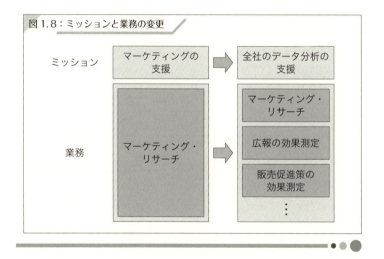

図1.8：ミッションと業務の変更

　マーケティング・リサーチでは，誰の意見を求めるのか，誰の行
動に着目するのかといった，調査対象者の決定がデータの品質に大
きく影響するため，対象者は細心の注意を払って決定するべきであ
る。第４章では，母集団と標本の関係を説明し，実験研究および
調査観察研究のデザインについて説明する。加えて，マーケティン

グ・リサーチで扱うデータの形式（パネルデータなど）について説明を行う。

　第5章では，マーケティング・リサーチにおける対象者の決定方法について説明する。母集団から標本を得る手法として，確率抽出法と非確率抽出法について，それぞれの抽出法に含まれる手法について説明したあと，非確率抽出法に伴う問題である，選択バイアスについて説明を行う。

　マーケティング・リサーチでは，通常，質的調査を行い，仮説を設定し，その仮説について量的調査を行い確認する。そこで，第6章では質的調査の定義，手法からその設計上の注意点，分析手法について例を交えて解説を行う。第7，8章は量的調査における，データを収集する際の注意点（調査票の作成時の選択肢，設問の文言など）および得られたデータの分析手法について説明を行う。どのように分析すれば，意思決定に必要な情報が得られるか，マーケティング・リサーチで用いられる代表的な手法について解説を行う。

　最後の第9章は，マーケティング・リサーチの今後の動向について事例を挙げながら説明を行い，マーケティング・リサーチの担当者が自社のリサーチ業務をどのように進めていくのか，その視点を提供する。

　各章の関係を表すと図1.7のようになる。

課　題

1-1　最近のヒット商品を1つ挙げて，この商品をつくるにあたり，どのようなデータが必要であったか考えてみよう。

1-2　マーケティング・リサーチ（データ分析）を有効に活用した事

例について，調べよう。また，その事例では，なぜ，そのようなリサーチを行ったかその理由をみんなで話し合ってみよう。

 参考文献

厚生労働省（2016）「平成 27 年国民生活基礎調査」(http://www.mhlw.
　　go.jp/toukei/saikin/hw/k-tyosa/k-tyosa15/dl/02.pdf)。
Frey, C. B. & M. Osborne (2013), *The Future of Employment*, work-
　　ing paper. (http://www.oxfordmartin.ox.ac.uk/downloads/
　　academic/future-of-employment.pdf)
Kotler, P. (1999), *Kotler on Marketing*, Free Press.
Kumar, V., D. A. Aaker, & G. S. Day (2002), *Essentials of Marketing
　　Research*, 2nd ed., John Wiley & Sons.
Lafley, A. G. & R. Charan (2008), *The Game-Changer*, Profile Books.

第2章

マーケティング・リサーチの進め方

調査の開始からフィードバックまで

Introduction

　企業のマーケティング担当者がマーケティング・リサーチを進めるうえで，まず検討しなければならないことは，目的に見合ったデータはどのようなデータで，そのデータを収集するためにはどのような種類のリサーチを実施するべきかという点である。第1章でマーケティング・リサーチには「調査」「分析」「観察」「実験」の4種類があると指摘したが，「調査」にはさらにさまざまな手法があり，それぞれの調査の特徴を理解したうえで選択する必要がある。また，マーケティング・リサーチを進めるにあたり，手法の特徴以外に，分析や結果の報告についても理解すべき点がある。

　本章では，マーケティング・リサーチを進めるうえで必要となる一連の基礎的な知識について解説を行い，どのようにマーケティング・リサーチを進めればよいか理解できるよう，データの種類，調査の種類，リサーチの設計やデータの集計・分析，さらに結果の報告の要点について説明を行う。

1 リサーチのフローとデータ

　マーケティング・リサーチは，第1章の図1.3で示したとおり，まず「リサーチの企画」を立て，その後「リサーチの実施」，「分析」，「報告」の順で進む。ここで大切なのは，企画書の内容を円滑に実行するには，企画書を書く段階で，リサーチの全体がイメージされていることである。

　そのためには，調査の開始から終了までのリサーチのフローの各段階，具体的には，データの収集，リサーチ手法の選定，収集したデータの集計・分析，結果の提示といったそれぞれの段階において注意するべき点について理解する必要がある。

さまざまな観点からの
データの分類

　マーケティングの課題を解決するために利用されるデータとして，調査データや実験データ，観察データや企業活動で得られる実績データなどさまざまなものがあるが，これらはデータの収集方法による区分である。ここでは収集方法以外のさまざまな観点からのデータの分類方法を説明する。

まず当該の課題や関心のために収集されたデータを**一次データ**と呼ぶ。一方，別の目的のためにすでに収集されている（あるいは継続して収集され続ける）データを**二次データ**と呼ぶ。つまり前者は「新しく得る必要のあるデータ」であり，後者は「すでに存在するデータ」である。前者は課題や関心によって調査や実験あるいは観察などデータ収集方法が異なるが，新規にそのデータを取得するコストを掛ける意義があるかをどうかの判断が必要である。

後者の例としては，

- 実績データ（購買履歴，位置情報データ）
- 公的統計（たとえば家計調査や経済センサスなど）
- 民間調査会社が複数の会員社に対して提供する**シンジケートデータ**（例として質問調査ならビデオリサーチ社の ACR/ex，パネル購買データならインテージ社の SCI，家計データなら，マクロミル社の MHS，POS データなら日経 POS 情報など）

が挙げられる。また，二次データは他者がデータ取得を行っているため，入手時にはデータが集計もしくは加工（データの形状を変えること）されたりしている場合が多く，課題解決に必要な情報が存在しないこともある。

課題を解決する際には一次データを取得する前に，まずは課題に関連しそうな二次データを探すべきである。なぜなら，問題意識や解析の目的によっては企業がすでに有している実績データや公的統計，民間調査会社が行っているシンジケートデータなどの「すでに存在するデータ」の利用で十分な場合があり，新規にコストと手間を掛けてまでデータを収集する必要はないからである。また，データ取得を新規に行う必要がある場合，調査を実施するためには調査対象の設定や方法の選択，サンプルサイズの計算がある。実績デー

タを社内のシステムなどから新規に取得して一次データとする場合も，期間や対象者の条件について設定する必要がある。その際に，最初から分析条件を検討をしていては時間が掛かる分，すでに存在する二次データを事前に分析することで大幅に時間短縮することが可能となる。

また，**内部データ**と**外部データ**という区分もある。所属する組織内部から得られるデータが内部データであり，公的統計や調査会社のシンジケートデータなどが外部データである。たとえば POS データや Web ログデータのように自社が経営活動で蓄積しているデータは内部二次データであり，特にこの内部二次データを活用して自社顧客の理解や適切な販促（販売促進）タイミングの把握，離反防止策の策定などを行う活動を**データベースマーケティング**と呼ぶ。

さらに近年では，上記の一次／二次や内部／外部の区分と異なる基準として「**集まるデータ**」「**集めるデータ**」という考え方が重要となってきている。この，「集まるデータ」と「集めるデータ」の長所と短所をまとめたのが表 2.1 である。

外部や内部の区分にかかわらず，またその課題解決のために得られた（一次データ）かすでに存在する（二次データ）かにかかわらず，調査やインタビューなど課題解決を意図し事前に計画して集められたデータが「集めるデータ」であり，購買履歴や顧客の位置情報，Web 閲覧履歴，営業記録などの企業の内部にある実績データや，SNS などの書き込みデータなど消費者や取引企業の行動や意識が，マーケティング・リサーチを目的とせずに記録されたデータが「集まるデータ」である。SNS の書き込みは「集まるデータ」の典型であり，特にこれを活用して特定のブランドや店舗に対する態度や意識・評価を理解することを**ソーシャルリスニング**と呼ぶ。

表2.1：集める／集まるデータの長所と短所

	集めるデータ	集まるデータ
例	調査データ，実験データ，インタビュー，観察	POSデータ，Web閲覧履歴，位置情報，SNSの書き込みデータ
長所	対象の標本設計が可能（第4章），介入や条件（刺激提示）分けが可能，必要な変数を得られる可能性が高い	生態学的妥当性が高い（第3章），比較的低コスト
短所	生態学的妥当性が低い（第3章），比較的高コスト	偏ったデータになる可能性（第4章），介入や条件（刺激提示）分けが難しい，得たい変数が必ずしも得られない

　なお，上記で言及したデータの「集まる／集める」という基準と「外部／内部」，「一次／二次」という区分をまとめると次の**表2.2**のように各データの特徴をまとめることができる。

「集めるデータ」でしかわからないこと

　近年ではさまざまな実績データや，スマートフォンや商品のICタグなどのモノがインターネットに接続され，①大量で，②リアルタイムに得られる，③多種で複数の情報源からの，データ（上記定義は総務省平成24年『情報通信白書』）を指す用語として**ビッグデータ**という言葉も普及しているが，そのほとんどは「集まるデータ」である。「集まるデータ」の利点としては別の目的で集められているため低コストであり，また日常的に得られるという点で，日常生活から得られる消費者の活動に即したデータである。別の言い方をすると第3章に取り上げるような生態学的妥当性の問題が少ないデータである。

　一方，意図的に集めるデータでなければ，得られにくい情報も多

表2.2：3つの基準によるデータの分類とその特徴

		集めるデータ	集まるデータ
一次データ		自部門や自社が実施する調査／実験／観察データ	なし（収集している購買データや閲覧データに対して課題解決のために変数を追加する場合はここに対応）
二次データ	内部	自社が実施した過去の調査／実験／観察データ	自社の購買履歴データ 自社サイト閲覧データ ICタグなどによるIoTデータ 自社アプリからの位置情報データなど
	外部	調査会社によるシンジケートデータや過去の調査データ	他社の購買履歴データ SNSデータ 他社提供の位置情報データなど

い。特定の製品や店舗に対する態度や意識などは，ソーシャルリスニングなどでは出現率の問題から集まりにくく，また不満がある人か非常に好きな人からのデータばかり得られるといったバイアスが生じていることが多いため，市場全体の把握などを目的とする場合には利用できない。また自社顧客が他社でどれくらいの量をどの程度の頻度で購入しているかなど，「集まるデータ」では収集できない重要な情報については，「集めるデータ」を活用する必要がある。

「集めるデータ」「集まるデータ」ともに得られたデータを用いて再集計・再分析できるか否かが，マーケティング・リサーチの業務を進めるうえでは重要な視点となる。マーケティング・リサーチの担当者が自らの手で再集計・再分析できれば，データから詳細な情報を得ることができる。一方で再集計・再分析にはコストが掛かるという問題も生じる。先に示したデータの外部および内部という考え方も加えてそれぞれのデータの特徴について分類すると，**表2.3**

表2.3：「集まるデータ」「集めるデータ」における再集計・再分析

	再集計・再分析が可能	再集計・再分析が不可能
集まる データ	販売／購買データ（POS デー タ，ID 付き POS，購買履歴デー タ） Web の閲覧履歴 SNS 上の書き込み（発言） 位置情報	外部データと 内部データがある
集める データ	調査データ 実験データ 観察データ	公的統計 白書 民間企業の統計，調査報告書 調査会社などが提供するデータ

のようにまとめることができる。

　「集まるデータ」において，再集計・再分析可能なデータに内部データと外部データがある点は，時には内部と外部のデータをあわせて分析するほうが効果的であることを意味する。典型的な「集まるデータ」として，SNS のデータがあると指摘したが，自社の「集まるデータ」だけでは，その数値が高いのか低いのか判断できない。判断をするには，外部の「集まるデータ」と照らし合わせる必要があり（基準となるデータが自社内にあれば，外部のデータは必要ない），望ましい結果を得るには，どのようなデータが必要か，自社の内部にあるのかといった点を確認する必要がある。なお，調査会社が提供する販売／購買データは，集計した結果をシステムを介して提供されることが多いため，表2.3 では，「集めるデータ」かつ「再集計・再分析が不可能」な右下のセルに位置づけている。

リサーチの目的と 量と質のデータ

データには「集まるデータ」と「集める
データ」があることを指摘したが，どちら
のデータもどのように得られたのかを理解
して業務に用いるべきである。特に「集めるデータ」は，企業のマ
ーケティング担当者自らが設計し収集を行う必要があるため，リサ
ーチの目的とデータを収集する手法について理解する必要がある。

　マーケティング・リサーチの目的を大きく分けると，リサーチを
「理解」のために行うのか，「判断」のために行うのかで大きく異な
る。「理解」のためのリサーチとは，「仮説を抽出」することであり，
複雑な事象を単純化し，理解しやすい形にまとめることを主眼とす
る。「判断」のための調査は「仮説の検証」をすることであり，何
らかの基準をもって判断することを目的としている。したがって，
前者は，質的データを収集しその内容を理解する。後者は量的デー
タを収集し，集計・分析を行い，その結果を用いて何らかの判断を
行う。

　量的データには，**態度のデータ**と**行動のデータ**がある。態度とは
行動の前の状態を示し，商品やブランドをどのように感じているか
などを理解するために調査を通してデータを収集するものである。
行動のデータは消費者の何らかの行動を記録したデータであり，店
舗における購買のほかに，ネット上の検索も行動に含まれる。ビッ
グデータという言葉とともに増加しているのは，非集計の行動のデ
ータである（次項で詳しく説明する）。

　インターネットの普及によりあらゆる記録がデジタル化されたた
め，データが記録されやすくなり，さらにハードディスクなどのデ
ータの貯蔵装置の低価格化など蓄積されやすい環境が整い，これま
でみられなかった大量・多種類・多頻度のデータ（これがビッグデー

タの定義の 3 条件〔Laney 2001〕である）が蓄積されマーケティング
に利用されやすい環境となった。それにあわせて，データの新しい
使い方，これまで把握できなかった状況についても把握できるよう
になった。

　ただし，行動のデータは結果のデータであり，なぜ，そのような
行動をとったのかその理由を理解することはできない。そのため，
態度と行動のデータを組み合わせて消費者の行動を理解することが
望ましい。

　質的データにも態度と行動という区分はあるが，量的データほど
その区分に対して注意を払うことはしない。質的データを分析する
目的は，データの背後にある消費者の本音，物事の本質を理解する
ことであるため，意識して行動と態度のデータを使い分けることは
しない。ただし，ソーシャルリスニングという新しい手法が生まれ
たように，質的データにおいても，インターネットの影響は小さく
ない。

| 集計データと 非集計データ |

データには**集計データ**と呼ばれるデータと
非集計データと呼ばれるデータがある。集
計データとは原データである非集計データ
を特定の単位でまとめあげたものである。なお，集計・非集計デー
タを含めたデータの種類については第 4 章で詳細に説明する。

　POS データは，買い物という行動の集計データであり，POS デ
ータのもととなる買い物ごとのデータ（ジャーナルデータ）は行動の
非集計データである。小売業のカードプログラムで収集される個人
が識別できる ID 付き POS データは，ジャーナルデータに ID が付
いた行動の非集計データである。

　非集計の行動データは次の 2 つの点でマーケティングにおいて

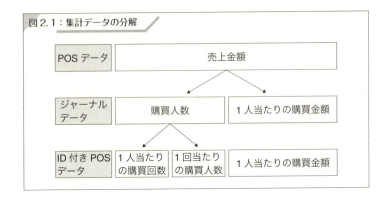

図2.1：集計データの分解

POSデータ	売上金額		
ジャーナルデータ	購買人数		1人当たりの購買金額
ID付きPOSデータ	1人当たりの購買回数	1回当たりの購買人数	1人当たりの購買金額

利用価値が高い。1つはマーケティングの目的の大半が消費者の行動を変えて売上を増やすことであるため，どのように働きかけて行動を変えればよいかの示唆は行動のデータのほうが得やすい。

2つめとして，集計データより，非集計データのほうが売上などの結果を分解できるため，マーケティングへの示唆が得られるという利点がある。特に個人を識別してその行動が把握できるデータは，マーケティングが消費者全体を対象にしたものから消費者セグメントや個人を対象したものへとシフトしている現状を考えると，個人の行動を識別できる非集計の一次データは実際の施策に活用しやすい。集計データと非集計データの関係を，POSデータ，ジャーナルデータ，ID付きPOSデータで表すと図2.1のようになる。

ある商品の売上金額を上げたいときに，集計データのPOSデータでは売上金額の規模しか理解できないが，非集計データのジャーナルデータでは購買人数と1人当たりの購買金額に分解できるため，広く購買してもらい購買人数を増加させることで売上金額を上げるか，セット販売により1人当たりの購買金額を上げることで売上

金額を上げるのかといった施策を立案することができる。同じ非集計データである ID 付き POS データも，分解した要素から売上金額を増大させる施策を立案することができるが，ID 付き POS データはさらに，商品やブランドのロイヤルティを示す「1 人当たりの購買回数」の情報が得られるため，当該商品のロイヤルティに応じた対策の検討ができ，より精度の高い施策を実施することができる。

Point !

データは何のために使うのか，その目的が重要である。事実を確認するだけなら，検索が容易で結果を表示するのに時間が掛からず，蓄積に大容量のサーバーを用意する必要もない集計データで十分である。

データを収集する対象と時点

マーケティング・リサーチの分類は先の基準のほかに，データを収集する対象を基準として分類することもできる。調査対象全体（「母集団」と呼ぶ）からデータを収集する場合と，一部（「標本」もしくは「サンプル」と呼ぶ）から収集する場合がある。特に，調査においては前者を「**全数調査**」（もしくは「悉皆調査」），後者を「**標本調査**」と呼ぶ。全数調査は調査対象全体について調べるため，正確な結果が得られるが，時間や費用といったコストが掛かる。一方，標本調査は，投下できるコストに対し，標本の大きさを変えることができるという利点があるが，標本が母集団の特性を反映しているように抽出方法を検討する必要がある（抽出法については，第 5 章において詳細に説明する）。

表 2.4：調査時点×母集団による分類

調査時点／母集団	同一	複数
一時点	横断的調査	比較調査
複数時点	パネル調査	反復横断調査

（出所）　東京大学教養学部統計学教室編（1994）を
もとに作成。

Point !

　時折，サンプルの大きさ（サンプルサイズ）とサンプル数を混
同している記述をみることがあるが，サンプルサイズとは，サン
プルに含まれる観測対象の数であり，サンプル数とは，母集団か
らいくつサンプルを収集したのかを表す。「サンプル数は 1000
人」という記述は誤りである。

　また，調査する母集団の数と調査時点により，調査は**表 2.4** の
ように分類することができる。1 つは標本調査する際に，調査対象
を固定せずに調査する度に標本を抽出する方法であり，もう 1 つは，
標本を固定し同じ対象からデータを収集する方法に分けられる（こ
のような方法を**パネル調査**とも呼ぶ）。

　たとえば，2016 年に成人式を迎えた男性に対し，リサーチを実
施する場合は表 2.4 の横断的調査になる（母集団は 2016 年に成人式
を迎えた男性の 1 種類であり，調査も 1 回だけである）。この母集団に対
し，1 年後にも調査を行い，たとえば，どのような考え方の変化が
生じたかを調査するといったものがパネル調査である。一方，

2016 年に成人式を迎えた女性にも調査を行い，男女による意識の差を明らかにするといったものが，比較調査である。さらに，2015 年に成人式を迎えた男性の調査と比較するのが，反復横断調査である。

パネル調査を設計する際には，調査する期間と対象となる回答者の脱落を考慮して，リサーチを設計するべきである。また，データを分析する際も注意が必要である。パネル調査のデータは縦断データ，経時データとも呼ばれ，同一の人物における異なった時間のデータには相互に相関（2つの値の関連のこと。定義については巻末ブックガイドの「統計学」欄の書籍を参考のこと）を持つため，分析には注意が必要である（藤越 2009）。たとえば，同じ回答者の回答の平均値に差があるかを確認するため，t 検定を行う際は対応のある t 検定を用いる。

なお，パネル調査の対象は人だけではなく，店舗でもよい。マーケティングデータを提供している企業のなかには，小売業の POS データを提供している企業があるが，この POS データの提供サービスも，同じ店舗から繰り返して POS データを収集しており，店舗の売上実態を明らかにするパネル調査であるといえる。たとえば，インテージ社の SRI というサービスは「全国小売店パネル調査」という名称である。

| 「調査」の種類 |

データの種類には，量的データ（定量的なデータ）と質的データ（定性的なデータ）があることを指摘したが，これらのデータに対応して，マーケティング・リサーチの調査の手法は量的調査と質的調査に分けられる。さらに調査は次のような基準で細分化される。

まず，大きな基準として回答者との接触の有無がある。回答者と

接触して直接質問し，回答者が回答する場面に立ち会う「**面接調査**」と，回答者が回答する場面に立ち会わない「**非面接調査**」に分けることができる。面接調査は主に質的調査で，非面接調査は主に量的調査で用いられる。

　非面接調査は，回答者には調査票を提示して調査を行うが，調査票を提示する手段として，郵便を用いる「**郵送調査**」，電話し，設問を読み上げて回答を得る「**電話調査**」，インターネットを用いて，調査票を Web ブラウザ上に提示し，回答を得る「**インターネット(Web) 調査**」がある。郵送調査，電話調査，インターネット調査は調査票を工夫することにより，量的データ，質的データをそれぞれ収集することができる。たとえば，選択肢を提示し，それぞれの選択肢の回答状況を得るのであれば，定量的なデータが得られ，自由回答により回答者の意見を自由に記述（電話調査なら口述）してもらえれば，定性的なデータが得られる。

　また，量的調査でも回答者と接触して行う調査がある。回答者の家庭に訪問し，回答を得る訪問調査（留置調査）と回答者に会場に集まってもらい，そこで商品などの感想を得る会場調査（central location test）である。なお，留置とは調査票を一定期間回答者の手元に置いておくことであり，郵送調査もインターネット調査も留置調査に含まれるが，一般的には調査員が回答者の自宅を訪問し，調査を依頼し，回収も調査員が行う調査を指す。

　このように調査の種類が複数あるので，マーケティング・リサーチの担当者は調査の目的と各調査の特徴を照らし合わせてどのような調査を実施するのかを決める必要がある。上で挙げた定量データを収集する手法の特徴をまとめると**表2.5**のようになる。

表 2.5：各調査手法の特徴

項目	会場調査	訪問調査	郵送調査	電話調査	インターネット調査
回収率	高	中	低	中	不明[注1]
設問数	中	中	中	低	中
設問の設計の柔軟度	低	低	低	低	高
画像の利用	やや可	やや可	やや可	不可	可
動画の利用	可	不可	不可	不可	可
回答におけるバイアス	高	中	中	低	中
回答以外のデータの収集[注2]	可	不可	不可	可	可
コスト	中	高	中	中	低
データを得るまでの時間	中	長	中	中	短

（注1）　インターネット調査では通常，回収したサンプルサイズを表記することが多く，調査票を送付した配信数は表記しないことから不明とした。
（注2）　主に反応時間の収集を指す（LaBarbera & MacLachlan〔1979〕の研究では，電話調査における反応時間を扱っている）。

各調査の特徴

　回収率は，回答者と接触を行う会場調査，訪問調査で高くなり，それ以外の調査では中程度か低くなる（会場調査は調査依頼を許諾した人のみが対象となるので，最も回収率は高くなる）。この回答者との接触は，回答者が間違いなく対象とする回答者であると確認できる利点がある。調査票を読み上げ説明する調査では，設問数は低くなる傾向にあるが，特に，電話では長時間の調査は回答者の負担となるので，設問数が最も低くなる。

　設問の設定において最も自由度が高いのはインターネット調査である。インターネット調査では，回答者の回答によって設問の提示を自由に設定できる。他の調査でも回答により調査項目を変えることは可能であるが，インターネット並みに対応を取ろうとすると回

答者の回答パターンにより膨大な量の調査票を用意する必要があり自由度は高くはない。

　画像の利用については電話調査以外，対応できるが，費用の点で大きく異なる。インターネット調査は画面に画像を提示するため，印刷代というコストは掛からないが，ほかの調査では印刷代が負担になる。動画調査はインターネット調査と会場調査以外では対応が難しい。会場調査はモニターの設置などの作業が発生するため，動画が保存してあるページの URL を送ればよいインターネット調査が最も実施しやすい。

　回答におけるバイアスは，回答者を選び出すのに無作為抽出ができるかが1つの基準となる。電話調査はランダム・ディジット・ダイアリング（コンピューターで無作為に電話番号を作成し，その番号に電話し調査を行う方法。RDD と略することもある）により無作為調査が行えるので，バイアスの低い回答が得られる可能性が最も高い。会場調査において，会場付近の人に声をかけて行う調査では，その会場の付近の人しか対象者になれないため，回答のバイアスは高くなる。

　調査において，その回答の過程も重要な情報である。たとえば，同じ回答結果でもその回答に至るまでの過程において違いを得ることができれば，異なるものと考えるべきである。表 2.5 に挙げた手法のなかでは，プログラムを変更することで，反応時間やマウスの軌跡を収集することができるため，インターネット調査が最も収集しやすい。

　調査にはコストが掛かるが，そのコストの項目は人件費，調査票の印刷・郵送・回収などの調査実務に関する費用，データ処理費，分析に掛かる費用などである。このなかで各家庭に調査員を派遣す

る訪問調査では，派遣する調査員の人数分の人件費が掛かるため最もコストが高くなる。反対に最もコストが掛からないのはインターネット調査である。インターネット調査は，Web ブラウザ上で調査票を提示し，回答結果がテキストデータで保存され，データの入力などの作業がないため，サーバーに保存されたデータを分析するだけでよい。

　最後の分析用のデータを得るまでの時間も調査の手法を決定するうえで重要な判断基準となる。最も速いのは，インターネット調査である。反対に最も時間が掛かるのは，人が介在する訪問調査である。インターネット調査が普及した背景に，このデータを得るまでの時間の短さがある。

Point !

　ソーシャル・メディアのデータがマーケティングに利用される理由の 1 つが，従来の手法では得られないデータ取得までの時間の短さである。Twitter や Facebook などのソーシャル・メディアのデータは更新頻度が高いため，新製品発売当日の発言から消費者にどのように受け入れられているか理解することができ，POS データよりも早く市場の反応を得ることができる。

各調査手法の
利用シーン

　先に挙げた 5 つの調査手法の利用シーンは以下のとおりである。

- 会場調査：新商品の試作品の評価など，回答者の家庭において調査しにくい状況（情報の統制や試作品の数）における調査。
- 訪問調査：確実に対象から意見を聞くことを目的とし，電話

調査よりも質問数の多い調査。

- 郵送調査：産業調査などインターネット調査が向かない領域の調査。

- 電話調査：無作為抽出の実施が必要な調査（世論調査など）。

- インターネット調査：調査票の分岐が多い，画像や動画といったほかの調査ではコストが掛かる調査，およびただちに反応を知りたいときに向く調査。費用面のメリットも大きい。

質的調査の種類 定性的な調査において回答者と接触し行う調査は，回答者の人数によって大きく2つに分けることができる。調査員と回答者が1対1で行う**深層面接法**と，調査員が1人で回答者が複数の**集団面接法**である。したがって，量的調査と質的調査のそれぞれの手法をデータの種類と回答者への接触の有無で整理すると**表2.6**のようになる。

郵送調査やインターネット調査は調査票を工夫することにより量的データだけではなく，質的データも収集することができる。最もよく使用される方法は，自由回答欄を設け，回答者に自分の意見，考えを記述してもらう方法であるが，そのほかにも，文章完成法や略画完成法などの投影法（詳細は後述）と呼ばれる手法を用いて質的データを収集することが可能である（上田〔2013〕はインターネット調査で文章完成法および略画完成法を行った結果を報告している。また，宇治川〔2001〕はガソリンスタンドの選択要因に関する質的調査をEメールを用いて行っている）。

質的データがインターネット調査で得られるのなら，コストの掛かる面接調査を行う必要があるか疑問であるが，面接調査には回答者の回答時の表情，しぐさといった，調査票に回答する形式の調査では得られない，より詳細な情報が得られるため利用される。さら

表2.6：調査の種類

| | データの種類 | 回答者との接触 | |
		あり	なし
量的調査	量的データ （計算可能）	電話調査 訪問調査（留置調査） 会場調査	郵送調査 インターネット 調査
質的調査	質的データ （計算不可能）	深層面接法 集団面接法	

に，深層面接法，集団面接法はそれぞれ，以下のような特徴があるため，使い分けされている。

深層面接法は個人に対し，その個人が有する価値観など，日常的には意識しない内容について明らかにすることを目的に用いる。調査は，調査員と回答者だけで行うため，他人を気にすることなく発言でき，その発言に対し，さまざまな質問を行い，情報を収集することができる。集団面接法は，調査に参加した回答者間の相互作用（グループダイナミクス）から，調査実施者が思いもよらない点に気づきたいときに行う手法である。

どちらの調査手法も回答者からマーケティングに役立つデータを収集するのに，調査員が回答者から信用される必要がある。その信用を形成することは容易なことではなく，ある程度の熟練さが要求される調査である。特に，調査の開始直後に信頼関係（ラポール）を構築することが，その後のインタビューを円滑に進める（上野2004）。

質的調査では，上に挙げた分類のほかに質問の内容を事前に決定しているか否かでも分けることができる。質問の内容を事前に完全

に決めている方法を構成的アプローチといい，反対にまったく決めずに行う方法を非構成的アプローチと呼ぶ。また，質問する大まかな項目だけを決めておき，回答によりどの項目を深掘りするか決める半構成的アプローチがあり，質問の内容により質的調査を 3 種類に分けることができる（実際にはインタビューフローを作成する半構成的アプローチが多い）。

尋ね方による分類　マーケティング・リサーチで用いられる調査の分類は，先に挙げた基準のほかに質問の仕方でも分類できる。明らかにしたいことを直接尋ねる方法と間接的に尋ねる方法がある。特に後者は「**投影法**」と呼ばれ，さまざまな手法が提案されている。新製品開発などで消費者のニーズを探索する際，消費者自身がそのニーズを明確に認識していないことが多い。そのような際に，ニーズを直接尋ねても，実務に利用できる回答が得られる可能性は高くはない。

　その際は，面接調査で回答者の反応をみながら調査を進めるか，間接的に質問し，得られた答えから回答者が何を考えているか類推する方法がある。たとえば，小売店で売り場の課題を知りたいときに，回答者に直接聞くのではなく，買い物の絵をみせて，その結果から判断するという方法もある（Levy 1985）。投影法および特徴的な質的調査の手法については第 6 章でもう一度述べる。

2 データの構造とリサーチの設計

　マーケティング・リサーチは意思決定に活用する情報を得るために行う。そのためには，精度の高いデータ＝誤差の少ないデータを

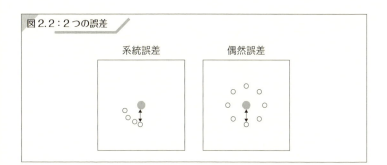

図2.2：2つの誤差

系統誤差   偶然誤差

収集する必要がある。データは真の値と誤差に分解でき，データの精度は真の値の中心にデータがあるか否か，観測されたデータと真の値の距離で決まる。ただし，真の値とデータの関係は距離だけではなく方向もある。図2.2にあるように，真の値から同じ距離でも方向性のある場合（左）とない場合（右）がある。この方向性のある誤差を系統誤差，方向性のない誤差を偶然誤差という。系統誤差はデータの「バイアス」であり，偶然誤差はデータの「ばらつき」である。

　データの精度を向上させるには，偶然誤差と系統誤差の大きさを小さくすればよい。偶然誤差は文字どおり偶然に生じる誤差であるため，サンプルサイズを大きくしたり，複数回のデータを収集したりするなどで抑制することができる。系統誤差は，データに系統的に影響を与える要因を取り除くことで小さくできる。たとえば，就職活動をしている学生に対する意識調査を首都圏の大学生に行った場合，その回答は首都圏という地理的な影響を受ける。その影響を排除するには首都圏以外の地域でも調査を行えばよい。また，調査票の設問の順番を Q1→Q2 と Q2→Q1 と変えた2種類の調査を行うことがあるが，これは，系統誤差（ここでは設問の順番による影響，

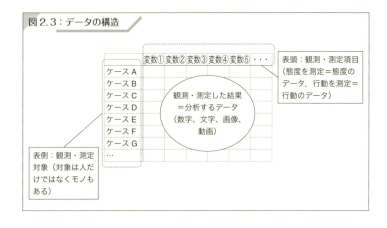

図2.3：データの構造

変数① 変数② 変数③ 変数④ 変数⑤・・・

表頭：観測・測定項目（態度を測定＝態度のデータ，行動を測定＝行動のデータ）

ケース A
ケース B
ケース C
ケース D
ケース E
ケース F
ケース G
…

観測・測定した結果＝分析するデータ（数字、文字、画像、動画）

表側：観測・測定対象（対象は人だけではなくモノもある）

第4章および第7章でいう順序効果）を取り除くために行っている。

　なお，データの誤差については，第3章で詳しく論じる。

データの構造と精度

　データは図2.3にあるように表の形式をとる。このことは表の構成要素である，表側，表頭，表のマス目（セル）について注意しなければ，目的に見合った精度の高いデータを収集することができないことを意味している。そのため，リサーチを設計する際には，表側，表頭，セルについて考えるべきである。

表側の注意点

　表側はデータの観測・測定対象である。表側の対象がリサーチの目的に見合うよう，また，分析対象の母集団の特性を正しく測定できるよう，あわせて，データの精度が保たれるようにその条件および抽出方法について慎重に検討する必要がある。

　なお，この分析対象の条件の設定については，第5章で詳しく論じる。

表頭は観測・測定項目が布置される。リサーチを設計するうえで，リサーチの目的となるデータを収集できる観測・測定項目となっているかを確認する。特に，調査の場合は測定したい内容が設定した項目で測定できるかを慎重に検討するべきである。質問項目の作成時の注意点，たとえば，ダブルバーレル（2つの質問が結合した質問）などについては，第7章を参照されたい。

ただし，リサーチの目的となる項目すべてを表頭の項目に設定する必要はない（データとして収集する必要はない）。たとえば，あるカテゴリーのヘビーユーザーについて分析する際，カテゴリーのヘビー度という項目がなくても，購買点数もしくは購買金額というデータがあれば，それらのデータからヘビー度というデータを作成することができる。表頭の項目が多いことは収集コスト，データの蓄積コストが掛かるため，必要最小限に留めるべきである。

セルには観測・測定した結果がデータとして記録される。このデータを用いて分析し，その結果を用いて意思決定するには，観測・計測された結果が正しく記録されている必要がある。そのため，リサーチを設計するうえでは，正しく記録できるような方法を採用するべきである。あわせて，記録した内容が正しいか否かを確認する方法も含めて設計を行う。たとえば，紙の調査票からデータ化する場合は，1人で行うのではなく同じ作業を2人で行い，結果を比較し差異がないかを確認するといった作業も含めて設計する。ただし，行動のデータは自動的に記録されるものが多いため，記録の正確さに注意を払う必要はそれほど高くはない。

_3_ 分析前の準備

データの確認・準備

何らかの手段で収集したデータを分析する前に，データの各列が何を意味し，表の各セルにあるデータが何を表しているのかを理解する必要がある。

　データの内容，定義の確認を終えたら，次にどのようなデータが記録されているか，その概要を把握する。同時に第8章で説明するデータ（調査であれば回答）の矛盾の確認，および欠損値への対応を行う。量的なデータであれば基本統計量（平均値，中央値，最頻値，標準偏差，最大値，最小値）やヒストグラムを作成し，データの概要を把握し，異常な値と考えられるものについては，データから削除（クリーニング）する。削除した理由は報告書に記入するため，必ず記録しておく。このことは，分析の再現性を担保するうえで不可欠である。質的なデータでは，どのような発言が多いのか，極端な意見は何かなどをこの時点で確認しておく。極端な意見，考え方に注目することもあるので，量的なデータ（テキストとなったデータ）のようにクリーニングする必要性はそれほど高くない。

　データを確認したあと，分析に必要な変数の作成，変換を行う。変数の作成とは，手元にある変数を集計などの加工により別の変数をつくるか，もしくは異なるデータを貼り合わせて新しい変数を追加することである。ID付きPOSデータにおいて，ブランド・ロイヤルティを計算（当該ブランドのカテゴリー内の比率を求める）するのが前者であり，後者は属性マスターを購買履歴であるID付きPOSデータに貼り合わせ，属性の変数を追加することである（性や年代

などの属性別に集計する際に必要である）。

　変換とは，何らかの条件で，ある値を別の値にすることである。たとえば，実際の年齢を10歳単位でまとめ上げ，11歳を「10代」，25歳を「20代」に，性別を表す変数において，男性なら「1」，女性なら「2」にすることである（第7章でいうコーディングである。コーディングとは，量的な分析に持ち込むために数値を変換することである）。質的なデータであれば，この段階で同義語をまとめ上げる。たとえば同じ表現でもカタカナとひらがな，半角と全角を統一するなどを行い，その変換の対応表（辞書）を作成しておく。データのクリーニング条件を記録するべきと指摘したが，変数をどのように作成したのかもできれば状況によって記録しておいたほうがよい。質的なデータの分析で作成した辞書は必ず記録・保存しておく（ただし，「購買点数5点以上のユーザーをヘビーユーザーとする」など分析に用いる変換は報告書に記載する）。データの変換，特に，尺度の変更を伴う変換については，第7章で説明する。

4　データの分析

　データの確認・変数の作成が終了した段階で分析に入るが，その工程は量的データと質的データでは異なり，図2.4のようなステップで進める。量的な変数で大切なのは目的に合わせて選択した分析手法を用いてデータを分析する前に基礎的な集計を行い，その概要を把握することである。その集計を行う際に表やグラフを用い，データを可視化して，その概要を把握するが，ただ表やグラフを使えばよいというわけではなく目的によって使い分ける。時には，こ

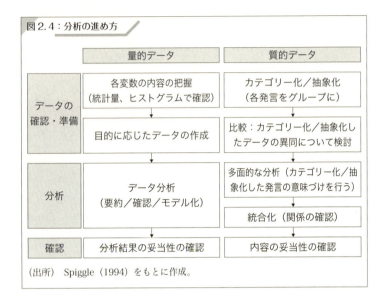

図2.4：分析の進め方

	量的データ	質的データ
データの確認・準備	各変数の内容の把握 （統計量、ヒストグラムで確認）	カテゴリー化／抽象化 （各発言をグループに）
	目的に応じたデータの作成	比較：カテゴリー化／抽象化し たデータの異同について検討
分析	データ分析 （要約／確認／モデル化）	多面的な分析（カテゴリー化／抽 象化した発言の意味づけを行う）
		統合化（関係の確認）
確認	分析結果の妥当性の確認	内容の妥当性の確認

（出所）　Spiggle（1994）をもとに作成。

の可視化の段階で分析が終了することもある。

データの可視化　　量的データの場合，多変量解析の手法を用いてデータを分析する前に，データの概要を把握するために表やグラフを用いてデータを可視化する。

　グラフにはさまざまな種類があるが，使用する目的を考慮して使い分ける必要がある。その際，表現したい変数の数とその内容によって選択するグラフが異なる。たとえば，あるカテゴリーの売上の構成比を表すには，提示するデータが1つの1変量の比率のグラフであり，その形状からおおよその比率が直観的に理解できる円グラフを用いる。1変量の比率をグラフで表現する際，帯グラフの使用を時折みかけるが，円グラフに比べて比率が把握し難いので，相手にただちに内容を伝えたい場合は円グラフを用いたほうがよい。

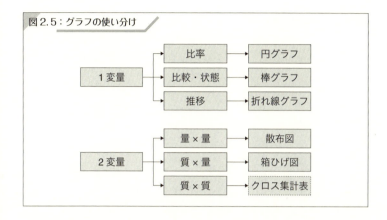

図2.5：グラフの使い分け

一方，異なるカテゴリー，グループにおける構成比を比較する際は，上下に帯グラフを並べる。主なグラフとその目的をまとめたのが図2.5である（グラフではないクロス集計表は破線としている）。

　3変量以上の場合はグラフの重ね書きで対応するので，ここでは1変量と2変量のみについて言及する。提示するデータが1種類のみである1変量のグラフは，データの状態を表すため，その目的に応じてグラフを選択する。先に円グラフの使い方を説明したが，棒グラフ，折れ線グラフも目的（使用するデータ）によって使い方を変える。

　2変量のデータを可視化する理由は，その変数間の関係を確認するためである。その際，その2つの変数の内容により可視化する方法が異なる。もし，2つの変数がともに量的な変数の場合は散布図を用い，片方の変数が増加したときにもう片方の変数がどのように変化するかを確認すればよい。もし要因となる変数（横軸に布置される変数）が質的変数の場合は箱ひげ図を用いる（図2.6参照）。箱ひげ図の箱のなかの横線は中央値を表すが，この数値の変化と箱

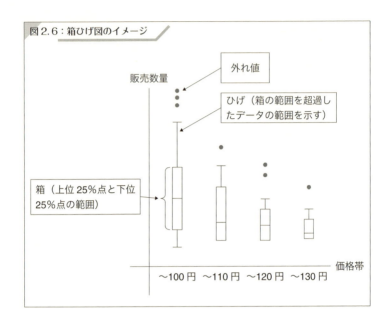

図2.6：箱ひげ図のイメージ

外れ値

ひげ（箱の範囲を超過したデータの範囲を示す）

販売数量

箱（上位25％点と下位25％点の範囲）

価格帯

〜100円　〜110円　〜120円　〜130円

（もしくはひげ）全体の大きさ（箱とひげはデータのばらつきを示す）によりデータの状況を理解する。

　2変数がどちらも質的変数の場合は**クロス集計表**（分割表ともいう）から表側の変数と表頭の変数の関係を理解する。表側の変数と表頭の変数に何の関係もなければ（この関係を独立という），各列（もしくは行）におけるある行のセルの比率（セルの比率はセルの条件で得られる確率を表すので，これを条件付き確率という）は等しくなる。

　たとえば，性別とブランドA，Bの購買をまとめたクロス集計表が**表2.7**である。ブランドAの購入者の男性の比率は，40/60（＝2/3）である（A列の男性の比率）。また，ブランドBの購入者の男性の比率は，20/30（＝2/3）であり，ブランドA，Bという条件にか

	A	B	計
男性	40	20	60
女性	20	10	30
計	60	30	90

かわらず，男性の比率は等しい。したがって，性別とブランドの購買が独立である（性別とブランドの購買は無関係）。**条件付き確率**の表現でいうと，ブランドAの購買という条件における男性である確率とブランドBの購買という条件で男性である確率が等しいということになる。これを確率で表現すると以下のように表すことができる。

$$p(男性 \mid A の購買) = p(男性 \mid B の購買)$$

上に挙げた例のほかにもグラフはある。いくつかの対象について複数の項目別に比較しやすくしたレーダーチャートや顔グラフ，ほかにも散布図の点に情報を持たせたバブルチャートがある。また，時に棒グラフと折れ線グラフを併用するなどの使い方がある。

分析上の注意 　データを分析する理由は，複雑な事象を理解しやすい形に表すためである。特に量的データの場合，表やグラフだけでは，概要は理解できても，あるデータと別のデータがどの程度関係があるのか理解できない。その量的な内容の確認のために分析を行う。また，表やグラフでは扱えるデータ（変数）の数，種類に限りがある。

　グラフは通常，2本の軸で定義された平面でデータの内容を表現

Column ③　地図上にデータを可視化する　●●●━━━

　データの可視化には，地図上にデータを表示する方法もある。この方法では，その地域の特徴が一目で理解できるという利点がある。最近では，政府が収集しているデータについては Web 上でこのサービスを利用することができるようになり，地域の状況について効率的に理解できるようになった。政府が提供しているサービスには，総務省統計局の e-Stat（https://www.e-stat.go.jp）のページ（トップページの「地図で見る」のタブ）で提供しているサービスと，地域の経済分析に特化したサービス（地域経済分析システム：RESAS，https://resas.go.jp）がある。

e-Stat のサイトイメージ（2018 年 11 月時点）

RESAS のサイトイメージ（2018 年 11 月時点）

するが，縦軸が結果となる変数であり，横軸が原因となる変数になる。そのため，扱える要因は1つのみである（変数の数の限界）。1つのグラフに複数の変数を重ねて描くこともできるが，グラフの視認性が悪くなるという問題がある。特に，最近では，データの収集環境が整備され多種類の変数が収集されるようになったが（図2.3の表現を借りれば，表頭の項目が多いデータ），この多種類の変数と結果の関係を読み取るには，表やグラフだけでは困難である。

　また，変数の種類における限界とは，表やグラフで扱える変数は観測・測定された変数だけであり，それらの背後に想定される潜在変数については扱うことができないという点である。潜在変数を扱う因子分析や共分散構造分析がマーケティングで用いられるのは，人間の行動は何らかの態度に影響を受けるため，態度の内容を潜在変数と仮定しその内容などを理解することが求められるからである。

　なお，分析はデータから情報を読み取り，収集したデータ間の関係や背後に潜む構造を理解するために行うのであり，分析が目的ではない。手法ありきの分析を行うべきではない。

5　マーケティング活動へのフィードバック

良い報告とは

企業で行う業務は，おおよその進め方が決まっているが，マーケティング・リサーチも例外ではなく第1章の図1.3で示したようなフローで進める。このフローの最後にある「報告」をもって，マーケティング・リサーチの活動は終了する（ただし，本当はリサーチした結果が何らかの施策に実施され，その施策の効果を見極めるまで続く）。そのため，担当者

Column ④　インフォグラフィクス ●●●

　インフォグラフィクスという情報を視覚的にまとめる手法が最近用いられるようになり，新聞や雑誌などの記事でデータが記述される際に目にすることが多くなった。インフォグラフィクスは情報をわかりやすく伝えるというメリットはあるが，Huff（1954）が指摘するようにイラストで2倍と表現する際，面積で表現すると2倍以上の印象を与えるという問題がある。たとえば，ある書籍が昨年の2倍売れたという状況をグラフ化する際に，図を単純に2倍すると2倍以上の効果があったように感じる（図2.7右上の図参照）。わかりやすさも大事であるが，正確さも大事である。誤解を与えないようにするには，図2.7の右下のような工夫をするべきである。

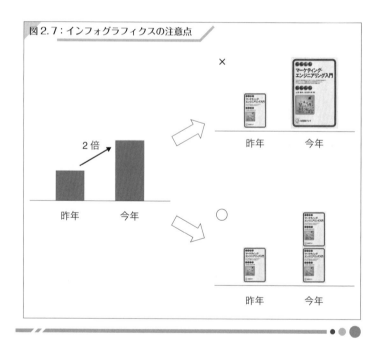

図2.7：インフォグラフィクスの注意点

は「良い報告」を行う必要がある。

「良い報告」とは，結果が良い報告という意味ではない。マーケティング・リサーチの目的の1つがリスクの回避であるなら，悪い結果を回避したというだけでも大きな成果である。「良い報告」とは，報告した相手が持っていた課題に応えるような報告である。

リサーチの結果を理解してもらうには，2つの点について意識する必要がある。1つは誰に報告するのかという報告の対象者であり，もう1つは報告に用いる資料の構成と内容である。前者については，対象者のリサーチや分析手法に対する知識およびその関心によって報告の内容を変えるべきである。経営陣などにリサーチの結果を説明する際は，細かい技術的な点についてではなく，リサーチの主な結果やそこから得られる示唆を述べるべきである。一方，マーケティング部の担当者などはリサーチに対し，十分な知識を有しているので，技術的な点についても説明するべきである（Luck & Wales 1952）。

報告書やプレゼンテーション用資料の構成については，基本となる型があり，その型の変更は避けるべきである（聴衆はその型で慣れている）。報告書やプレゼンテーションのスライドの構成は，以下のような項目になる。

- タイトル
- 背景（なぜ，このリサーチを行うのか，その理由を説明）
- 目的
- 手法（データの収集方法と分析手法を記述。データの条件もここでまとめる）
- 分析結果
- 示唆（分析結果から考えられる対応策もここで提案）

Column ⑤　公的なデータのマーケティングへの活用　● ● ● ━━

　公的なデータをマーケティング・リサーチに活用する利点は，①何もない状態からリサーチを設計するより，その結果をみてリサーチを設計できるため効率的なマーケティングを実施できる，②無作為抽出による信頼性が高い，③長期に渡り一貫した手法が取られている，④マクロ的な方向性が理解できる，などがある。特に，④に関しては各中央官庁が発行している白書には，課題と政策が整理されて掲載されているので，市場の現状と今後の方向性（国の政策を含め）を理解できるというメリットがある。

　このように利点の多い，公的なデータをマーケティングに用いるには，2つの点に留意する必要がある。1つはどのようなデータがあるのかというデータソースに関する点であり，もう1つはどのデータを利用すればよいのかという点である。前者について，政府統計の窓口である総務省統計局の e-Stat から検索することで，必要となるデータを手に入れることができる。また白書に掲載されている調査に関しては，報告書が各省庁のサイトに掲載されていることが多く，検索エンジンで検索すれば報告書の本文にアクセスすることができる。

　特に，e-Stat に掲載されている「地図で見る統計（jSTAT MAP」（54ページで指摘した「地図で見る」のページにある）は，人口・世帯，労働・賃金から社会保障・衛生，国際まで含むあらゆる項目について，統計情報を視覚的に得ることができる。たとえば，特定の都道府県について15歳未満総数と75歳以上総数をクロス集計した地図も，このページから作成できる。このページには，結果を Web ブラウザ上で閲覧できるだけではなく，HTML形式や Excel形式のレポートに出力することもできる。

━━━━

　●　資料（補足説明の資料，分析モデルの詳細，集計した結果など）

　この構成はマーケティング・リサーチを実施する際の企画書の構成とほぼ同じである。企画書の「想定される結果」の部分を報告書の「分析結果」に変更すれば，リサーチの報告書となる。言い換えると企画書ができていれば，報告書の作成の手間はそれほど掛から

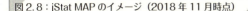

図2.8：jStat MAP のイメージ（2018 年 11 月時点）

・東京都または神奈川県で人口総数が250,000以上
の市区町村を抽出して表示する

・避難所を中心とした周辺半径300m内の世帯総数を
面積按分集計して表示する

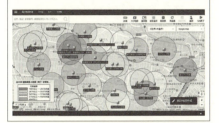

（出所）「地図で見る統計（jSTAT MAP）とは」
（https://www.e-stat.go.jp/help/view-on/map/
about_gis）

ない。

誤認を避ける

調査した結果，分析した結果から得られた
示唆について，聴衆に伝える時間は限られ
ている。その限られた時間のなかで内容を伝えるには，事実の誤認
が生じないよう伝える工夫が必要である。誤認を避けるには，発表
全体の構成を考えるほかにも注意すべき点がある。特に，プレゼン

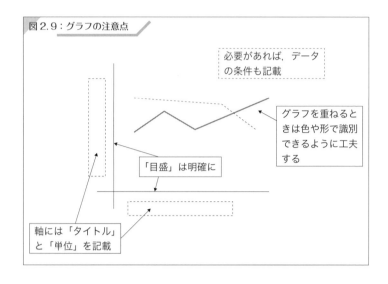

図 2.9：グラフの注意点

必要があれば，データの条件も記載

グラフを重ねるときは色や形で識別できるように工夫する

「目盛」は明確に

軸には「タイトル」と「単位」を記載

テーション用のスライドは，投射してみせることが多いため，ただちに理解できるような配慮が必要である。

　スライドは文章と図表（図・グラフ・表）で構成されるが，どちらについても注意が必要である。スライドの文章はできるだけ簡潔にまとめて書く必要があるが，その際，テクニカルライティングという技法を参考にするとよい。テクニカルライティングとは，技術文書を書くための手法であり，その目的は技術を正しく整理し必要な技術をわかりやすく伝えることである（高橋 2005）。内容を正確かつ簡潔に記述する必要のあるプレゼンテーション用のスライドの記述には向いている。文章で表現しにくい内容は図・表・グラフなどを用いて表現する。ただし，やみくもに表やグラフを用いればよいというわけではない（**Column**④も参照）。

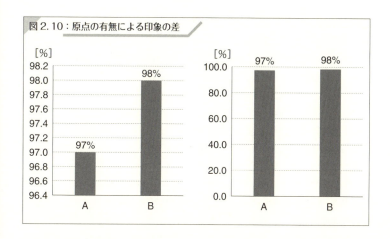

図2.10：原点の有無による印象の差

表やグラフを用いることで，報告を聞く人の理解を促すことができる。これは表やグラフが情報を集約して表示され，1枚の表やグラフでその内容が理解できるからである。したがって，表やグラフには，報告を聞く人が誤解をせずに正しく内容を理解できるように必要な情報を漏らさず記載する必要がある。具体的には図2.9のとおりである（表も基本的に同じである。表・グラフとも，必要があれば，データの条件も記載する）。

また，グラフは視覚的に内容を訴求するために，その使い方について注意するべきである。たとえば，同じ内容でもグラフの目盛りを変えることによりその印象は大きく異なる。特に原点を省略したグラフは実際の差よりも見た目の差が大きく感じられ，誤解を生じさせる原因となる。図2.10では，同じ数値を表しているが，原点の有無（縦軸の数値の取り方）により，その印象が大きく異なることが理解できよう。

Column ⑥　ゲームアプリのマーケティング・リサーチ　●●●—

　業界の黎明期では企業は「よいものは売れる」という，いわゆるシーズ志向で新製品開発を行い，多くの商品のなかからたまたま顧客ニーズに合致した少数のヒット作が出るという試行錯誤が行われることが多い。ただし市場がある程度飽和していくと，消費者のニーズのよりよい理解や競合製品との差別化に目を向けざるをえなくなる。経営陣が株主に対して現状の市場環境や今後の経営方針を説明する際にも，競合サービスと比較しながら自社サービスのシェアをどのように伸ばすか，あるいは利益率を高めるかについて明確である必要がある。

　現在のゲーム用アプリケーション（以下，アプリ）業界は少なくとも国内市場では飽和しつつあり，このような観点からマーケティング・リサーチが必要になっているようだ。さて，あなたがゲームアプリを開発している企業のマーケティング担当だとして，既存製品の広告販促（広告および販売促進）のためにどのようなリサーチを行えばよいだろうか？

　これから各章末の課題でこのケースについて扱うこととする。

—■—————————————————————————————————●●●

課　題

2-1　消費の実態を理解するうえで役立つデータとして総務省統計局の「家計調査」と「全国消費実態調査」があります。この２つの調査の違いについて，データの収集法（調査対象者の選定）から，収集している内容までをまとめて，どのような違いがあるか比較してみよう。

2-2　自分の住んでいる地域について RESAS から得られるデータを用い，その特徴を把握してみよう。

2-3　インフォグラフィクスを用いてデータを記述した事例を探し，探した事例について通常のグラフに比べてどのような差，利点があるかを考えてみよう。

2-4　Column⑥にあるように，ゲームアプリのマーケティング・リサーチを行うことを考えてみよう。ここでリサーチの目的は，競合アプリ

がどのようにしてユーザーを獲得しているのか，および課金がどの程度
されているのか，さらにはユーザーにとっての課金の理由を知ることだ
としよう。

　たとえばポケモン GO やパズル＆ドラゴンズなど具体的な特定アプリ
を開発している企業のマーケティング担当の立場に立って以下の課題を
行ってみよう。

①　表 2.2 にある分類 6 つのデータとしてどのようなものがあるかを
調べてみよう。

②　外部二次データとして何らかのデータ源を探し，自社アプリと競合
アプリの違いを何らかの形で可視化するグラフを作成してみよう。

参考文献

上田雅夫（2013）「ブランド管理の目的に応じたブランド連想の収集」
　　『行動計量学』40（2），115-122。

上野啓子（2004）『マーケティング・インタビュー——問題解決のヒント
　　を「聞き出す」技術』東洋経済新報社。

宇治川正人（2001）「ガソリンスタンドの魅力」朝野熙彦編『魅力工学の
　　実践——ヒット商品を生み出すアプローチ』海文堂出版，1-22。

高橋麻奈（2005）『入門テクニカルライティング』朝倉書店。

東京大学教養学部統計学教室編（1994）『人文・社会科学の統計学』東京
　　大学出版会。

藤越康祝（2009）『経時データ解析の数理』朝倉書店。

Huff, D（1954），*How to Lie with Statistics*.（高木秀玄訳『統計でウソを
　　つく法』講談社，1968 年）

LaBarbera, P. A. & J. M. MacLachlan（1979），"Response Latency in
　　Telephone Interviews," *Journal of Advertising Research*, 19（3），
　　49-55.

Laney, D.（2001），*Application Delivery Strategies*.（http://blogs.
　　gartner.com/doug-laney/files/2012/01/ad949-3D-Data-
　　Management-Controlling-Data-Volume-Velocity-and-Variety.pdf）

Levy, S. J.（1985），"Dreams, Fairy Tales, Animals, and Cars," *Psy-*

chology & Marketing, 2 (2), 67-81.

Luck, D. J. & H. G. Wales (1952), *Marketing Research*, Prentice-Hall

Spiggle, S. (1994), "Analysis and Interpretation of Qualitative Data in Consumer Research," *Journal of Consumer Research*, 21 (3), 491-503.

第3章 リサーチの品質と誤差

リサーチの落とし穴

Introduction

　たとえば社内の会議や大学のゼミで「健康志向の消費者の
ライフスタイルから消費のヒントをみつける」，あるいは「サ
ブカル女子に刺さる雑貨店を企画する」といったことが議論
されるとしよう。議論していくなかでターゲティングや商
品・店づくり，広告や販路に至るまでうまくかみ合わないこ
とはよくあるが，その原因は，それぞれが思い描いている
「健康志向」や「サブカル女子」の概念そのものが異なってい
たから，というようなオチは案外多いものである。企業だけ
ではなく学術の世界でも，「定義」が異なることで大論争が起
きることは多いが，それを避けるための仕組みが「構成概念
の操作的定義」という考え方である。本章では市場調査など
「集めるデータ」の構成概念をよりよく測定する指標である
「測定の妥当性」と「信頼性」について説明する。さらに，得
られたデータから間違った推論を行わないために注意するべ
き外的妥当性・内的妥当性・生態学的妥当性の議論について
も学ぶ。ここで説明するリサーチのさまざまな「落とし穴」
を回避しながら消費者の真実に迫っていくための具体的な方
法は第4章や第5章などで紹介する。

Case 飲料メーカーのマーケティング・リサーチ③

Aさんの調査の目的の1つに，消費者がそれぞれの飲料のブランドにどのくらい好意を持っているかを聞くことがあります（これまでの **Case** も参照）。

そこでここでは，好意の度合いを測定する指標として以下の項目を作成しました。

次のペットボトルのお茶をどのように思われますか。あてはまるものをお選びください。
1. 伊藤園　お～いお茶
2. サントリー　伊右衛門
　　　　　　　　　　⋮
（以後シェアの高いブランドのリストが続く）

選択肢のリスト
1. 好き
2. やや好き
3. どちらでもない
4. あまり好きではない
5. 好きではない

ただし，好きかどうかだけではなく，購入したいと思うか（購入意向と呼ばれる），家族や友人にどのくらい薦めたいと思うか（推奨意向と呼ばれる）のほうが重要な場合があります。そこで，それらについても調査を行いました（これらの調査項目については本書 Web サポートページの資料を参照）。

1　測定の妥当性とは何か

構成概念とは　第2章で説明したように，二次データや「集まるデータ」で課題が解決できる場合も存在するが，マーケティングの課題解決の多くの場面では一次データや「集めるデータ」が必要になる。特に消費者がなぜそのアプリに課金したかの原因を探りたい，自社サービスの不満を理解したい，自社へのロイヤルティを高めたいといった場面では消費者の内面・心を理解することが必要になる。しかし，外からはみえない心を理解するにはどうしたらよいだろうか。

　マーケティングを含む経営学，心理学，社会学などさまざまな分野では「直接観測したり簡単に定義したりはできないが，それがあると仮定し利用することでいろいろな現象を説明したり予測しやすくなる」ような概念を利用することがある。これを**構成概念**と呼ぶ。たとえば経済学では景気（景況感），人事分野や教育学では能力やコンピテンシー，社会学では社会階層，心理学では協調性や外向性，医学でもいろいろな症候群や治療中の生活の質（quality of life: QOL）などといったものがある。自然科学でも物理学の「暗黒物質」などはその存在を仮定することでさまざまな説明や予測が容易となる構成概念である。

　構成概念はマーケティングにおいても非常によく利用されているが，その典型的な例が「経験価値」「ブランドロイヤルティ」や「ブランドパーソナリティ」「ライフスタイル」「製品関与」などである。冒頭に挙げたような例や「ブランド・ロイヤルティを向上さ

Column ⑦　感情的関与尺度項目 ●●●━━━━━

　質問尺度（定義は本文参照）を用いた構成概念測定の例として，高性能なカメラや衣服など特定製品ジャンルへの関心の強さを調べるための質問尺度である感情的関与尺度（小嶋・杉本・永野 1985）を紹介する。以下の7項目からなる。

　　1：私にとって関心のある製品である。

　　2：使用するのが楽しい製品である。

　　3：私の生活に役立つ製品である。

　　4：愛着のわく製品である。

　　5：魅力を感じる製品である。

　　6：商品情報を集めたい製品である。

　　7：お金があれば買いたい製品である。

　これらの項目についてたとえば

　　　まったく当てはまらない：1点　　当てはまらない：2点　　どちら
　　　でもない：3点　　当てはまる：4点　　よく当てはまる：5点

といった5件法（5段階から選ぶ）で聞き，これらの合計点（最低が7点で最高が35点）を感情的関与の尺度得点とする。

━━━━／／━━━━━━━━━━━━━ ● ● ●

せるための広告のクリエイティブ（広告の表現要素）は何か」とか「どんなライフスタイルの消費者をターゲットにすべきか」などといった議論は企業でもよくなされる。

　構成概念は直接観測できないものであるため，議論を進めるためには**操作的定義**を行うことが多い。操作的定義とは，構成概念を測定する特定のやり方そのものをその概念の定義とするものである。たとえば自社に対する「ブランドロイヤルティ」があるという状態を「最低でも月1回来店し購買することが3カ月以上継続されていることを指す」と定義するような場合である。「ブランドロイヤルティ」というやや曖昧な概念であっても，上記のように操作的に

定義することで同じ内容で議論を行うことが可能になる。また **Column⑦** には，ある製品やサービスのジャンルへの「関心の強さ」を表す構成概念である **関与** を質問項目の集まりで測定するための感情的関与尺度を例として挙げている。ここで **質問尺度** とはなんらかの構成概念を測定するための複数の質問項目の集合であり，そこから計算された得点を **尺度得点** と呼ぶ。

　たとえばスマートフォンではなくカメラの専用機種を使って撮影することを喜びとする人ならば，カメラについての感情的関与尺度得点が高いであろう。

　このように構成概念の定義は測定方法そのものであるという考え方からすれば，測定方法は重要である。そこで，構成概念を定義するにあたって，以下に説明するような測定方法の **妥当性** と **信頼性** が重要となる。

測定の妥当性とは

構成概念は，直接測定したり簡単に定義したりできないという特徴があると先に述べたが，たとえば実務などでも非常によく利用される概念である「ブランドロイヤルティ」や「経験価値」ですら，複数の定義が提案されていたり，また同じ定義のもとでも複数の測定方法が提案されていたりする。そこで定義に即して正しく測定ができているか，さらに複数の測定方法がある場合にそのうちどれが優れているかを調べることになる。

　ここで構成概念を測定する方法がその概念を正しく測定できている程度を「**測定の妥当性**」と呼ぶ。一般に学術的な研究では測定方法を考案するだけでは「測定法の開発」としては評価されず，その測定法が一定水準の妥当性を持っているという検証まで含めて「測定法の開発」が行われたと評価されてその後の学術研究でも利用さ

れる。

　一方，マーケティングの実務において，しばしば妥当性の検証が行われていない測定法であっても「開発した」と称されることが多いため注意が必要である。妥当性のない測定指標を利用して誤った意思決定を行っても，その損害は意思決定を行った企業が被ることになる。企業がよりよい意思決定を行うために，あるいはクライアントやほかの企業から信頼される情報提供を行うためには，妥当性検証がなされた測定指標を用いるのがよい。

　また，マーケティング分野では EC サイトでの購買やアプリでの課金など，購入商品・サービスそのものや購入方法，購入に至るプロセスや意思決定のあり方が近年大きく変わってきている。このような変化に対応して新しい構成概念が続々と誕生しており，今後も変わり続けることが予想される。新しい構成概念を測定する方法も次々と開発されているが，それらの妥当性もまたチェックし，見極めながら利用していく必要がある。

測定の妥当性の3タイプ

直接簡単に測ることのできない構成概念をどのように数値にするかについては，アメリカ心理学会などの関連学会による報告書 (AERA, APA & NCME 2014) に記載された測定の妥当性を評価するための3つの観点が利用されることが多い。これらの観点は基本的には**心理測定尺度**（心理学的な構成概念を測定するための複数の質問項目の集合）や能力・学力のテスト，観察者による評定指標などの開発時にチェックされる。マーケティングにおいても「サービス品質」「関与」など質問尺度による測定や自由回答・インタビューの内容をコーディング（カテゴリーや数値にすること。第7章参照）して得点化・類型化する場合など，量的，質的いずれのリサーチであっ

ても，これらの観点を用いて妥当性評価を行うこととなる。

①内容的妥当性
（理論的妥当性）

内容的妥当性とは構成概念を測定する質問項目群，自由記述のコーディングの方法，観察評定の観点，あるいは行動履歴変数の設定などが，その構成概念の持つさまざまな内容を十分に包容していると専門家が判断できる程度のことである。

たとえば「サービス品質」の質問尺度として非常に有名なSERVQUAL（Parasuraman, Zeithaml, & Berry 1988）は，サービスが提供される場所など有形物の評価や，約束されたサービスが正確に遂行されるかどうか，提供者が顧客のニーズを汲み取ろうとしているか，などといった5次元22項目でサービス品質を測定している。これは先行研究で定性的調査を行ったうえに理論的検討を加え，特定のサービスに限定されない一般化されたサービスの品質を含むものである。

また，一般に構成概念は少数の項目や観点だけで規定できない場合が多いため「構成概念を測定する項目や観点全体（項目の集合の全体＝項目の母集団）」から項目をランダムに選ぶという仮想的な作業を経て最終的な項目が選定されるべきであり，SERVQUALでも事前に用意された97項目からさまざまな基準をもとに5次元を測定する22項目が選定されている（表3.1）。

②基準関連妥当性

基準関連妥当性とはその構成概念をより正確に測定する外的基準との一致度（相関）の高さのことである。「より正確に測定する外的基準」が測定できればそれを利用すればよいと考えるかもしれないが，そのような基準を測定するのが難しいから別の方法で測定を行うことが多い。一般に現時点で値が得られる外的基準を利用する場合を**併存的妥当性**，

表 3.1：SERVQUAL の項目	
①有形性（Tangibles）：施設，設備，従業員の外見。	1. 最新の設備を整えているか。 2. 施設は見栄えがいいか。 3. 従業員の身なりはきちんとしているか。 4. 施設はグレードと釣り合いが取れているか。
②信頼性（Reliability）：約束されたサービスを正確に遂行できる能力。	5. 約束の期日を守るか。 6. 顧客が困っているとき，親身になって心配してくれるか。 7. 頼りになるか。 8. 時間どおりにサービスを提供してくれるか。 9. 正確に記録を管理しているか。
③応答性（Responsiveness）：顧客を助け，迅速なサービスを提供する意向。	10. サービスの提供前に，サービスについて知らせてくれるか。 11. 従業員は迅速なサービスをしているか。 12. 従業員が進んで顧客に力を貸そうとしているか。 13. 従業員が顧客の要望に迅速に対応しているか。
④保証性（Assurance）：信用と信頼を与える従業員の知識と丁寧さ。	14. 従業員は信頼できるか。 15. 従業員と安心して接することができるか。 16. 従業員は礼儀正しいか。 17. 従業員が働きやすい環境を整えているか。
⑤共感性（Empathy）：顧客に対する気遣いや個人的な注意。	18. 個人の要望にあわせて対応してくれるか。 19. 従業員は顧客の個人的な要望を汲みとってくれるか。 20. 従業員は顧客が何を必要としているかがわかるか。 21. 顧客の一番関心のあることを気をかけてくれるか。 22. 各種サービスの営業時間は便利か。

（出所）　中村（2008）をもとに作成。

事後的にしか値が得られない外的基準を利用する場合を**予測的妥当性**と呼ぶ。

　たとえばブランドロイヤルティの質問尺度であれば，ブランドロイヤルティが高い人は将来にわたって同じブランドを購入するであろうから，ブランドロイヤルティの質問尺度のスコアと将来の購買点数や金額との関連をみることは予測的妥当性の評価にあたる。また，すでに妥当性の評価も行われている既存質問尺度がありその項目数が多い場合に，その短縮版の質問尺度を開発したとしよう。その場合に既存質問尺度を外的基準として短縮版との相関の強さを調べることが併存的妥当性の評価の一例である。

③構成概念妥当性　「測定の目的である構成概念についての理論的な予測が，尺度を実際に測定した結果と一致する度合いの強さ」を**構成概念妥当性**と呼ぶ。この定義からも抽象度の高い概念であり，さまざまな妥当性検証の要素を含む。具体的には「同じ構成概念を測定している測定値同士の一致度が高いかどうか」をみる**収束的妥当性**，「違う構成概念を測定している測定値同士の一致度が低いかどうか」をみる**弁別的妥当性**が特に利用されることが多い。

　たとえば図3.1のように3つの構成概念を測定する状況を考えよう。構成概念A（例：新製品・サービスを積極的に取り入れるイノベーター度）と構成概念B（例：リスク許容度）は先行研究や理論的な観点から関連が強いが，構成概念C（例：プロスポーツに対する興味）は理論的予測からはAやBとは関連の低い概念であるとする。このとき，測定値の関係も構成概念間の関係を反映したものになるはずである。

　ここで構成概念Aを測定する指標としてA1（例：ヒット商品番付

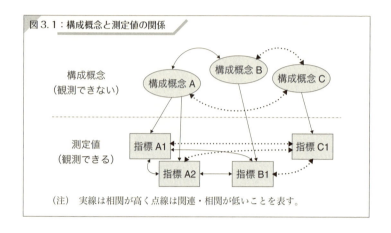

図3.1：構成概念と測定値の関係

構成概念
（観測できない）

構成概念 A 　構成概念 B 　構成概念 C

測定値
（観測できる）

指標 A1 　指標 C1

指標 A2 　指標 B1

（注）　実線は相関が高く点線は関連・相関が低いことを表す。

20位中いくつの製品やサービスを購入したり使用したりしたか）と A2 （例：革新的な製品やサービスをいち早く取り入れるイノベーター度を測る質問尺度）があったときには，同じ構成概念を測定している以上，A1 と A2 には強い相関があるはずである（収束的妥当性）。また構成概念 B，C を測定する指標 B1 （例：リスク許容度を測る質問尺度）と C1 （例：プロスポーツに対するクイズの正解数）が得られるとき，構成概念 A と B は関連がある以上，指標 A1 と B1，A2 と B1 の相関は一定程度の大きさになるはずである。一方構成概念 A，B，C は関連が弱いので，A1 と C1，A2 と C1，B1 と C1 の相関は低いはずである（弁別的妥当性）。

　上記の説明からもわかるように，構成概念妥当性は非常に一般的・包括的な妥当性であるため，「すべての妥当性は構成概念妥当性である」ともいわれる（Messick 1989）。たとえば基準関連妥当性での予測的妥当性は，A1 と A2 のどちらかが後に得られ，かつ後で得られたほうが構成概念 A をより正確に測定している測定値

Point !

Column⑦の感情的関与尺度について，妥当性はどう示すべきか考えてみよう。じつはこれは関与尺度という，より大きな尺度の下位尺度（一部分）である。ほかにも，その製品カテゴリーの知識量や情報探索をより行うかどうか，を表す「認知的関与」尺度と，特定のブランドへのこだわりの強さを表す「ブランド・コミットメント」尺度がある。

カメラ専用機の感情的関与尺度の構成概念妥当性を示すにはどうしたらいいだろうか？　たとえばより高精度な画像が取れるようなスマートフォンの機種に買い替えた人でも，「専用機のファインダーから写真を撮る喜び」を持つ人の感情的関与尺度得点は変わらないだろうから，その得点が高い人が一定以上の画素数のあるスマートフォンに買い替えたあとでも感情的関与尺度得点はあまり変化しないだろう。つまり，「構成概念である「カメラ専用機への感情的関与」はスマートフォンの買い替え前後で変化しない」という理論的な予測が測定値である尺度得点上で当てはまることを示すのは構成概念妥当性のチェックであるといえる。

またこの質問尺度と「認知的関与」尺度，「ブランド・コミットメント」尺度は一定程度の相関はあるが，それほど高くないことが弁別的妥当性になる。

である場合の収束的妥当性であるということもできる。また，たとえば指標 A1 に構成概念 A を十分包括するような質問項目や観測評定観点，変数定義がなされていなければ，指標 A2 や B1 との相関が低くなることが予想されるが，これは内容的妥当性の議論につながる。

マーケティングや消費者行動分野では構成概念を議論することが多いため，過去に測定の妥当性が検証された測定方法で関心のある

構成概念を測定することが望ましいが，あとで取り上げるリサーチ・デザイン（研究デザイン）の外的妥当性という観点からは，測定方法を利用するたびに妥当性の検証を行うことが本来望ましいとされる（AERA, APA & NCME 2014）。

2 測定の信頼性とは何か

測定の信頼性とは

観測できない構成概念を観測する質問尺度や観察のコーディング，あるいは行動履歴のログデータなどを用いて測定する場合に，妥当性のある測定法であっても，その測定値のばらつきが大きいことは望ましくない。ここで測定値のばらつきが小さいことを「**測定の信頼性が高い**」と表現する。このことはよくアーチェリーやダーツにたとえられる（McDowell & Newell〔1987〕，図3.2は筆者作成）。的の中心に偏りなく当たっていることは測定の妥当性が高いことを示し，一方ばらつきが小さいことは測定の信頼性が高いことを示す。いくら妥当性が高くてもそのばらつきが大きければ（信頼性が低ければ）測定値は有用ではないし，信頼性が高くても偏っている（妥当性が低い）場合も有用ではなく，両者とも高いことが望ましい。

さて，測定値は本来測定したい構成概念についての真値と測定の誤差からなるため，

測定値＝真値＋測定誤差

と考えることができる。測定誤差は真値とは関係のないノイズであり，測定時点の影響や測定方法によって生じるものと考える。

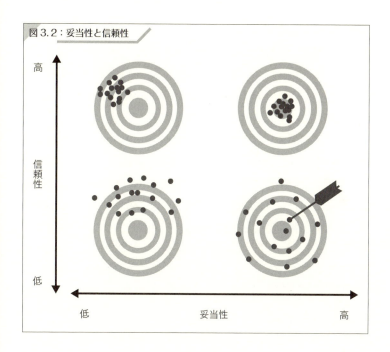

図3.2：妥当性と信頼性

高

信頼性

低

低　　　　　　妥当性　　　　　　高

　上記のように測定値を真値と測定誤差に分けたとき，測定誤差の
ばらつきが小さいほど「測定の信頼性が高い」と考える。このこと
は，購買履歴や閲覧履歴などの行動データを利用して測定を行う場
合でも，質問調査を利用する場合でも共通である。
　たとえばスーパー・マーケット（以下，スーパー）などの小売企業
が，自社に来店する消費者（あるいはその家族）が炭酸飲料をどれく
らい好きかを調べるために，ポイントカードを使って各人の炭酸飲
料の購入量を計算したとしよう。ここである特定の週の消費量を計
算したとすると，夏か冬か，新製品が出た週であるかどうか，大き
な販促が行われた週かどうかなどで消費量が大きく異なる。これら

の要因による変動は「炭酸飲料の購入量」という値を用いて「炭酸飲料への嗜好」を測定する際には誤差であり，これらの要因をなるべく小さくしたければ，週次ではなく年間の購入量などにするのが望ましい（より良いのは季節要因を考慮したり販促について変数を定義してその影響を除去する方法だが，高度なのでここでは割愛する）。

一方，市場調査で各消費者の特定商品カテゴリー（例：炭酸飲料）への関与を知りたい場合，製品関与尺度という複数の質問項目からなる質問尺度がすでに作成されているが，この場合も単一の質問項目ではその項目独自の要因による回答への影響が大きいことが懸念されるため，質問項目を複数にすることで測定誤差を減少させている。

| 測定の信頼性のチェック方法 |

ここで測定の信頼性を実際にチェックする際には安定性と一貫性という2つの観点で考えることが多い。安定性は「同一対象に対して同じ測定を繰り返したときに同じ結果が得られる」かどうかである。

これに対して一貫性とは，測定値が質問尺度のように複数の変数によって構成されているときに「構成する変数間の相関が高い」ことである。たとえば衣服の製品関与を測る質問尺度の一貫性ならば，それを構成する項目（具体的には「着ていて楽しい気分になれる」「自分らしさを表現できる」など）の得点間の相関が高いことが「同じ真値を測定している」ことになるため，一貫性が高いことになる。複数人で同一対象を観察し評定する場合は，評定者間の評定の一致度が一貫性となる。

具体的によく利用されている方法を4つ紹介したい。まず安定性の側面からの信頼性のチェック方法として，同一対象に対して時

間を置いて2回測定し，その相関係数を求める**再検査法**がある。これは直接的に安定性をチェックする方法であるが，質問調査では実際に同一消費者から2回回答を得ることは難しい場合が多く，また時間経過によって変化するような構成概念であれば，あまり意味がない。もう1つの方法として，同等であると考えられる異なる2つの測定値間の相関係数を求める**平行検査法**（代替検査法）がある。こちらは2つの測定値で真値が同じである（＝平行検査である）という仮定が成立しないと，単に2つの測定法の収束的妥当性のチェックを行っていることになる。

　再検査法や平行検査法は，特に購買履歴など「集まるデータ」から構成概念の測定を行う際などには有用である。

　次に一貫性の側面からのチェックがある。質問尺度の場合は複数の項目から成り立っているので，1つの質問尺度を前後などで折半して，その2つの相関係数を計算する**折半法**が利用できる。ただし，折半法では項目や変数の順序を入れ替えることで相関係数が変化する恣意性があるため，順序によらない一般化した信頼性の指標（信頼性の下限）の計算方法としては**内的整合性**の計算をするのが一般的である。特に有名なのは Cronbach の α 係数である（詳しくは池田 1994）。この α 係数が 0.8 以上ならその質問尺度に信頼性がある，と考えるのが一般的である。

　内的整合性は項目間で共通の真値が測定されている度合いを表しているため，これは項目レベルでの収束的妥当性にもなる。

　特に質問尺度を利用する場合に注意するべき点として，「帯域幅と忠実度のジレンマ（bandwidth-fidelity dilemma）」といわれる問題がある。信頼性を高めるために内的一貫性を高めるということは，「同じようなことばかりを聞いている項目のみを選ぶ」ということ

になり，測定したい構成概念についての質問をまんべんなく集めるのとは逆の方向になってしまう。この問題については簡単な解決法はないが，質問尺度を自分で作成する場合には両者のジレンマが存在することに注意する必要がある。

3 外的妥当性と内的妥当性とは何か

　新しい構成概念をつくるという場合はともかく，関与やブランド・ロイヤルティなどこれまでいろいろな先行研究のある構成概念を測定する場合であれば，妥当性と信頼性の示された既存の測定方法を利用すればよく，自分で妥当性と信頼性をチェックすることは不要かもしれない。

　ただし，いくら良い測定方法を用いたとしてもリサーチを行うたびに，あるいはすでに得られたデータや統計資料を利用して解析を行うごとに注意しなくてはいけないのが，**リサーチ・デザイン**（データや証拠を集めたり分析するときの方法や一連の手続きの設計）の妥当性（Shadish, Cook & Campbell 2002）である。

| 外的妥当性 |

　これは大きくは外的妥当性と内的妥当性の2種類に分類できる。まず**外的妥当性**は「自分が得たデータや観察した対象（**標本**〔サンプル〕と呼ばれる）から得られた知見を，本来関心のある対象全体（たとえば18歳以上の日本の消費者全体，あるいは東証一部上場企業全体などのことで，これを**母集団**と呼ぶ。詳しくは第4章を参照）に一般化できる程度」のことであり**一般化可能性**とも呼ぶ。

　たとえばスマートフォンのゲームアプリの価格をいくらに設定す

るべきかについて調査を行う場合を考える。ここで大学生と一般消費者では自分で自由に使える金額がまったく異なるため、大学生対象の調査から価格設定を行うことは難しい。また母集団を大学生に絞ったとしても、大学の立地や居住地域が都市部か郊外かで競合する娯楽が異なる、理系と文系では自由になる時間が異なり、また興味嗜好が異なるなどといったことを考慮すると、何も考えずに周りの学生を対象にして調査を行っても得られた知見の一般化は難しい。この問題は第5章3節で説明する**選択バイアス**としても理解できる。

外的妥当性が最も高くなる調査やデータ取得の方法は、「標本を自分の関心のある母集団から**無作為抽出**（詳しくは第5章を参照）して得られたデータを使って分析を行う」というものである。無作為抽出を行えば、得られた対象集団（標本）は母集団から偏りなく一定の確率で抽出された縮図である。したがって、ある程度大きな標本を得ておけば、そこで得た分析結果は母集団に一般化することができる。

また企業が蓄積している実績データが膨大な場合には、その一部を利用することがある。しかしそこでも無作為抽出を行わずに利用頻度や金額の多い顧客のデータのみ利用して分析すると、そこから得られる結果はライトユーザーには適用できない。

内的妥当性　　一方、**内的妥当性**とは「その解析で得られた変数間の因果関係が（そのデータや標本において）頑健である程度」のことであり、関心のある解析での従属変数（説明したい結果変数）と独立変数（説明に使う原因変数）の関係が第3の要因の影響を受けない程度を表す（後掲の図3.4）。施策のアウトカムへの効果を評価する際には内的妥当性が高いデータの取り方の工夫をしないと、施策以外の要因によって本来の関係とは逆

の関係がみえることすらある。

　たとえば過去の購買数量に応じて発券する値引きクーポンが販売数量を増加させたかを考えたいとしよう。ここでクーポンを送った顧客と送らない顧客を単純に比較するのは適切ではない。もしクーポンが優良顧客対象ならば，クーポンを送った顧客はこれまでクーポンの対象になった商品やサービス，店舗をより利用している人たちであり，また逆に競合他社からスイッチさせるために小売り店に依頼してレジでクーポンを発券してもらうならば，その対象は自社製品やサービスを利用していない人たちである。どちらにせよクーポン送付の有無と購入数量のどちらにも影響を与える第3の変数（たとえば過去の購入量や競合の購入率）を考慮せずに，クーポンを送った顧客グループと送らなかった顧客グループ間で購入数量を単純に比較しても，その差がクーポンの効果によるものか第3の変数によるものなのかどうかはわからない。

　値引きクーポンがもともと一定量を買おうと思っていた顧客に送られていたら，その顧客にとって値引きがラッキーだっただけで，数量が増加していない可能性もあるが，それでは値引きしただけ損になる。それどころか，もともと購入予定だった顧客が「自分は値引きクーポンがあったから買ったのだ」と誤って認識することで，その顧客は将来値引きがないと購入しなくなってしまったり，あるいは購入している理由がわからなくなり離反する可能性もある。

　このような第3の要因の影響を除去することができる，内的妥当性が最も高いリサーチ・デザインが無作為化実験（ランダム化比較実験）である。各条件に被験者を無作為に割り当てる「無作為割り当て」を行うことで，独立変数（関心のある要因）と従属変数（アウトカム）どちらにも影響を与える別の要因（共変量や交絡要因と呼ば

Column ⑧　バンディットアルゴリズム ●●●━━━━

　A/Bテストは無作為化実験であるため，内的妥当性がきわめて高いリサーチ・デザインである。しかし，決められた期間あるいは人数に対して実験を行うため，実施中に特定のサービスが優れていることが徐々に明らかになっていても，比較対象のより劣ったサービスを提供することになり，より優れたサービスを全員に対して実施する場合よりも収益が低下するだろう。そこで，効果や収益を増大させながら実験を行う方法としてよく利用されているのがバンディット（盗賊）アルゴリズムである。これはA/Bテストのような優れたサービスの探索だけではなく，現時点で最も優れたサービスを実施する活用も一定の比率で同時に行うという方法である。最初はすべて探索に充てるが，データが増えるほどサービスの優劣が明確になるため，活用の比率を増やしていき，最終的にはすべて最良サービスの活用のみになる。A/Bテストはこのアルゴリズムにおいて評価期間中はすべて探索とするという特殊バージョンとして理解できる。この方法自体は統計学の分野で1960年代ごろからすでに研究され，実験研究で昔から利用されてきた方法だが，Webマーケティングの分野ではGoogleが利用するようになって爆発的に普及しており，顧客グループやサービスの提供割合を変えるといったさまざまな方法も提案されている（本多・中村 2016）。

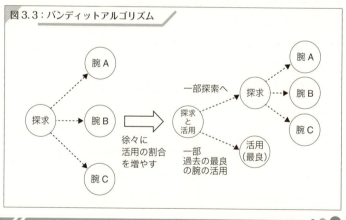

図3.3：バンディットアルゴリズム

れる）の分布が各条件で等しくなるため，独立変数が従属変数に単独で与える影響（**因果効果**）を知ることができる。

　無作為化実験は学術研究ではもちろん，実務でも Web サービス企業など実施が容易な分野ではよく行われている。特に Web サイトやアプリのデザインやサービス改善などでは，2 つ以上の画面やサービスを利用者にランダムに割り当て，どちらがより顧客の興味を引くか，最終的なコンバージョン（購入や課金，見積もりなど設定された成果）につながるかを調べることが行われており，これは A/B テストと呼ばれている。

　ただしマーケティングでは Web サービス以外の分野でなかなか無作為割り当てによる実験を行うことはできない。このような場合には施策導入前の売上と導入後の売上の差分を施策対象グループと非対象グループで比較する**差分の差分析**（第 4 章 2 節を参照）や，さまざまな顧客要因や店舗要因のデータを得ておき，これら第 3 の要因の影響を調整する共変量（第 4 章 3 節を参照）調整といわれる方法など，さまざまな解析方法や準実験デザインといわれる方法を利用して第 3 の要因の影響を排除する評価を行うことが望ましい（詳しくは第 4，7 章，および星野〔2009〕や加藤・星野〔2016〕を参照）。

　たとえばスマートフォンのゲームアプリのテレビ CM の効果をみたいとする。実際のデータからは「CM をみたグループのほうがアプリ利用時間は少ない」ことがわかった。この結果から，「CM をみせることでアプリ利用時間が短くなる」といってよいだろうか？　単純に CM をみた人とみていない人で比較しても，CM をみるということはテレビをみる時間が長い＝スマートフォンを使う時間が（同じ余暇時間のなかでは）短い人であるので集団の違いによる効果と CM の効果が分離できない（図3.4）。

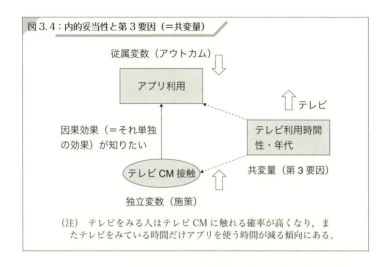

図3.4：内的妥当性と第3要因（＝共変量）

従属変数（アウトカム）

アプリ利用

テレビ

因果効果（＝それ単独 の効果）が知りたい

テレビ利用時間 性・年代

テレビCM接触

共変量（第3要因）

独立変数（施策）

（注）　テレビをみる人はテレビCMに触れる確率が高くなり，ま たテレビをみている時間だけアプリを使う時間が減る傾向にある。

　これに対してリサーチ・デザインや統計解析を上手に利用することで，そもそものテレビ利用時間の影響を排除したテレビCMの効果＝「テレビCMのアプリ利用への因果効果」を調べる方法が近年のマーケティングではよく利用されている（詳しくは第8章4節や加藤・星野〔2016〕を参照）。

4　生態学的妥当性とは何か

　質問調査や介入実験，深層面接法などの質的な調査法，あるいはオンラインコミュニティを用いた調査などを含めた一次データの取得において問題になるのが，これら「集めるデータ」が得られる状況は特殊であり，そこで得られた知見が一般（本来目的となる店頭やECサイトなど購買場面，あるいは製品の利用場面など）の状況では当て

はまらない可能性があることである。たとえば飲料メーカーが会場調査でさまざまなタイプの試作品を飲んで評定してもらうという場面は，「なるべく刺激のある食べ物を事前に取らないように」「複数の試作品を比較して得点を付けるように」などと指示されるが，これは日常生活で飲料を味わう場面とは大きく異なる。

　より一般的にいえば，ヒトは「調査や観察などの測定を受ける際には，通常とは異なる行動を行う」可能性があるということである。テストを受けたり応援されると緊張して力が発揮できなかったり，逆に普段より気合いが入ってうまくいったという経験がある人は多いだろう。一般に，ある研究や分析の設定が，日常の生活環境（＝生態学的環境）でのヒトの行動や心理的現象，情報処理などを再現している程度を**生態学的妥当性**と呼ぶ。

　特に，研究や分析の対象者が観察や測定を受けることを自覚することで通常と異なる行動を行うという**観察者効果**のうち，選ばれたものであるという自覚による効果を**ホーソン効果**と呼ぶ。また，実験者が研究対象者の態度や言動にある期待を抱き，その意図を対象者が汲み取ることで，対象者の態度や行動が無意識のうちに実験者の期待したものに近づく効果を**ピグマリオン効果**（あるいはローゼンタール効果）と呼ぶ。また調査やインタビューなどに回答する際に，自分の行動や考えをそのまま表明するのではなく，社会的に受け入れやすい方向に回答内容を変える傾向を**社会的望ましさ**と呼ぶ。深層面接法や集団面接法（第6章）などでは，面接調査員やほかの協力者がいるために「アルコールやたばこの消費について控えめに答える」「他人への見栄や楽をしたいといった気持ちで消費活動を行っていても，それを別の理由にすり替えて話す」などの可能性は大きい。

Column ⑨　生態学的妥当性についてのさまざまな研究　●●●━

　ホーソン効果とは，メイヨーらハーバード大学の研究グループが1920年代にアメリカのウエスタン・エレクトリック社のホーソン工場で長期間にわたって行った実験結果から知られるようになった効果である。その研究では工場での作業効率に影響を与えると考えられるさまざまな要因を操作していた。その研究において，作業場の照明を通常より暗くする条件で，手元が暗くて明らかに効率が悪くなりそうなのにもかかわらず作業効率が向上するという不思議な結果が得られた。その原因は，作業員が特殊な環境に置かれ注目されていることを自覚して普段より注意深く作業したというものであり，これにより観察を受けることで行動が普段と異なるというホーソン効果などの生態学的妥当性の重要性が知られるきっかけとなった。また，ピグマリオン効果はアメリカのローゼンタールの一連の実験から示されている。その研究ではある小学校で生徒にテストを行うが，研究者はそのテストの結果をまったくみずに無作為に名簿から生徒を半数選び，担任に「このあいだのテストの結果からこの生徒たちの成績が伸びる」と伝えたところ，数カ月後，成績が伸びるといわれた生徒たちは明らかに成績が向上したというものであり，担任の期待が生徒の行動を変化させたとされる。人を介したインタビューはもちろんのこと，アイ・カメラなどのデバイスを利用しても，このような「観察されている」ことによる影響は排除できない。「集まるデータ」と「集めるデータ」を有機的に組み合わせて考えることの重要性がここからもわかるであろう。ただし，具体的にどのような場面でどの程度大きな影響があるかなどについてはいまだ議論がある。

◢◢━━━━━━━━━━━━━━━━━━━━　●●●

　市場調査を行う場合には，たとえば社会的望ましさならば「社会的望ましさ尺度」を調査に加えて得点が高い人の回答を排除するなど（第7章2節参照），これらの問題をなるべく避けるような工夫を行うが，すべてを排除することは不可能であり，結果の解釈を行う際にはこの問題が常にあることを念頭に置くとよい。

5 「集めるデータ」での標本誤差と非標本誤差

外的妥当性のところで説明したように，本来関心のある母集団全体から情報を得ることは難しい。質問調査など「集めるデータ」を利用する場合には，母集団の一部の調査対象者を標本として選び出す標本の抽出を行う。**標本の抽出**によって生じる，母集団全体の値と標本での値のズレを**標本誤差**（sampling error）と呼ぶ。

標本誤差は標本の抽出を無作為に行っている場合には小さくなることが期待できるが，母集団の一部から対象者を選んでいる以上，一定程度は必ず存在する。

一方，偏りのある対象者集団に調査を行うと，対象者数がいくら多くてもそのズレはかなり大きくなる可能性がある。たとえばある企業が，今後のシェア拡大をめざして自社ブランドが他社ブランドに比べてどのように感じられているかを調べる際に，自社の顧客リストに対して調査を行うとしよう。ここでたとえ数万人規模で調査を実施しても，本当に知りたいこととは大きなズレが生じる可能性がある。なぜなら「買った＝自社ブランドが良いと思った」という偏った対象者であり，そこで得られた知見は母集団である今後の潜在顧客には有効ではない可能性が高いからである。この問題は**選択バイアス**ともいわれる（詳しくは第5章3節および **Column⑲**参照）。

一方，**非標本誤差**とは標本抽出以外の要因によるすべての誤差を指す非常に幅広い概念であり，以下のようなものが代表的である。

① 回答反応の誤差（質問調査での質問への誤解などによる回答の間違い，社会的望ましさなどが原因の虚偽回答，第7章で説明する

Column ⑩　ブランドパーソナリティ　●●● ━━━━━

　友人が待ち合わせに遅れてきた場合，あなたはどう思うだろうか？　交通機関が遅れたからかもしれないし，単に寝坊したからかもしれない。遅れてくると連絡がきたときに後者を思い浮かべるならば，日ごろからその友人のことを真面目でない性格だと思っているからかもしれない。ヒトは他人あるいは自分自身の行動をその人の安定的な傾向である性格特性（パーソナリティ）で説明することが多く，過去の膨大な心理学研究から性格特性はどの文化でも共通して 5 次元（勤勉性・外向性・神経症傾向・経験への開放性・協調性）に大まかに分かれることが知られている（たとえば高橋・山形・星野〔2011〕）。消費者としてのヒトも個別の商品について，あるいはメーカーやサービス提供者に対して，「信頼がおける」とか「先端的だ」あるいは「古臭い」といった形で理解することが多い。これをブランドパーソナリティと呼び，誠実さ・刺激・能力・洗練・素朴といった 5 次元で考えられることが多い（アーカー 1997）。消費者がそのブランドをどのように感じているかを「集まるデータ」からは調べることはできないため，ブランドパーソナリティの調査などは今後とも消費者に何らかの形で質問するリサーチが必要となる。

━━━━━///━━━━━━━━━━━━━━━━━━━━━　●●●

　　　PC とスマートフォン，紙など異なるデバイス間での**調査モード**の
　　影響など，測定誤差とも呼ばれる）。

②　インタビューや質問調査でのコーディングのミスや集計ミス，
　　入力ミス（**測定誤差**とまとめられることがある）。

③　調査対象から回答や情報を得られないことによる誤差（未回
　　収，無回答，追跡調査の脱落など，**無回答誤差**ともいわれる）。

④　カバレッジエラー（第 4 章で紹介する枠母集団と母集団の違い）

　　これらの問題点や低減の方法については第 4，5 章で説明す
　　る。

Column ⑪　ブランドロイヤルティ ●●●

　ブランドパーソナリティと異なり「ブランドロイヤルティは純粋に「集まるデータ」だけから測定できる」といわれることがあるが，本当だろうか？　ロイヤルティは特定の時期での対象カテゴリーでのブランドのシェア（たとえば 2017 年にその人が買った炭酸飲料のうちのコカ・コーラの割合）や，ブランド選択を説明する解析において値引きなどで説明できない要素（Guadagni & Little 1983；古川・守口・阿部 2011 など参照）といった定義がよく利用される。しかし，たとえ同じブランドだけ購入する人であっても，ほかのブランドとの違いがわからない，あるいはブランドスイッチをするにはリスクが高いなどの理由で，とりあえず惰性で同じものを購入しているという場合もあり，これは偽の（見せかけの）ロイヤルティ（Dick & Basu 1994）と呼ばれる。たとえば洗剤であれば，香りや色落ちがしないなどという点でいつも買っている商品で，かつある程度満足なものがあれば，わざわざリスクを冒して試したことがない商品を購入することはないだろう。こういった消費者は，真の意味でそのブランドに対する愛着があるわけではないので，気がついたら競合企業の販促や画期的な新製品の発売によってスイッチしていた，ということがしばしば起こりうる。真のロイヤルティか偽のロイヤルティかは購買履歴という表面の行動だけみていても判別が難しいため，別途消費者に調査を行う必要があることが通常である。

課　題

3-1　服やスマートフォン，ゲームアプリなど特定の製品カテゴリーを対象に 68 ページの感情的関与尺度項目を自分あるいは友人に調査してみよう。同時に年間でのその製品カテゴリーの購買金額を調査し，2 つの変数の相関を計算してみよう。

3-2　実際にマーケティングや消費者行動に関係する「構成概念」を考えて，質問尺度や観察評定尺度を作成しよう。そしてどのようなことを行えば妥当性と信頼性のチェックができるかを考えてみよう。

3-3 外的妥当性と非標本誤差の問題を体感してみよう。既存の質問尺度，あるいは上記 3-2 で作成したオリジナルな尺度について大学生と社会人に 20 人ずつ測定してみて，その平均と分散を比較してみよう。またなぜ 2 つの集団で結果が異なるのだろうか。

3-4 第 1 章から **Case** として取り上げている飲料メーカーのマーケティング・リサーチを題材に，以下の質問について考えてみよう。

「次のペットボトルのお茶を今後，どの程度購入したいと思いますか。あてはまるものをお選びください。」

この調査項目の測定の妥当性と信頼性を調べるためにはどのようなことを行ったらよいだろうか。

3-5 第 2 章の **Column⑥** の一例として，次のようなのケースを取り上げる。

競合のゲームと自社ゲームの利用時間の比較や，どの程度顧客に重なりがあるか，どのようなきっかけでそのゲームアプリを知るようになったか，あるいは利用するようになったかを理解することはマーケティング施策を策定するうえで重要である。そこでまずは予備調査として（あまり費用が掛からない方法として）自社アプリの利用者に対してゲーム内で利用できるコイン・ポイントを報酬とした調査をアプリからサイトに誘導する形で実施し，その結果を踏まえて外部のモニターに対して調査を実施することとした。

ゲームアプリの利用時間を以下のような質問項目で調査するとしよう。

「1 日平均どのくらいゲームアプリを利用しましたか？ 過去 3 カ月の平均でお答えください。」

この調査項目の測定の妥当性と信頼性を調べるためにはどのようなことを行ったらよいだろうか。

 参考文献

アーカー，デービット・A／陶山計介・梅本春夫・小林哲・石垣智徳訳（1997）『ブランド優位の戦略——顧客を創造する BI の開発と実践』ダイヤモンド社（Aaker, D. A. *Building Strong Brands*, The Free Press, 1966）。

池田央（1994）『現代テスト理論』朝倉書店。

加藤諒・星野崇宏（2016）「因果効果推定の応用——CM 接触の因果効果と調整効果」『岩波データサイエンス』3，91-100。

小嶋外弘・杉本徹雄・永野光郎（1985）「製品関与と広告コミュニケーション効果」『広告科学』11，34-44。

高橋雄介・山形伸二・星野崇宏（2011）「パーソナリティ特性研究の新展開と経済学・疫学など他領域への貢献の可能性」『心理学研究』82，63-76。

中村陽人（2008）「サービス品質の次元——テキストマイニングによる自由記述アンケートの定性分析」『横浜国際社会科学研究』13（1・2），43-57。

古川一郎・守口剛・阿部誠（2011）『マーケティング・サイエンス入門 [新版]』有斐閣。

星野崇宏（2009）『調査観察データの統計科学——因果推論・選択バイアス・データ融合』岩波書店。

本多淳也・中村篤祥（2016）『バンディット問題の理論とアルゴリズム』講談社。

American Educational Research Association (AERA), American Psychological Association (APA) & National Council on Measurement in Education (NCME) (2014), *The Standards for Educational and Psychological Testing*, AERA Publications Sales.

Dick, A. S. & K. Basu (1994), "Customer Loyalty: Toward an Integrated Conceptual Framework," *Journal of the Academy of Marketing Science*, 22, 99-113.

Guadagni, P. M. & J. D. C. Little (1983), "A Logit Model of Brand Choice Calibrated on Scanner Data," *Marketing Science*, 2 (3), 203-238.

McDowell, I. & C. Newell (1987), *Measuring Health*: *A Guide to Rating Scales and Questionnaires*, Oxford University Press.

Messick, S. (1989), "Validity of Test Interpretation and Use," in R. L. Linn, Eds. *Educational Measurement*, 3rd ed., American Council on Education & Macmillan, 13-104.

Parasuraman, A., V. A. Zeithaml, & L. L. Berry (1988), "SERVQUAL: A Multiple-Item Scale for Measuring Consumer Perceptions of Service Quality," *Journal of Retailing,* 64 (1), 12-40.

Shadish, W. R, T. D. Cook, & D. T. Campbell (2002) *Experimental and Quasi-Experimental Designs for Generalized Causal Inference*, Mifflin.

第4章　リサーチ・デザインとデータ形式

目的に応じたデザインとデータ形式の決定

Introduction

　リサーチで気を付けなくてはならない最大のポイントは，「そのリサーチで何を明らかにしたいか」という目的によってリサーチ・デザインとデータの形式が異なる，という点である。

　本章では，まず母集団と標本の違いを説明したうえで，第2章で紹介したさまざまなリサーチ・デザインについてより詳細に説明する。またリサーチの目的別に，どのようなリサーチのデザインを行えばよいかを示す。

Case　飲料メーカーのマーケティング・リサーチ④

　Aさんが今回行う調査の目的の1つめには自社ブランドの売れ行きが低迷していることの原因を理解すること，2つめには自社ブランドをどのようにリポジショニングするかについて製品開発と広告販促の部門に示唆を与えることがあります。そのためにも競合ブランドと自社ブランドの比較を行うことが必要です。

　ここでは自社ブランドのみの売上データなど「集まるデータ」ではなく，自社ブランドが競合ブランドとの比較でどのように消費者に思われているかを調べる「集めるデータ」が必要なため，市場調査会社に調査

を委託しました。

　市場調査会社は登録パネル（リサーチ・パネル）と呼ばれる数十万人に上る協力者候補のリストを有しているので，自社で依頼するよりもより多様な人からの回答を得ることができ，また低コストかつ短期間に調査を実施できます。

　今回はマクロミル社に依頼して20代から60代の回答協力者1000人に調査を実施しました。

1　リサーチにおける母集団と標本

母集団と標本抽出

　すでに第3章で母集団という言葉にはふれたが，あらためてここで詳しく説明したい。

　まず母集団（population）とは本来関心のある対象全体のことである。国内の消費者のリサーチを行うならば，日本にいる消費者全体となる。場合によっては世帯単位での購入金額や利用回数などを考えることがあるが，その場合は日本の世帯全体となる。このように母集団を構成する単位は消費者1人1人であったり，世帯であったりするが，これは何に関心があるかによる。

　また母集団を構成する単位の数を母集団の大きさと呼び，これが有限な母集団を有限母集団，無限な場合を無限母集団と呼ぶ。2018年10月1日現在で日本にいる消費者の全体は有限母集団である。ただし有限といっても全員の消費活動を知ることはできないため，リサーチを行うとすればふつうその一部の人たちからしかデータを得られない。ここでデータが得られた対象の集団を標本（sample）

と呼び，母集団の**構成単位**（消費者や世帯，店舗など）の一部を抽出することを**標本抽出**と呼ぶ。また標本に含まれる構成単位の数を**サンプルサイズ**と呼ぶ（第2章 **Point !** も参照）。

　また母集団全体からデータを得ることを**全数調査**と呼び，標本に対してデータを得て「母集団について推測する」ことを**標本調査**と呼ぶ。具体例として「日本在住の消費者が月額平均いくらぐらいゲームアプリにお金を使うか」（これを母平均μとする）に関心があるとしよう。2018年10月の日本在住の消費者全体に対して利用額の調査やデータ取得をすることはできないため，たとえばリサーチ会社に依頼をして2018年10月第1週に1000人の消費者にゲームアプリ関連の月額の支払額を聞く調査を行い，その平均（＝標本平均$\bar{x}$）をもって母集団である日本在住消費者の平均支払額とする，というのが標本調査である（図4.1参照）。

　また，母集団における何らかの関心のある量を**母数**（パラメータ）と呼び，その量を推測するために標本のデータから計算する量を**統計量**と呼ぶ。たとえば母集団の平均（母平均）を知りたいが標本しかデータが取れていないので，標本のデータから計算するのが標本平均である。また，実務家がサンプルサイズのことを母数と呼ぶことがあるが，誤りなので注意したい。

　図4.1にあるように，ここで問題となるのは，データを得ることができた1000人の平均支払額（標本平均）が本当に母集団での平均支払額といえるかということである。第3章5節でも説明したように，このような母数と統計量の値のズレを**標本誤差**と呼ぶ。

　また，関心によってはたとえば性（男女）×年代層（10代から50歳以上まで5区分）の10層に分けて平均支払額などを知ることが必要になる。その場合，各層多くても100人の平均で各層ごとの母

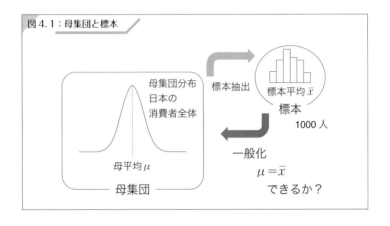

図 4.1：母集団と標本

母集団分布
日本の
消費者全体

標本抽出

標本平均 $\bar{x}$

標本
1000人

母平均 μ

母集団

一般化
$\mu = \bar{x}$
できるか？

集団平均としてよいだろうか？ 何人のデータを取れば，その平均はどの程度のブレ幅に収まるのだろうか。このようなサンプルサイズの決定については第5章で説明する。

　また抽出というと母集団のなかから積極的にデータ取得対象を選び出すというイメージだが，自動的に「集まるデータ」でのデータ取得対象も「標本抽出」されて選ばれたと考えることができる場合が多い。出荷や広告出稿などは全数データを得ることが容易であり，また Web やアプリ・サービスなどは自社顧客に限っていえば全数データである。しかし本章3節や第5章でみるように，潜在顧客まで考えれば，これは自社利用者という一種偏った抽出をされた標本であるともいえる。

目標母集団と枠母集団　抽出を行う際には母集団の構成単位のリストが必要になるが，そのようなリストに記載される構成単位の集合を**枠母集団**（frame population）と呼び，枠母集団に対して本来関心のある母集団を**目標母集団**と呼ぶ。枠母集

団が目標母集団をどの程度網羅しているかを表すのが**カバレッジ**（coverage）であり，この２つが異なることで生じる非標本誤差を**カバレッジエラー**（coverage error）と呼ぶ。

　たとえば国の調査であり，マーケティングにおいても重要な情報として利用されることが多い家計調査では，病院・療養施設の入所者や外国人世帯などを除外したリストから抽出をしている。したがって本来の母集団である日本に居住し消費を行う人たち全体である目標母集団と枠母集団が微妙に異なり，たとえば高齢者向けの商品の購入量は両者で若干異なる可能性がある。

　標本調査を行う場合，まずいま考えている目標母集団が何か，さらには抽出を行うためのリストである枠母集団が何かを考えることが非常に重要である。たとえば先ほどのようなゲームアプリへの月額支払額をマーケティング・リサーチ会社に依頼してインターネット調査を行う場合を取り上げてみよう。この場合，目標母集団は消費者全体であるが，枠母集団は「インターネットにアクセスができ，かつ調査謝礼を得る代わりに調査にたまに答えてもよいと思ってリサーチ会社に回答者として登録している」集団であり，一般的な消費者のなかでは世帯収入が低めだったり，地域に偏りがみられたりするとされる。このようにそもそも目標母集団と枠母集団にズレが生じている場合には，第５章３節で紹介するような選択バイアスが生じる。このような場合には国勢調査など目標母集団の全数調査の情報を利用した調整を行うことがある（詳しくは第８章で説明する）。

　たとえばゲームアプリをこれまで提供してこなかった企業が新しくゲームアプリに参入する際には，今後どの程度ゲームアプリ市場の規模が拡大するか，さらには自社が提供するコンテンツのターゲットとなる顧客層が，これまでどの程度ほかの余暇（たとえば PlayStation 4 などの据え置き型端末ゲームで遊ぶ）から，ゲームアプリへとよりお金を振り分けるようになったのか（あるいは今後なるのか），月額の課金額の伸びしろがどの程度あるのかを知ることが，参入するかどうかの意思決定を行うにあたって重要となる。さらには，どのような消費者がどのようなサービスや製品からブランドスイッチングを起こしたのかといった個人レベルでの変化がわかると，どのような消費者に余地があるのかのターゲティングやより効果的な施策を立案できることが多い。ゲームアプリであれば，2016 年夏のポケモン GO のリリースの際には，既存のアプリの売上はあまり影響を受けなかった。つまりこれまでのコア層が離反したのではなく，ノンユーザーがポケモン GO を機にゲームアプリを利用し始めたことが知られている（図 4.2）。

2　リサーチの目的とリサーチ・デザイン

> リサーチの目的によるデザインとデータ取得方法の違い

前節では母集団と標本の違いについて説明したが，リサーチの目的によってどのようなデータ取得方法が望ましいかは異なる。たとえば前節のゲームアプリへの月額の支払金額の例ならば，調査対象となった消費者に対して 2018 年 10 月の支払金額を 1 回聞く

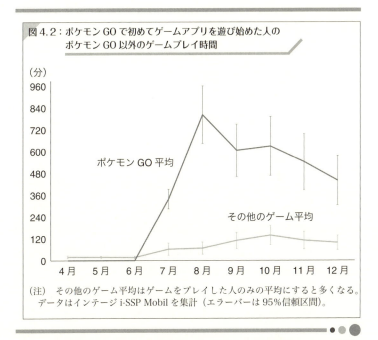

図4.2：ポケモンGOで初めてゲームアプリを遊び始めた人の
ポケモンGO以外のゲームプレイ時間

（分）

960
840
720
600
480
360
240
120
0

ポケモンGO平均

その他のゲーム平均

4月　5月　6月　7月　8月　9月　10月　11月　12月

（注）　その他のゲーム平均はゲームをプレイした人のみの平均にすると多くなる。
データはインテージ i-SSP Mobil を集計（エラーバーは95％信頼区間）。

というような前提であった。しかし，通常はこのようなデータだけ
から意思決定をすることは難しい。**Column⑫**で述べたように，市
場全体や特定のセグメントでの支払金額など特定の変数の平均，シ
ェアなどの比率，ブランドイメージの指標などについて，特定時点
だけの情報ではなく時系列的な変化を知る必要がある場合も多い。

　Column⑫のように，「特定時点での市場全体の規模など何らか
の数値を得たい」「新商品・サービスのターゲティングのために消
費者セグメントごとの利用量を得たい」「市場規模の将来予測をし
たい」「ブランドイメージなどの変化のモニタリングがしたい」「既

存製品・サービスのリニューアルのため競合間のスイッチングを知りたい」などといった各自のリサーチの目的によって，必要となるデータ形式，得られるデータの単位が異なる。

　そこでこの節ではまず「実験研究デザイン」（無作為割り当てを伴うデザイン）「調査観察研究デザイン」（無作為割り当てを伴わないデザイン）の2つの大きな区分の違いを説明し，さらに次節ではマーケティング・リサーチにおいてどのようなデータの形式が存在するかを紹介する。

　構成単位を，比較したい条件に無作為に割り当てて結果を比較するリサーチ・デザイ

実験研究デザイン

ンを**実験研究デザイン**（experimental study design）と呼ぶ（具体的には**Column⑬**を参照のこと）。第3章3節の内的妥当性の部分でも述べたように，実施したマーケティング施策がほかの要因による影響を排除したうえで本当に有効であったかどうかを調べるためには，顧客ごとに施策を実施する条件としない条件を無作為に割り当てる実験研究を行うのがよい。これにより，その施策以外の第3の要因となる変数の分布が施策実施グループ（以後**介入群**〔treatment group〕と呼ぶ）と非実施グループ（以後**対照群**〔control group〕と呼ぶ）で差がなくなることが期待されるので，第3の要因の影響を考慮せずに2グループ間の比較を行えば，施策の因果効果（定義は第3章3節や第8章4節参照）を知ることができる。ネット・サービスであれば顧客ごとに条件を無作為化することはA/Bテストやバンディットアルゴリズムなどすでに幅広く利用されているし，また最近ではレジ前クーポンやアプリを使って顧客ごとに値引きクーポンを出すことが可能になっているため，このような無作為割り当てを伴う実験は実務でも徐々に利用されてきている。

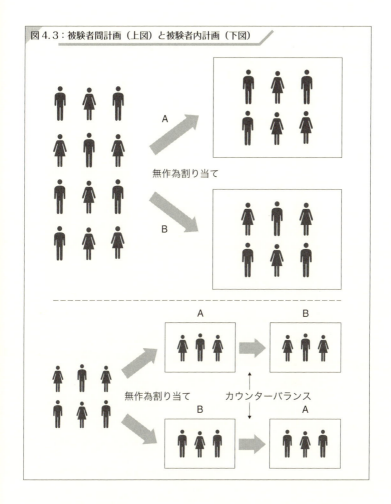

図4.3：被験者間計画（上図）と被験者内計画（下図）

無作為割り当て

無作為割り当て　　　カウンターバランス

　ここまでで説明してきた無作為割り当てのリサーチ・デザインは心理学を中心に**被験者間計画**（between-subject design）と呼ばれている。これは対象者は 1 つの条件にしか割り当てられないというものである（**図4.3**上図）。一方，1 人の対象者に対して順次複数

　構成単位を比較したい条件に無作為に割り当てる，といってもわかりにくいので例を 1 つ挙げよう。企業が自社の優良顧客を競合他社に奪われないように優良顧客向けに 20% の値引きクーポンを与える施策の効果を考える。ここで年間購買額が 10 万円以上の優良顧客 1 人 1 人（＝構成単位）のうち，たとえば半数をランダムに選びクーポンを付与する施策対象群に，残りの半数を施策非対象群にし，クーポン付与後の購入額の平均の差をみる，というのが無作為（ランダム）な割り当てによる実験研究である。ただし，Web ページの A/B テストのようにほかの人がどう扱われるかわからず短期で終えるものとは異なり，クーポン付与などは SNS で話題になる可能性があり，付与されなかった人が「なぜ対象にならなかったのか」と不満に思う場合がある，などの理由で企業はあまりこの種の実

の条件を与えて結果を観測する**被験者内計画**（within-subject design）または反復測定（repeated measurement）デザインが利用されることもある。被験者内計画の場合には，一般的には条件の順序による**順序効果**が生じる。ある条件で何らかの測定を受けることによって測定に慣れる**練習効果**や先行する条件が後続の条件への反応に与える影響である**持ち越し効果**（キャリーオーバー効果とも呼ばれる）などが知られているが，条件の提示順序を無作為にすることによって，順序効果による影響を最小化する（**カウンターバランスを取る**，といわれる）ことが多い。具体的に 2 条件 A と B がある場合には，「A→B」のグループと「B→A」のグループに対象者を無作為に割り当てる（図 4.3 下図）。

　被験者内計画の特徴として，同一対象者に複数の条件で測定を行うため，被験者間計画よりも少ないサンプルサイズでの実験が可能である。このデザインは主に新製品開発でスペック決定のためにし

験を行わない。一方，優良顧客のうち特定の条件（たとえばあるタイプの
サービスの利用についての上限）が達成された顧客に限定してクーポン付
与を行うというのは，無作為な割り当てではないので，調査観察研究とい
える。こちらは条件が明確なので顧客が不満に思うリスクは少ないが，条
件達成有無が顧客属性などと関連がある可能性が高く，付与の有無での購
入額の差で「クーポンが単独で購買額に与える影響」（＝因果効果）を推
測することはできない。

　ちなみに分野によっては無作為割り当てを伴わない実験を実験研究と呼
ぶ場合もあるが，その場合にも因果効果を推定するためには単純な平均の
比較だけではなく何らかの工夫が必要となる（詳しくは第8章4節参照）。

─────────────────────────────── ● ● ●

ばしば利用される**コンジョイント測定**（conjoint measurement；上
田・生田目 2017 参照）や試食，試飲など実際に商品を試してもらう
会場調査などで利用されるが，これは順序効果がない，あるいはあ
ってもほぼ無視可能か，カウンターバランスを取れば無視できると
考えているからである。

　一方，店舗やECサイト，アプリなどリアルな実務の場でマーケ
ティング施策について実験を行う場合（これを**フィールド実験**と呼ぶ
ことがある）には，被験者間計画を行うのが一般的である。なぜな
ら，一度特定の商品やサービスへの実験として，たとえば値引きす
るグループとしないグループを比較する場合，ある顧客が一度でも
値引きを受けたらその商品やサービスの値ごろな価格の相場観（参
照価格と呼ばれる）は低下してしまう，などといった持ち越し効果が
生じることが一般的であるからだ。したがって被験者内計画実験を
行う場合には施策効果の評価用には最初の実験条件だけ抽出して比

較を行うのがよい。ただし，特定の顧客には値引きをするが他の顧客には値引きをしないということが問題になる場合には，初回値引きをしなかった顧客に2回目には値引きを実施する被験者内計画を積極的に行って持ち越し効果を調べることも可能である（これは医学研究でクロスオーバー試験といわれる方法と同じである）。

また，顧客の性・年代や（既存顧客で顧客データベースが利用できる場合）過去の購買履歴など結果に影響を与えうる重要な変数について，事前に複数のカテゴリー（＝層）をつくり，各カテゴリー内で無作為割り当てを行う**層別無作為割り当て**（stratified randomization）という方法も利用される。

さて，フィールド実験ではしばしば顧客ごとに条件を変えることが難しい場合も多い。一方店舗単位で行われる施策，たとえば地域へのチラシ広告やポイント5倍デーの有無などであれば，店舗を無作為に実施店舗グループと非実施店舗グループに割り付けて実施するという**クラスター無作為化比較試験**（cluster randomized controlled trial）と呼ばれる方法を利用することも可能である。ただしこの場合には店舗などのクラスターの規模や地域などの性質について層別してから無作為割り当てを行わないと，条件間で不均衡が生じやすくなる。

調査観察研究デザイン

調査観察研究（observational study）とは無作為割り当てを伴う実験を行わないリサーチ・デザイン一般を指す。このなかでも特に因果効果を求めるために工夫してデータを取得するタイプのデザインを**準実験デザイン**（quasi-experimental design）と呼ぶ（Shadish, Cook, & Campbell 2002）。因果効果を求めるための分析法はリサーチ・デザイン以外の要因によっても決まるが，リサーチ・デザインを設計するうえで

表4.1：調査観察研究の代表的なデザイン

		介入前	介入後
一群事後だけデザイン	介入群		○
	対照群		
一群事前事後デザイン	介入群	○	○
	対照群		
対照群のある事後だけデザイン	介入群		○
	対照群		○
不等価二群事前事後デザイン（差分の差）	介入群	○	○
	対照群	○	○

(注) ○はデータを取得していることを示す。

有意義なので，ここでは一番単純な4つのタイプを取り上げたい（表4.1 参照）。

　まず，しばしばマーケティングで取り上げられる，ある施策や戦略を企業が導入して成功した，あるいは失敗したという「成功事例」や「失敗事例」などの事例研究は「一群事後だけデザイン」あるいは「一群事前事後デザイン」の一種である。「一群事後だけデザイン」では，介入や施策をやらなかった企業との比較がなく，さらに施策実施や介入前の測定が行われていないため，成功事例でもじつは施策を実施する前のほうが，あるいは施策を実施しなかったほうがよかったという可能性は十分にある。

　では施策実施の事前事後で測定をして，その差を調べるという「一群事前事後デザイン」ではどうか？ 実施前後の期間で「景気が上向いていた，あるいはその業種が成長期の産業だった」場合には，「施策を行わなかった場合のほうがよかった」という可能性がある

（この可能性は評価に対する歴史の脅威や成熟の脅威といわれることがある）。また，その施策以外の要因が影響を与えている可能性は排除できない。

つまり，正しい評価を行うためには，施策実施や介入をしていない集団を対照群として設定することが必要である。店舗ごとに，あるいは顧客ごとには施策を実施できず全社いっせいに実施する，などという対照群が設定できない場合には，少なくとも政府統計や業界統計などの外部データを対照群とすることも考慮すべきである。

では施策実施後に実施群と対照群で比較をする「対照群のある事後だけデザイン」を実施すればよいかといえば，たとえば店舗Aでは施策を実施し（介入群），店舗Bでは実施しなかった（対照群）とすると，両店舗の顧客が異なるので単純に比較することはできないだろう。たとえばA店舗は近場に競合が多いから施策の実施に踏み切ったということがあれば，両者を単純に比較することはできない（第5章3節と第8章で選択バイアスに絡めて再度説明する）。

そこで，介入群と対照群のどちらについても事前事後で測定を行うのが「不等価二群事前事後デザイン」であり，またそこで

（介入群での事後－事前）－（対照群での事後－事前）

を施策介入の効果とするのが**差分の差**（difference-in-differences：DID）**分析**である。これは各群での事前事後の差について群間で差を取ることから命名されている。図4.4に示すように，新しい施策を行わなかった対照店舗での「事後－事前」は通常の変化を表すので，「実施店舗がもし施策を行わなかったらどうなっていたか」は図の網掛け線で予測できると考えてよい。したがって　施策の効果は実線と網掛けの線の実施後の差が効果に対応すると考えてよい。

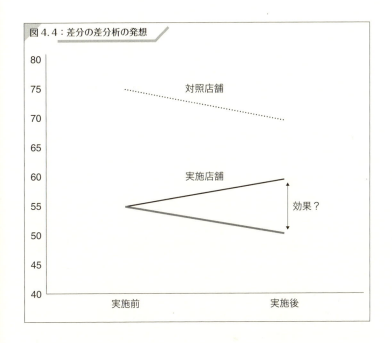

図 4.4：差分の差分析の発想

```
80
75 ...................... 対照店舗
70
65
60           実施店舗
55                              効果？
50
45
40
   実施前                      実施後
```

　ただし無作為割り当てや，あるいは第 8 章で取り上げるような
データ分析による工夫を行わない場合には，「対照群のある事後だ
けデザイン」や「不等価二群事前事後デザイン」であっても，比較
事例研究（複数のケーススタディを集めて議論するタイプのもの）の一
種にすぎない。たとえば実施店舗（介入群）と対照店舗（対照群）を
過去の購買頻度などでカテゴリー区分して，それぞれには上記の方
法で解析をして，後で購買頻度が共通の分布になるように集計し直
す層別解析や，実施店舗と対照店舗を実施有無以外の要因について
なるべく同質にするマッチング（これらについての詳細は第 8 章参照）
などを用いることで，無作為割り当てによる実験を行った場合に近
い結果を得ることができ，より良いマーケティング意思決定に有用

になる。

3 どのようなデータの形式が存在するか

　次にデータの形式はどのようになっているかをみよう。一般にマーケティングにおいては，商品やサービスを購入する意思決定を行う最小の単位を通常は消費者または世帯とする。もちろん生産用ロボットや業務用冷蔵庫などの生産財の場合は会社や工場，店舗といった単位がありうるので，適宜置きかえて考えてほしい。さて，既存製品・サービスのリニューアルや販促，新製品・サービス開発などを行ううえでどのような形式のデータを利用して議論していったらよいだろうか？　以下にさまざまなデータの形式を説明する。前節で紹介した「調査観察研究デザイン」を基本的に想定してもらえればよいが「実験研究デザイン」の場合にも適用できる分類である。

パネルデータ

　パネルデータは，複数時点で同一の構成単位（消費者や店舗など）から継続して変数（購入量や来店者数などの情報）が得られている（第2章で紹介したパネル調査）ようなデータであり，構成単位×変数×時点のような形にできるデータである。1000人に対して清涼飲料水の1日単位の「購入金額」と「数量」を1年間にわたって調査する場合には，1000（人）×2（変数）×365（日）のデータになる。さらに清涼飲料水を複数ブランドに分ける場合であれば，これがブランドの数だけ存在することになる。パネルデータは縦断データや縦断調査（longitudinal data/study）とも呼ばれる。ここではパネルデータを大まかに以下の3区分に分けて議論する。

⑴消費者に対するパネルデータ　　　複数の消費者についてある程度の期間（たとえば 1 年など）リサーチで対象となっている製品やサービスのジャンルについて「いつ」「どこで（購入場所やサイト・アプリなど）」「何を」「いくらで買った（または課金した，長期契約した）」といったデータを**スキャナー・パネルデータ**（scanner panel data）と呼ぶ。この種のデータは企業活動に伴って得られる「集まるデータ」ではなく事前に設計された「集めるデータ」である。

　具体的に日本国内の消費財であれば，インテージ社の SCI データは約 5 万人に対して加工食品や飲料，日用雑貨などについて購入したもののバーコードをスキャンさせて購買行動を広く追跡・収集しており，数年間継続して参加しているモニターも存在する。同様のデータとしてマクロミル社の QPR モニターデータと MHS データがある（後者は世帯単位かつレシートから情報を得るのでバーコードのない外食などさまざまな支出を網羅している）。海外であればニールセン社のニールセンパネルが有名である。

　これらは「パネルモニターがどの店舗で購入しても記録される」という点で非常に網羅的であるため，顧客の**ブランドスイッチ**やト**ライアル・リピート分析**が可能になるという利点がある。ある新製品が出て非常に売れたとしても，自社の既存ブランドからスイッチして購買された（**カニバリゼーション**という）なら問題である。他社ブランドからのスイッチングが起きたのか，あるいはこれまで買わなかった人たちがこの新製品を買うようになったのかは，今後の他社の施策を読むうえでも重要である。またそのジャンルを定期的に購入している人の何% がその新製品を試したのか（トライアル），試した人の何% が再度購入したのか（リピート）がわかれば，「製品があまり試されていないからトライアルに至る広告販促を増やすべ

き」なのか，それとも「製品そのものの魅力がないからリピートされないので製品のスペックを変更すべき」なのかなどがわかる。

　購入した商品のメーカー名や店舗などがなく，家計簿式の調査であるためスキャナー・パネルデータではないが，米やパン，ビールなど種々の品目について購入金額と数量といった情報を収集している調査としては政府による家計調査がある。

　また購買以外の情報としては事前に依頼したモニターから PC やスマートフォンでのサイト閲覧やアプリの利用ログを取得しているパネルデータもある。代表的なものとしてニールセン社の Net-View やビデオリサーチインタラクティブ社の WebReport，インテージ社の i-SSP がある。これらはそれぞれ数万人規模の継続協力者（パネル）からなっていて，**Column⑫** のような「ポケモン GO がリリースされたことでほかのゲームアプリがどの程度影響を受けたのか」や「自社のアプリの利用人数が減っているがどこに流入しているのか」などがわかる。

　この種のデータを長期的に取得していると，パネルモニターが協力をやめる（脱落という）ことがあり，脱落者と継続協力者では謝礼や調査内容への関心に違いがあることから，あえて毎月や特定の期間ごとに一定の割合でモニターを入れ替える**ローテーションパネル方式**を採用することも多い。

⑵企業ごとの購買履歴やログのデータ　　　一方，企業において購買履歴データや Web アクセスログデータ，アプリの利用ログデータなど「集まるデータ」は，何にどのくらい支払うかを決定する単位である消費者ごとの「自社以外での支払いや購買・利用」がわからない。たとえば YouTube は 2017 年時点では動画サービスとしては圧倒的なシェアを占めているプラットホームであるが，ほかの動

画サービスも続々と出てきているなかで消費者にとってはあくまで自分のニーズを満たすサービスの1つにすぎず，YouTube は他サービスの脅威に対して自社データだけを用いて議論するのは誤った意思決定につながるだろう。この点でこの種のデータは，消費者に関するパネルデータにおいて「自社での購買や利用部分しかわからない」特殊なデータである，といえる。「集まるデータ」自体は業務で得られるものであり，顧客単位で ID で紐づいているとは限らない。特に小売や飲食店などではレシート単位の売上情報を**ジャーナルデータ**と呼び，またこれを日次で集計したものを日次ジャーナルなどと呼ぶ。近年では購入された単品単位で記録する POS データとなっていることが多く，マーケティングだけでなく在庫管理などにも利用される。

　また自社での顧客のうち，顧客 ID で紐づいているものについては，購買頻度や数量などの変化がわかるが，顧客 ID が紐づかないものについては，当然ながらそれらの分析には利用できない。小売ではスーパーやコンビニエンス・ストア（以下，コンビニ），家電量販店などでポイントカードの提示をさせることで顧客 ID を紐づけているが，ポイントカードが提示されない購買（一般的な POS データ）は日次や週次での集計などのみにおいて利用できる。

　この種のデータは企業規模によってはすでに紹介したパネルデータよりもはるかに多量のデータを含むことがあるが，このデータからだけでは自社顧客が競合他社でどのような購買や利用をしているかはもちろんわからない。

　T ポイントや Ponta といった共通ポイントカードなども同様のデータ構造となっていて，加盟企業はたしかに多いものもあるが，カードを提示した購買のみ ID が紐づく構造のため，顧客の総消費

Column ⑭ 「集まるデータ」だけで考えることの問題点1　●●●■

　飲料メーカーが新製品を開発するためにマーケティング・リサーチを行う場合，どのようなデータを利用すればよいだろうか？　一次データとして質的・量的にわたるさまざまな調査をするとして，競合企業の商品も含めた購買頻度や価格との関係などを調べる場合には，スーパーやコンビニが蓄積しているPOSデータを二次データとして入手し分析することが多い。しかし一般に消費者はネット通販を含め多様な店舗チェーンで購買しており，たとえ業界トップのスーパーやコンビニであっても店舗の地域的な分布や特定の戦略に従った出店が行われていること，プライベート・ブランド商品が存在していることなどから，特定のチェーンの購買履歴を利用した場合には一定の偏りが存在することを考慮する必要がある。またレストランなど外食での売上はPOSデータでは得られない。

　新製品開発に当たって，まずは地域別での炭酸飲料と緑茶飲料への支出といった市場規模やその推移などを理解したければ，総務省が行っている家計調査を用いればある程度理解が可能である。これは調査対象世帯が何を買ったかを細かい区分で家計簿をつけてもらう調査であり，世帯人員構成や世帯主の性・年代別の集計なども公表されているが，ブランド別の購入額などはわからない。ブランドレベルの情報は，たとえばインテージ社のSCIデータやマクロミル社のQPRデータ，あるいはレシートを利用することで外食にまで対応するマクロミル社のMHS調査などで捕捉できる。

支出の数％も捕捉できないとされる。コンビニなどの業態によっては提示率が低いことと，他社ですでに新製品を購入している可能性があるなどの理由から，トライアル・リピートなどの分析には適さない。

　SNSや自社のコミュニティサイトでの書き込み情報など「集まるデータ」であっても，同一個人がIDで紐づいているものは一応パネルデータとして扱うことができる。ただしここでもSNSなど

Column ⑮ 「集まるデータ」だけで考えることの問題点２ ●●●■

　現代のマーケティングを体系化したノースウェスタン大学のコトラーは，集まるビッグデータだけからではわからない消費者の態度や認知が重要であるとしているが，第３章 Column⑪で説明した真のロイヤルティと偽のロイヤルティの違いもその一種である。スキャナーパネル調査の一種であるマクロミル社の QPR では，対象者に調査を行っており，購買履歴と意識調査の結果を合わせて消費者の理解が可能となっている。

　実際に炭酸飲料カテゴリーについて調査項目から顧客の炭酸ブランドに対する状態を７つに分け，それぞれで平均購買単価・購入個数のシェアを求めたのが図 4.5 である。惰性でそのブランドを購入している顧客やブランドの違いのわからない顧客は比較的高価格で購入していること，コカ・コーラは惰性顧客の割合が高いことなどがわかる。

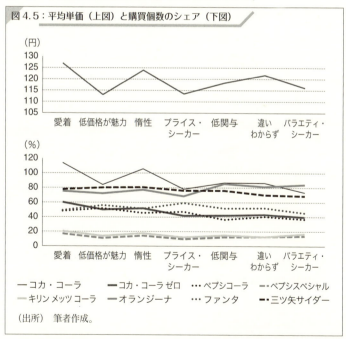

図4.5：平均単価（上図）と購買個数のシェア（下図）

（出所）　筆者作成。

の参加者が月に1回以上など必ず定期的に書き込みをしてくれるわけではなく，ほかのSNSなどで書き込みすることもあり，また脱落することも多いため，第5章3節で説明する選択バイアスを考慮する必要が生じる。

(3)特定の集計単位で集計されたデータ　　マーケティングや在庫管理，仕入れなどの企業活動の結果として「集まるデータ」を日時や週次，月次で，さらには小売では店舗単位や地域単位などで集計したデータである。加工食品や日用雑貨のメーカーの多くは直販をしていないため，いついくらでどれくらい売れたかについて小売企業からこの種のデータを購入する，あるいは入手するために小売企業への納入時に値引きを行うことも多い。

　この種のデータが組織的に結合されたデータもある。たとえばインテージ社のSRIデータは，スーパーやコンビニ，ドラッグストアなどについて全国になるべく偏りなく協力小売企業を募り，その一部の4000店舗程度で収集されたPOSデータを集約したデータであり，日次×店舗別の品目の販売量と販売金額からなる。SRIのような同一店舗に対してデータが継続的に得られているデータを小売店パネルデータと呼ぶこともある。

　SRIデータ以外にも900店舗から情報を取得する日経POS情報などもあるが，2018年時点ではSRIデータが他のPOSデータを量や代表性という点で圧倒しており，加工食品等の消費財メーカーが競合他社の製品と比較しながら時系列でシェアの推移を調べるといった際に最も重視されている。「シャンプー・カテゴリーでの売上No.1」などのランキングもこのデータから行われることが多い。この種のデータは各企業単位で「集まるデータ」を，組織的に「集めるデータ」にしたものといえる。

| クロスセクショナ
ル・データ | 特定の1時点で調査を行う，あるいは行動ログなどを取得することで得られるデー |

タがクロスセクショナル・データ（cross-sectional data/study）である。クロスセクションとここでいっているのは，何らかの区分（セクション）間の比較をすることを念頭に調査やデータ取得が行われることを示している。たとえば2017年の年間の旅行支出を2018年1月に調査して性・年代層別で比較する，などである。横断データや横断調査とも呼ばれる。

　また，時系列的に変化を捉えたいので質問調査内容や取得変数内容は同一にして複数時点のデータを得ているが，パネルデータと違い対象が毎回異なる**反復横断データ**（repeated cross-sectional data）という形式（マーケティングではフレッシュサンプルによる継続調査データとも呼ぶ）も政府統計やマーケティング・リサーチにおいて非常によく利用される。政府が雇用状況や労働について調べている労働力調査（毎月10万人程度）や保健や医療，年金や所得と世帯の状況を調べる「国民生活基礎調査」（3年ごとの大規模調査は70万人程度）などはこのような形式であり，民間でも消費者のブランドイメージの経年変化をみるために毎年行われている日経リサーチ社のブランド戦略サーベイなどは，経年比較可能なように質問内容が同一な調査が行われているが，各回で調査対象者が異なる。

| 集計データ | 集計データを説明する前に**ミクロデータ**を説明したい。ミクロ（個票）データ（micro |

data）とは，就業・進学なら個人，洗剤購入なら世帯または主婦，ゲームアプリなら個人など，意思決定主体や行動の主体で観測値が得られているデータである。ただし時点の区切り方についてはリサーチの目的に依存する。スーパーや飲食店舗であれば実際に購買が

なされる来店（購買機会とも呼ばれる）単位であるが，場合によって
は日次や週次などに集計してもよいだろう。一方，ゲームアプリの
データであれば，サービス開発レベルの分析はゲーム内のプレーヤ
ーのクリックなど行動単位の分析が必要かもしれない。これに対し
て顧客の離脱防止などという観点では，アプリ起動単位で何分遊ん
だか，課金をしたか，ご褒美のアイテムは得られたかや特定のイベ
ントを経験したかなどという分析でまずは十分であろう。

　またミクロデータであっても，商品—顧客—店舗—商圏といった
階層構造を考える，**マルチレベルデータ**（multilevel data）として理
解する必要がある場合もある。

　一方，時点の区切り方はともかく，意思決定や行動の単位よりも
大きな区分や単位ごとに和や平均が取られているデータになるのが
集計データ（aggregated data）である。特に日次や週次，月次とい
った特定の時間の区切りで売上などを集計したデータを**集計時系列
データ**と呼び「集まるデータ」は通常この形式で集計されている。
たとえば POS データを店舗ごとに日次で集計したものが典型的で
ある。また，集計時系列データや地域別の集計データなどは政府統
計情報や業界団体統計など**外部データ**として得られる場合も多い。

　この種の顧客ごとではないデータであっても，リサーチの目的に
よっては十分な場合がある。たとえば小売業で店舗の立地が売上や
値引きの効果などにどのような影響を与えるかを考えることは重要
である。実際に，店舗の近くにどれだけ競合店舗が存在するか，車
で大量に買い込める郊外店かまたは多くの人が徒歩で来る駅前店か，
近隣の居住者の平均世帯年収が高いかどうか，などによって店舗ご
との値引きの効果は大きく異なるとされるので（星野・中川 2015），
店舗ごとに集計をした分析は値引きの幅や対象商品，頻度を決める

ためのデータとして利用できる。

　ただし，一般に知りたいリサーチ・クエスチョンの多くは顧客レベルのものであり，このような集計データでは後に示す集計バイアスの影響を受ける。

マルチソース・データと欠測データ

　マーケティング分野に特有の用語としてシングルソース・データという言葉があるが，これは「基本属性」や「購買行動」「広告接触」「ライフスタイル」などこれまで別々の情報源（マルチソース）から得られることが多かった情報が同じ消費者に対して得られているようなデータのことを指す。このようなデータは事前に設計された「集めるデータ」として，スキャナーパネルデータの調査対象者に対して依頼して自宅のテレビに装置を付けてもらい，どんなテレビ番組をいつみたかや，スマートフォンに専用アプリをインストールしてもらってどんなアプリをいつ起動しているか，どのサイトにアクセスしているかなどの情報を収集するものであり，国内ではインテージ社の i-SSP などごく一部のデータに限定されている。

　この種のデータの強みは，テレビ CM や Web 広告をみた人が買ったかどうかを直接調べることができるという点である。このようなデータが無ければ，広告投入量（金額や CM の投下された番組の視聴率）と，売上の集計時系列データの関係をみることしかできず，あとに示す集計バイアスを排除できない。

　ただしこのような購買，テレビ視聴やスマートフォン利用などの行動ログを収集するシングルソース・パネルデータはその維持にきわめてコストが掛かる。その代わりに質問調査で「いつ特定の商品を買ったか」「その商品の CM をみたか」などを聞く場合がある。このようなタイプの調査データの欠点は特定の商品について調査し

Column ⑯　データ融合の考え方　●●●

　たとえば Web サービスの企業は会員登録や支払時の情報以外の顧客の情報はわからない。年齢や性別は登録時に必須としても，職業や世帯年収，家族構成などといった属性情報，当然ながら競合サービスの利用状況などはわからない。セグメンテーションや顧客別のマーケティング施策，競合他社への対応立案などを考える際にはそのような情報を個別の顧客ごとに得られれば望ましい。そこで，自社と共通変数のある外部ミクロデータを何らかの形で収集（購入，市場調査実施）し，その共通変数をのりしろにして，自社のデータとの融合を行う。さまざまな方法が利用されているが，たとえば共通変数が一番近い人を「同じ人」と考えるマッチングを行うと，図の1人目は j 人目と同じ人なので，j 人目の変数 B の値を1人目の値として用いればよい。特に変数 A 側を明示的に考えない場合（他社顧客への施策を考えない場合など）には統計学でいう欠測データの解析になる。詳しくは星野（2009）や高井・星野・野寄（2016）を参照されたい。

たことでその商品への購買行動が変わる可能性があることである。

　そこで，調査対象者やデータ収集の協力者の異なる「購買に関する調査データ」と「広告接触についての調査データ」などの複数のデータセット（**マルチソース・データ**と呼ばれる）を融合して解析する**データ融合**（data fusion）という考え方がある（**Column⑯**参照）。その際にはデータを融合させるためにどのデータでも取得されている情報（共変量と呼ばれる共通変数）が必要となる。

　近年のネット広告配信の分野では，「今この瞬間にそのページに来た人やアプリを立ち上げている人にみせる広告枠を取引する」というアドエクスチェンジが行われている。その際にサイト訪問者・アプリ利用者の属性情報などはわからない場合が多いので，Cookie 情報（ブラウザに記録される履歴情報）を ID 情報として紐づけ，い

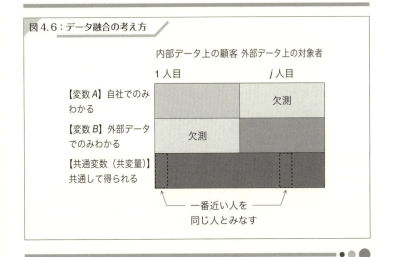

図4.6：データ融合の考え方

内部データ上の顧客 外部データ上の対象者

1人目　　　　　　　　　j人目

【変数 A】自社でのみ
わかる
　　　　　　　　　　　　　欠測

【変数 B】外部データ
でのみわかる
　　　　　　欠測

【共通変数（共変量）】
共通して得られる

　　　　　　　　一番近い人を
　　　　　　　同じ人とみなす

ろいろなサイトでの閲覧情報をつなぎ合わせることで「その人がど
んな関心を持っているか」「性別や年代」などを予測するオーディ
エンスデータを使ったターゲティング方法がよく利用されてきた。
また粗い方法だが IP アドレスも（複数のデバイスで共有されること
が多いが）ID 情報として利用されることがある。どんな関心を持って
いるかは実際にサイトでの閲覧情報（たとえば自動車情報サイトによ
く訪れるなら車好き，など）から決めることができるが，これと性別
や年代などがわかっている閲覧ログデータや，会員情報や支払時の
情報などの外部データなど種々のデータをマルチソース・データと
考えて組み合わせることでオーディエンスデータを作成する。この
場合に利用されているセグメンテーションやマッチングはデータ融
合の特殊な場合である。

各年度の反復横断データに存在する別々の人たちをいろいろな変数を使ってマッチングし，パネルデータのように扱う**疑似パネルデータ解析**といった手法もしばしば利用される。

　ただしこれらはあくまでも推測に基づく方法であって，予測結果を後で検証するなど，その方法から得られた結果が正しいことを，いろいろな形でチェックする必要がある。

　Column⑯にも記載したように，マルチソース・データは構成要素（顧客や企業）によっては観測されていない（＝欠測している）変数がある欠測データである。特に市場調査では質問調査項目が膨大になると回答者の負担も増えて不正確な回答になってしまう。それを避けるため，どの変数が欠測するかをリサーチの実施者側が計画的に決める**分割型質問デザイン**（split questionnaire design，あるいは**調査分割法**）が利用されることがある。たとえば調査項目をA，B，Cに分けたとき，（Cを聞かず）A＋Bを聞く1群，（Bを聞かず）A＋Cを聞く2群，（Aを聞かず）B＋Cを聞く3群に回答者を無作為に割り付ける。ABCが同じ項目数ならば個人の負担は3分の2になり，またABCにまたがるクロス集計（第8章参照）以外の解析が可能となる。さらに第3章で説明したような構成概念を測定する尺度がある場合には，ABCにまんべんなく尺度を振り分ける，または上述したデータ融合の考え方を利用する，などの工夫があれば，すべての調査項目を質問した場合に可能なあらゆる解析を行うことも可能である。

4 どのデータでどのような リサーチ・クエスチョンを扱えるか

　これまで説明したデータセットの形式のなかで，パネルのミクロデータでかつ関心のある変数が同一消費者から得られているシングルソース・データであれば，同一対象者がどのブランドにスイッチングしたか，その原因としてテレビ CM の効果はどの程度か，など種々の解析を行うことができる。ただしこの種のデータを取得するコストは膨大であり，サンプルサイズを大きくすることが難しいなどさまざまな問題もある。

　普通は店舗別や日別の売上の合計額など集計データを利用する，あるいはパネル調査ではなく反復横断データを利用するようなことが多いが，そうしたデータから売上に影響を与える要因の特定やスイッチングの分析を行うことは可能だろうか。より一般的に，どのようなデータであればどのようなリサーチ・クエスチョンに答えることができるのだろうか？　次にマーケティングのリサーチ・クエスチョンとしてよくみられるいくつかの場合について考えてみよう。

変数ごとの分析の場合　リサーチ・クエスチョンが「(性・年代や事前に設定したセグメント別の)変数ごとの分布(たとえばシェアや支払金額，利用率などの分布)」あるいはその要約統計量(平均や総計，上位 10% の値など)についてであれば，母集団から無作為抽出された標本から得られたデータでさえあれば，集計データであろうが個票データであろうが構わない。

　たとえば特定のサービスへの支出額の市場平均や市場規模につい

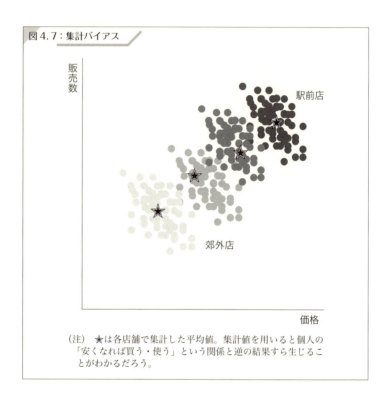

図4.7：集計バイアス

販売数

駅前店

郊外店

価格

(注)　★は各店舗で集計した平均値。集計値を用いると個人の
「安くなれば買う・使う」という関係と逆の結果すら生じるこ
とがわかるだろう。

て特定時点だけでなく推移を知りたい場合，パネルデータである必
要はなく，政府統計調査やリサーチ会社が収集した反復横断データ
を集計した集計時系列データを利用すればよい。

変数間の関係　　これに対して，集計データではわからない
現象も存在する。たとえば複数の店舗があ
るチェーンにおいて，ある商品やサービスの価格と販売数の関係を
集計データを用いて推論するとどのような現象が生じるだろうか
（図4.7参照）。図には店舗ごとの日ごとの価格と販売数のデータが

Column ⑰　集計時系列で広告効果がわかるか　●●●━━

　集計時系列の解析例として広告効果の評価とメディア配分最適化の例を挙げる。週次や月次の売上や購買意向を従属変数，テレビ CM や Web 広告，新聞広告，屋外広告などの主要広告媒体別の広告費を説明変数として，重回帰分析（第 8 章参照）を実施すると，多くの解析例で奇妙な現象として「負の広告効果」が見出される（井上 2000；Naik et al. 2007）。具体的にはテレビ CM の係数は正になるが Web 広告や新聞広告などの係数が負になる場合が多い。この単純を結果を解釈すると，Web 広告を増やすほど売上が落ちるということになるが，本当だろうか？　この場合はまずは時系列解析モデルとして，たとえばビールなら夏，携帯電話ならば年度開始直前の 3 月に売上が非常に多くなるという「季節性」を考慮するだけで負の係数が生じる可能性は大幅に下がる。テレビ CM は 1 回当たりの費用が高いため売上の多い時期に集中的に投下され，一方 Web など他のメディアは比較的少額から実施できるので，図にあるように売上が多い時期かどうかとは負の相関となる。この構造を考慮しないと Web 等の係数は過小評価されて負にもなる（重要な説明変数を利用しないことによる**内生性バイアス**とも呼ばれる現象）。また広告効果をより正確に分析するには，広告接触が購買に影響を与えるまでの期間を考慮する（持ち越し効果を考慮する）ことや個人ごとの広告接触効果を考えることが必要となる。

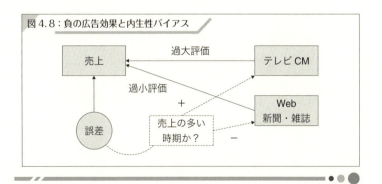

図 4.8：負の広告効果と内生性バイアス

丸で表されており，店舗ごとの平均値を星印で表現している。ここで，どの店舗でも価格が安くなった日には販売数が増える，という自然な関係が存在しているとしても，それを集計したデータにおいては店舗の平均の違いのほうが大きく，「立地がよい店舗ほど家賃や人件費などコストが掛かり価格を高くしてそれを吸収している」「立地がよいとそもそも平均的に販売数が多くなる」という店舗レベルでの価格と販売数の関係のほうのみが数値として観測され，結果として店舗レベルの集計データでの解析では「価格が高いと（高くすると）販売数が多くなる」というまったく誤った結論が得られることとなる。

　このように消費者レベルで考えるべき事象を店舗や地域，日別など別のレベルで集計して解析を行うと，正しい関係を理解できなくなることがある。これを**集計バイアス**（aggregation bias または生態学的誤謬〔ecological fallacy〕）と呼ぶ。

> セグメンテーションの推移

消費者や自社顧客をセグメンテーションするのは新商品開発やマーケティング施策において重要である。ただしセグメンテーションを1時点で行うだけではあまり有用ではなく，市場環境が変化することで各セグメントがどのように変化したか，自社がターゲットとしたセグメントが拡大したのか縮小したのかなど，セグメント構成比の推移をモニタリングすることが求められることが多い。たとえばビール・発泡酒市場であれば，これまで主要なスーパーやコンビニで扱われてこなかったクラフト・ビールが 2013 年ごろに投入され，消費者が購入しやすくなったことが消費者の嗜好の変化につながったとされる。そこで 2012 年と 2013 年以降ではどのように消費者のビール市場の嗜好のセグメンテーションが変わったか

を調べようとするとき，パネルデータがあれば同一個人の多時点での変化がわかるので2012年でどのようなセグメントの人がクラフト・ビールを好むセグメントに移ったかがわかる。一方，反復横断データでは同一個人に調査をしていないだけではなく，各時点のセグメントのどれが共通でどれが異なるかを知ることさえ難しい（加藤・星野・堀江 2015）。

スイッチングなど個人の変化

パネルデータの部分で述べたが，特定の消費者がブランドスイッチングを行ったかどうかは，その消費者が何を買うかを追跡するパネル調査が必要である。これに対して反復横断データではあくまでも各時点でのブランド別のシェアがわかるだけで，特定ブランドのシェアが減ったとしても，そのブランドからどのブランドに顧客が流出したのかはわからない。同様に自社内の「集まるデータ」（ID-POSデータ，POSデータ，Webログデータなど）でも競合のどこから流入したのか，どこに流出したのかなどはわからない。このような問い（リサーチ・クエスチョン）に関心がある場合には個人ごとのスキャナー・パネルデータが必要となる。

　既存商品・サービスのブランドスイッチや離反のほかにも，新製品・サービスに対しては，今後の売上予測や販促の立案，場合によっては早めの廃止などを考えるためのトライアル・リピート分析を行うことが一般的である。このような場合にも個人ごとのスキャナー・パネルデータを利用する必要が生じる。

真のプロモーション効果（因果効果）

個人レベルで継続的に情報を取得しているパネルデータであっても，あらゆることがわかるというわけではない。たとえばゲームアプリのテレビCMがアプリの利用回数や利用時間，さらには

課金利用者を増やすかどうかを知りたいとしよう。テレビ CM 投入時点の前後のたとえば 1 年間の利用者数といった集計時系列では，集計バイアスが存在するので利用者数の増加がテレビ CM の効果なのか，それともそれ以外の要因（たとえばスマートフォンの普及や景気の拡大，あるいはポケモン GO といった利用者の市場規模を拡大させるコンテンツの登場によって中高年もゲームアプリを利用するようになったことなど）によるものなのかは集計データだけではわからない。

　ではパネルデータを利用して，テレビ CM に接触した人のグループとしなかった人のグループについて，その後の利用回数や利用時間の平均の差を取れば，テレビ CM の効果がわかるだろうか？じつは単純に 2 つのグループの差を比較するだけではテレビ CM の効果はわからない。実際にはテレビ CM をみる人はみない人に比べてテレビ視聴時間が長く，スマートフォン利用時間が短く，年齢が高い人たちであって，単純に差を計算すると「テレビ CM をみない人のグループのほうが利用回数が多く利用時間も長い」という「テレビ CM を行うとかえって売上に悪影響である」といったような明らかに直観に反する結果が出てくることが多い。このように広告販促などの効果を検証するためにはかなり注意深く分析を行う必要がある。これは第 3 章 3 節でも議論したとおりである（第 8 章で再度説明する。ほかにも加藤・星野〔2016〕参照）。

　このように，どのような形式のデータを利用するかはリサーチ・クエスチョンの内容に依存する。具体的な分析方法については第 8 章を参照されたい。

4-1　新しく開発した炭酸飲料について消費者を集めて評価をさせる会場調査を行う場合を考える。(1)新商品が既存商品に比べてどの程度味が好まれるかを試飲させる場合，(2)パッケージのデザインを評定させる場合やテレビ CM の試作の評価をさせる場合，の 2 つの場合で，被験者内計画で評定させることの利点と欠点をあげてみよう。

4-2　動画配信サービスを行っている企業が，有料会員の退会を防ぐために長期間加入している顧客には値引きを行うことを企画しているとする。この値引きの効果を事前に評価するためにはどのような調査や実験を行えばよいだろうか。

4-3　直営店を 100 店舗有するアパレル・ブランドを展開している企業が直営店の一部である 20 店舗について大規模な改装を行ったとする。その結果 20 店舗の売上は改装していない店舗よりも伸びたとして，この改装の効果があったといってよいだろうか。

4-4　政府は家計調査以外に耐久消費財やネット・サービスへの支出についても詳しく調べるために家計消費状況調査を実施している。この調査が本章 3 節で説明した用語でいうどのような形式のデータであるかを調べてみよう。

4-5　自社アプリの利用人数が減少したときにどのようなデータがあれば他社への流出が起きているか，それとも他社を含めたアプリサービス自体のニーズが減っているかわかるだろうか，考えてみよう。

4-6　購買履歴など「集まるデータ」ではわからない消費者の状態を調査で調べることが必要な場合をいくつか考えてみよう。

4-7　本章冒頭の **Case**（飲料メーカーのマーケティング・リサーチ④）を考えてみよう。

①　ここで実施された調査は本章 3 節に説明した用語ではどんなタイプのデータであるといえるだろうか。

②　この調査の結果を踏まえて自社の既存ブランドのリニューアルを実施するとしよう。リニューアル後に調査を実施して，リニューアルの効果測定をしたいとすると，どのような調査を実施すればよいだろうか。本章の議論を踏まえて考えてみよう。

4-8 第2章の**Column⑥**のケース（ゲームアプリのマーケティング・リサーチ）を取り上げる。

① ここで実施される調査は本章3節に説明した用語ではどんなタイプのデータであるといえるか。

② この調査の結果を踏まえてアプリの広告販促の方法を変えたとして、その効果測定をしたいとすると、どのような調査を実施すればよいだろうか。本章の議論を踏まえて考えてみよう。

参考文献 ● ● ●

井上哲浩（2000）「メディア・プランニング・モデル——広告四媒体効果算定および最適予算配分」『日経広告研究所報』193，9-15。

上田雅夫・生田目崇（2017）『マーケティング・エンジニアリング入門』有斐閣。

加藤諒・星野崇宏（2016）「因果効果推定の応用——CM接触の因果効果と調整効果」『岩波データサイエンス』3，91-100。

加藤諒・星野崇宏・堀江尚之（2015）「反復横断データから消費者セグメントの構成比の変化・生成・消滅を理解するための潜在クラスモデルと段階推定法」『マーケティング・サイエンス』23，35-59。

高井啓二・星野崇宏・野間久史（2016）『欠測データの統計科学——医学と社会科学への応用』岩波書店。

星野崇宏（2009）『調査観察データの統計科学——因果推論・選択バイアス・データ融合』岩波書店。

星野崇宏・中川宏道（2015）「店舗レベルにおけるポイント販促弾力性と価格弾力性の決定要因——食品スーパーのチェーン全店データによる商圏分析」第65回日本商業学会全国研究大会発表抄録集。

Naik, P. A., D. E. Schultz, & S. Srinivasan (2007), "Perils of Using OLS to Estimate Multimedia Communications Effects," *Journal of Advertising Research*, 40, 214-235.

Shadish, W. R., T. D. Cook, & D. T. Campbell (2002), *Experimental and Quasi-Experimental Designs for Generalized Causal Inference*, Mifflin.

第5章

リサーチ対象の選定

目的にあった対象とサンプルサイズをいかに決めるか

Introduction

　第4章で標本と母集団の違いやさまざまなデータの形式について説明した。本章では単純なクロスセクショナル・データにおいて，標本をどのように，どれくらい選んだらよいかについて説明する。たとえば新規顧客や潜在顧客を開拓するためのマーケティング戦略立案に向けてリサーチを行うとする。この場合，調査しやすい対象だからといって自社の購買履歴データベース上に存在する既存顧客に対してリサーチを行ってしまうとどんな結果が得られるだろうか。膨大だからといって「集まるデータ」だけを利用しても得られる情報は少ないだけではなく，誤った意思決定につながる可能性が高い。

　本章では，リサーチの目的に沿って調査対象を選択する方法や，対象者数の決定方法などを説明する。

Case　飲料メーカーのマーケティング・リサーチ⑤

　Aさんの今回の調査では市場調査会社に調査を委託していますが，市場調査会社の登録パネルの回答協力者候補のなかから，20〜60代の男女で，回収標本が性・年代（10歳刻み）で均等になるように割り付け

を行いサンプルサイズが 1000 人となるようにしました。ここで性・年代を均等に割り付けたのは，それぞれでの割付セル（後述）間の比較を容易にするためです。

1 確 率 抽 出

　第 4 章 1 節で説明したように，「集めるデータ」においては母集団から標本を抽出することが求められる。標本抽出の方法には**確率抽出**と**非確率抽出**がある。前者は母集団の各構成単位に対して標本に選ばれる確率（これを**包含確率**という）を与え，その確率に従って標本を抽出するものであり，後者は確率的な抽出方法以外の特定の方法で抽出するというものである。まず各構成単位が等しい確率で抽出される**等確率抽出**の場合について説明する。

> 確率変数としての
> 統計量と標本分布

前章の図 4.1 に示したように，標本での平均が本当に母集団での平均といえるか，という問いにどう答えたらよいだろうか。

　このことを考えるために，非常に単純な状況を考えてみよう。ここで調査予算の制約からサンプルサイズが 100 でゲームアプリに月平均していくら使ったのかを調べたいとする。このとき，1 回だけ 100 人の標本（**図 5.1** での標本抽出 1 による標本 1）を得ることができたわけだから，ヒストグラムや平均値はもちろん 1 つしかない。

　しかしこのように考えてみよう。もし仮に，もう 1 回標本抽出したらどうなるだろうか。確率抽出を行っていて（日本に住む 1 億人以上の消費者という）母集団に対して 100 人に選ばれる確率は非

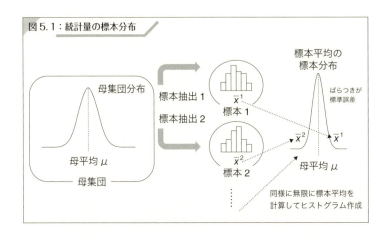

図5.1：統計量の標本分布

母集団分布

標本抽出1
標本抽出2

母平均 μ

母集団

標本1
$\bar{x}^1$

標本2
$\bar{x}^2$

標本平均の
標本分布

ばらつきが
標準誤差

$\bar{x}^2$　$\bar{x}^1$

母平均 μ

同様に無限に標本平均を
計算してヒストグラム作成

常に小さいため，そこで得られた標本（図5.1での標本抽出2よる標本2）に含まれる人は前の標本1とは違う100人になる。人が違うわけだから，当然その人たちの支払額は異なり，ヒストグラムも平均値も異なる。3度目に標本抽出したら，さらに4度目は……などと仮想的に考えれば毎回標本抽出を行うごとにその標本は異なるので，平均値も毎回異なった値になるだろう。

　このように，標本平均などの統計量は，標本抽出するごとに値が異なり，どの人が確率的に抽出されるかによって決まる確率変数（確率的に変化する値）である。つまり標本平均は今回の標本の100人から計算されたものをそのまま信じてそれが母集団の平均と考えるのではなく，たまたま今回の標本ではその値だったというだけで，本当は100人からの標本平均と母集団平均の差（＝標本誤差）が存在するということを考慮しないといけない。また，標本平均は標本抽出するごとに異なる値を取る確率変数であり，ばらつきがあるのでその分布を統計量（ここでは標本平均）の**標本分布**と呼ぶ。

Column ⑱　標本分布という考え方

　具体的にここでは母集団が10人で，ゲームアプリへの月当たり支払額が1人目から10人目まで順に

　　0円，500円，5000円，0円，0円，1500円，0円，200円，
　　4000円，0円

であるとしよう（本当は母集団全体の値が未知だから調査をするが，ここではすべての値がわかっているとする）。10人から等確率で3人抽出してこれを標本として，標本平均を得たらどうなるだろうか。ただし1度標本に選ばれたらもう1度は選ばれない非復元抽出で考える。

　3人抽出して平均を計算するのを3回すると，たとえば

　　4人目，7人目，10人目が抽出：平均0円
　　3人目，4人目，9人目が抽出：平均3000円
　　1人目，5人目，9人目が抽出：平均約1333円

となる。このように10人から3人抽出して平均を取るという作業をすると，このように母集団も標本も少人数の場合であっても平均値は毎回異なるため，確率変数と考えられる。これをヒストグラムにしたものが標本平均の標本分布であり，このような3人抽出した平均の計算を繰り返せば繰り返すほど，標本平均の平均（上記の3回の平均ならば約1444円）は10人の平均（＝母平均）1120円に近づく。この例では10人の平均はわかっているが，現実世界では母集団への全数調査はできないからこそ，標本分布という一見ややこしい仕組みを考える必要が生じる。

　標本分布のばらつきがわかれば，今回得られた標本平均がどの程度変動するのか，さらには母平均とのズレである標本誤差がどのように分布するかがわかる。そこで標本平均の標準偏差（ばらつきの指標。詳しくは統計学の教科書を参照）を**標準誤差**と呼ぶ。これが小さいと今得た標本平均のズレが小さく，母集団平均が存在するブレ幅（本章4節で説明する信頼区間）が小さくなるため，より明確な議論が可能になる。

また，標本平均や標本比率（たとえば標本でのスマートフォンの保有率やゲームアプリの課金者率）といった統計量は，標本を確率抽出すれば**不偏性**というとても望ましい性質があることが知られている。これは，繰り返し標本抽出をして統計量を計算した場合，その統計量の平均は母数と等しくなる（標本分布の平均が母数になる）という性質である。言い換えれば，標本平均や標本比率の良さは，標本抽出のたびに値が違っていても，平均的には母集団平均や母集団比率に等しくなることである，ともいえる。

　このことから，確率抽出によって得られた標本は母集団に対する**代表性**がある（偏りのない）標本である，といわれる。

いろいろな確率抽出法

2006 年の法改正以降，民間企業が訪問調査や郵送調査を実施する場合には，以前は枠母集団として利用されていた住民基本台帳（自治体が住民票を世帯ごとにまとめたリストで，氏名と性別，生年月日と住所が記載されている）を利用した確率抽出ができなくなったため，実際には後に述べる非確率抽出法を利用することとなる。ただしマーケティングでも政府など公的機関が実施する調査に基づく統計情報はよく利用されるため，確率抽出法についての一定の知識は必要である。また企業が現時点の顧客に対する調査を実施する際に，顧客データベースから確率抽出法を用いて標本抽出を行ったうえで顧客満足度等の調査を実施することもある。そこで，確率抽出の方法について説明する（数学的な詳細は土屋〔2009〕を参照）。

⑴**単純無作為抽出法**　これは母集団の構成単位（個人や世帯など）を等確率でランダムに抽出する方法である。1 度抽出した単位を除外する**非復元抽出**と，1 度抽出した単位も**再度抽出する可能性**のある**復元抽出**がある。

⑵系統抽出法　　乱数でスタートとなる抽出単位を選び，そこから抽出台帳（枠母集団のリスト）に対して一定の抽出間隔で抽出する。抽出台帳の並び方に規則性があり，それが抽出間隔と一致してしまうと偏った標本になるので注意が必要である。

⑶多段抽出法　　段階的に確率抽出を行う方法である。たとえば日本のすべての世帯が各月にどのくらい食費に充てているか，光熱費はいくらか，携帯電話やネット・サービスにどれぐらい支出しているかといった情報について政府は家計調査や家計消費状況調査といった調査を実施している。この調査で確率抽出をするという場合，どのような方法が現実的だろうか。たとえば政府は国勢調査や住民基本台帳のリストを利用可能ではあるが，そこからすべての世帯を等確率で抽出して調査することは合理的だろうか。実際に家計調査では1万近くの世帯を全国から抽出し，調査員が個別に訪問して依頼を行う訪問調査をしているが，とある離島の世帯がたまたま1世帯だけ選ばれたとき，そこの世帯に依頼するためだけにわざわざ調査員を派遣するというのも非効率である。

　そこで一般に訪問調査などの場合には，地域や地点をまず確率的に選び，その地域・地点において世帯を選ぶという方法を取る。同様に，コンビニやドラッグストア，飲食チェーン，ホテルなど多店舗・拠点を展開する企業が自社顧客を母集団として顧客満足度などを調べる場合に，店舗をランダムに選んでから，利用者を選んで調査をするなどということが多い。その際に，最初に抽出する単位を**第1次抽出単位**と呼び，上記の例だと地域や店舗などがこれにあたる。 次に第1次抽出単位のなかで抽出されるのが**第2次抽出単位**である。このように最終的な構成単位まで繰り返すのが多段抽出法であり，抽出がn段階のものをn段抽出法という（図5.2）。

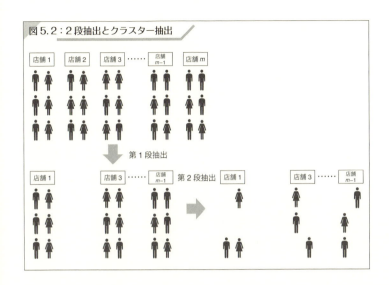

図5.2：2段抽出とクラスター抽出

| 店舗1 | 店舗2 | 店舗3 | …… | 店舗 m−1 | 店舗 m |

第1段抽出

| 店舗1 | | 店舗3 | …… | 店舗 m−1 | 第2段抽出 | 店舗1 | | 店舗3 | …… | 店舗 m−1 |

　ここで，地域や店舗など第1次抽出単位のサイズが異なる場合には注意が必要である。たとえば1日1000人利用する都心店舗Aと100人の郊外店舗Bを考えよう。店舗ごとの顧客数を無視してすべての店舗を等しい確率でたとえば10人ずつ選んでしまうと，店舗Aの顧客と店舗Bの顧客では，店舗Bの顧客が調査対象に選ばれる確率（包含確率）は店舗Aの顧客のそれの10倍になる。店舗AとBで，顧客属性や1人当たりの購買金額・利用頻度などが異なれば，顧客満足度の調査での母集団である既存顧客全体の推論をしようとする場合に，標本での属性において母集団に比べて車の所有率が高く来店間隔がより長い傾向を持つなどの偏りが生じるのは明らかだろう。このように多段抽出では平均などを計算する際に人数に比例した重みで調整する（詳しくは第8章），あるいはそもそも店舗の利用者数に比例して抽出する**比例配当**が利用されることが

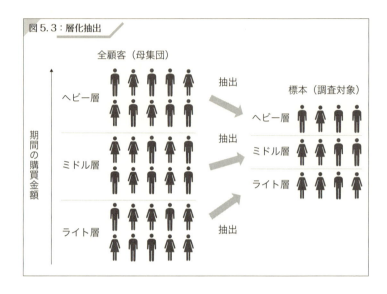

図5.3：層化抽出

全顧客（母集団）

期間の購買金額

ヘビー層

ミドル層

ライト層

抽出

抽出

抽出

標本（調査対象）

ヘビー層

ミドル層

ライト層

多い。

⑷層化抽出法（層別抽出法）　リサーチにおいて関心のある変数と関連の強い変数（補助変数と呼ばれる）がカテゴリー変数ならばそれを適宜集約し，また連続変数ならばそれをカテゴリーに分類（これを層別と呼ぶ）して，その層ごとに包含確率を設定し，各層内ではランダムに抽出する方法である（図5.3）。なお，「層別」と「層化」という用語の使い分けであるが，一般的に層に分ける場合は「層別」（たとえば層別解析），一方で標本抽出の専門用語として「層化○○」が利用されることが多いが，本質的には同じものである。

　特に層別に使う補助変数を層化変数と呼ぶ。たとえば総合スーパーが，自社顧客が他社をどの程度利用しているか，さらには他社での購買金額を調べたいとする。顧客データベース上では他社での購買はもちろんわからないが，自社の利用頻度はわかり，また他社の

購買金額とは高い負の相関関係があると考えられる。このような場合には単純無作為抽出ではなく，自社の購買頻度で（ヘビー・ミドル・ライトなど）顧客を3群に分けて，その3群ごとに特定の包含確率や目標サンプルサイズを決めて調査を実施するほうがよい。利用頻度の低い（かつ他社で買っていそうな）ライト顧客のサンプルサイズが一定程度保たれ，得られる結果の精度が高まるからである。

各層からのサンプルサイズをどうするか，またそもそもどのように層別を行うかによって推定の精度が異なる。

補助変数が連続変数の場合，層別を行わずその補助変数の値に比例する包含確率を与える**確率比例抽出法**もある。たとえば顧客満足度の調査を行う際に，これまでの購入金額に比例する形で抽出を行うなどである。

層化抽出法や補助変数に比例させる確率比例抽出法を利用する利点は，関心のある変数と補助変数の関連が高いほど，単純無作為抽出法よりも標本平均や標本比率などの推定量の標準誤差が小さくなり，同じサンプルサイズでも得られる精度が高くなるという点にある。

⑸**層化多段抽出法**　文字通り，層別してから多段抽出を行う方法である。たとえばマーケティングでもよく利用される家計調査は，まず①市町村を選び，次に②そのなかから国勢調査での調査単位区を選び，最後に③その単位区の世帯すべてのリストをつくってそこからランダムに調査世帯を抽出する，という層化3段抽出法であるが，ここで層別は第1次抽出単位である市町村の選定に利用している。具体的に2017年時点での方法として，世帯の消費と関連のある人口規模や人口増減率，高齢者世帯の比率などの層化変数を用いて全市町村を168層に分けて，各層から1市町村を抽出して

いる。

⑹クラスター（集落）抽出法　　２段抽出法の変形版で，抽出された第１次抽出単位の全要素を標本とする方法である（図5.2の第１段抽出をしたところに対応）。たとえば店舗を抽出したらそこに来店するすべての顧客に調査するのがこれにあたる。この方法は実施が容易だが，同じ店舗の顧客はその地域の属性が同じわけだから，収入や利用金額は同質になる傾向が大きい。同質の人の情報が重複する結果として，サンプルサイズが同じ単純無作為抽出の場合よりも一般に結果の精度が落ちる。

⑺２相抽出法　　２段抽出では補助変数の値がすでに母集団上の各要素についてわかっている場合だが，それがわからない場合に，まず補助変数のみ調査し，その一部に対して関心のある変数を調査する方法である。たとえば自社顧客が競合他社でどの程度利用や購買をしているかを知りたいときに，まずは顧客に対して競合利用をしたかどうかなど簡単な調査を行い，競合利用をしたと答えた人の一部に対しては多額の謝礼を払って，一定期間どの競合他社でどのような商品やサービスを購入したかを詳しく記録してもらう場合などがこれにあたる。

　２層目の変数を補助変数で層別して抽出する方法と，補助変数に比例する包含確率で抽出する確率比例抽出法の２つがよく利用される。

⑻確率比例抽出法　　すでに⑷や⑺でもこの言葉が出てきたように，この抽出法は上記の分類と並列のものではなく，より精度の高い推定を行うために，確率抽出において構成単位ごとの包含確率を補助変数に比例させる方法のことである。⑸は⑶と⑷を組み合わせたものであり，⑹は⑶の特殊版であることから，⑶以降のさまざまな抽

出法で利用できる。

(3)の例で店舗ごとの顧客数に比例させる比例配当の説明をしたが，これは店舗の顧客数を補助変数とする確率比例抽出といってよい。また(4)で層別を行う場合であっても，各層の大きさ（母集団の人数や構成割合）に比例させる比例配当を行うことがあるが，層化変数ではなく層の大きさを補助変数とする確率比例抽出として理解できる。つまり多段抽出にせよ層化抽出にせよ，第1次抽出単位の大きさに比例した第2次抽出単位（以降）の包含確率を与える場合のことである。

リサーチでの
確率抽出の実際

すでに述べたように，民間企業であるリサーチ会社は住民基本台帳のような優れた枠母集団からの無作為抽出は行えない。ただし，民間企業であってもいくつかの形態での確率抽出は行うことが可能であり，そのうちの「顧客データベース上での抽出」「エリア・サンプリング」「"RDD"」を紹介する。

まず「顧客データベース上での抽出」とは，自社顧客データベース上から確率抽出を行った標本に対して調査回答を依頼したり，特定のマーケティング・プロモーションなどを実施しその後の購買行動の変化を調べることで効果評定を行うなどすることである。これ自体は後で議論する「自社顧客であることの選択バイアス」の問題が発生しうる。次に，民間企業による住民基本台帳閲覧がほぼ不可能になった 2006 年以降利用されている**エリア・サンプリング**も，第1次抽出単位として地点を抽出し，それから住宅地図を利用して世帯を等間隔などで抽出する多段抽出法であり，多段抽出法の一種として理解できる。ただしエリア・サンプリングでは地点ごとの世帯リストの作成が完全にできない可能性があるという点で枠母集

団と目標母集団の乖離が生じる可能性が高い。さらに日中の在宅率の低下やインターフォンの普及などから，たとえサンプリング自体が代表性がある形で行えても，未回収によるバイアスが大きいとされる。

"RDD"とは，第2章でも述べたようにランダム・ディジット・ダイアリングの略であり，文字通り無作為に電話をかけて回答を求める電話調査の一形態であるが，多段抽出を行うという観点から居住地域と電話番号の関係が明確な固定電話での実施が中心であり，携帯電話に対する実際の調査での利用はまだそれほど進んではいない。近年では固定電話を持たない世帯も多いほか，若年層を中心とした回答拒否の影響により，携帯電話と固定電話で実施した場合の結果の違いなども報告されている。

このようにマーケティングで確率抽出が行われることもあるが，後に述べるように回答拒否や未回収などによる選択バイアスの問題は確率抽出標本でも非常に重要である。

2 非確率抽出

●通常行われる抽出法

> いろいろな
> 非確率抽出法

ここまで確率抽出を前提とした方法を示してきたが，現在はマーケティング・リサーチで目標母集団からの確率抽出を行うことは難しくなっている。

以前の日本ではマーケティング・リサーチにおいても住民基本台帳からの確率抽出が可能であった。具体的にはほとんどの市区町村は住民基本台帳を閲覧することを許可しており，調査員が台帳から

対象者を系統抽出し，その住所を訪問して調査への回答を依頼していた。しかし 2006 年の「住民基本台帳法の一部を改正する法律」施行以降，現在ではほとんどの自治体で営利目的での台帳閲覧ができないため，国や自治体，学術機関の調査以外では住民基本台帳からの無作為抽出を行うことはできない。

したがってエリア・サンプリングや自社顧客を対象とする調査などを除いて実際のマーケティングでの調査で利用されているのは非確率抽出である。

そこで次は具体的にいくつかの非確率抽出法を紹介する。

(1)**便宜抽出法**　　リサーチャーの関係者や調査時にたまたま居合わせたり，時間が空いている人など調査実施にあたって好都合な対象に対して調査を行う方法のことである。アプリやサイトでの調査協力の広告に応募した人を標本とするといった募集法もこの方法に含めることができる。

(2)**割当法（クォータ法）**　　有意抽出法の一種で，標本として選ぶべき調査対象の属性と数を指定し，その条件が満たされるまで調査対象を選び出す方法である。たとえば性・年代層の分布が最新の国勢調査の結果に比例するように，性・年代の各層の人数を決定してその人数に到達するように管理しながら調査を実施する。層化抽出法との違いは，各層ごとでの抽出が確率的には行われないことである。たとえばインターネット調査であれば，調査を開始してから性・年代の各層の目標人数に達した時点でその層の人たちに対する調査を終えるが，早い者勝ちとも言えるということは，その調査に特段に関心があったり，仕事をしておらず時間があり調査に答えやすい人が標本に多く含まれている可能性がある（これについては本章 5 節を参照）。

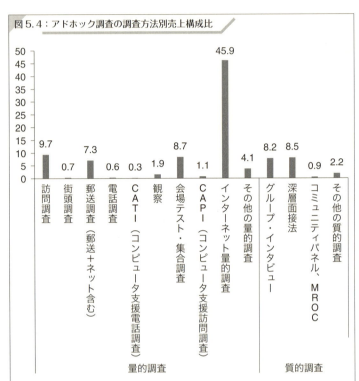

図5.4：アドホック調査の調査方法別売上構成比

調査方法	構成比
訪問調査	9.7
街頭調査	0.7
郵送調査（郵送＋ネット含む）	7.3
電話調査	0.6
CATI（コンピュータ支援電話調査）	0.3
観察	1.9
会場テスト・集合調査	8.7
CAPI（コンピュータ支援訪問調査）	1.1
インターネット量的調査	45.9
その他の量的調査	4.1
グループ・インタビュー	8.2
深層面接法	8.5
コミュニティパネル、MROC	0.9
その他の質的調査	2.2

量的調査　　　　　　　　　　　質的調査

（出所）　日本マーケティング・リサーチ協会第41回経営業務実態調査（http://www.jmra-net.or.jp/Portals/0/trend/investigation/gyoumujitai2016.pdf）をもとに作成。

(3)スノーボール法（縁故法）　　最初の調査対象者は無作為抽出するが，以降はその対象者の知人や友人など縁者に調査を行っていく方法であり，SNSなどの普及で近年では行いやすくなっている。この方法は富裕層の調査や出現率の低い趣味に関連する調査などには有効であるが，対象者の縁者ということで特定の傾向を持つ偏った標本になる可能性が高い。

(4)有意抽出法（判断抽出法）　　リサーチャーが重要だと考えた母集団の特定の変数や要素について注意しながら調査対象を選ぶ方法である。上記(1)から(3)以外のいろいろな非確率抽出法を含む。

リサーチでの実際：
特にインターネット
調査

現在「集めるデータ」として行われるマーケティング調査のかなりの部分はインターネット調査である。図5.4 は調査会社が企業などからの依頼を受けてその都度実施する，いわゆるアドホック調査と呼ばれる調査形態での，調査方法別売上構成比を示したものである。パソコンやスマートフォンを通じて実施されるインターネット量的調査が圧倒的なシェアを占めていることがわかるだろう。マーケティング・リサーチ会社が実施するインターネット調査のほとんどは「インターネットにアクセスができ，かつ調査謝礼を得る代わりに調査にたまに答えてもよいと思ってリサーチ会社に回答者として登録している調査候補者」パネル（アンケート・モニターやオンライン・アクセスパネルとも呼ばれる）を構築している。企業が調査を依頼する際には以下の流れで進むことが多い。

①その企業が求める（この1年以内に車を買い替えたなど，企業側の調査目的によって異なる）対象者条件と回答者の性・年代構成比などの割付条件（具体的に近畿の30代女性などの特定の条件を**割付セル**と呼ぶことが多いが，その割付セルごとの最低回答者数）および調査期間をリサーチ会社に提示する。

②リサーチ会社は，対象者条件に合致している調査候補者のうち，割付セルごとにこれまでの経験で得ている予想回収率をもとにその一部にメールや調査用アプリのプッシュ通知などで調査の依頼をすることで調査が実施される（実査と呼ばれる）。

③依頼を受けた候補者が，提示された謝礼（ポイントなど）や，

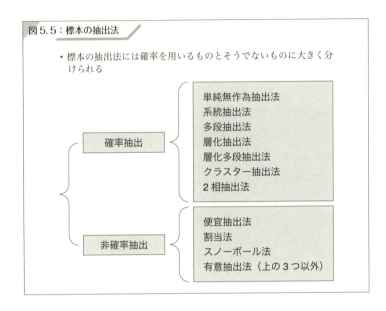

図 5.5：標本の抽出法

・標本の抽出法には確率を用いるものとそうでないものに大きく分けられる

確率抽出
- 単純無作為抽出法
- 系統抽出法
- 多段抽出法
- 層化抽出法
- 層化多段抽出法
- クラスター抽出法
- 2相抽出法

非確率抽出
- 便宜抽出法
- 割当法
- スノーボール法
- 有意抽出法（上の3つ以外）

回答する時間的余裕，調査テーマへの関心などを考慮して回答するかどうかを決め，回答が行われる。

④リサーチ会社は事前に登録された情報を用いて回答状況をモニタリングしており，企業側が依頼時に指定した回答者の性・年代構成比などの割付条件に応じて依頼方法（謝礼など）を変えたり追加の調査依頼などを行ったりすることで，各割付セルが目標数に合致する標本を得る。また支払うポイントなどの上限があるため，目標数に到達した割付セルは調査期間終了前に回答を締め切ることが多い。したがって，30代女性といった割付セルに所属する人でも，依頼メールや通知に即座に反応できる時間的余裕があり謝礼を稼ぎたい人がより高い確率で回答するということになる。

このような調査は枠母集団を調査候補者パネルとした割当法によ

る非確率抽出であるといえる。

　他にも会場調査や集団面接法（第6章も参照）などの質的調査も，特定の回答候補者リストを枠母集団とした非確率抽出となる（図5.5参照）。この場合は実際にリサーチ会社の指定した会場に行くという時間的コストが存在するため，応諾するかどうかは謝礼内容と調査テーマへの関心により強く影響を受けると考えられる。非確率抽出の問題点は，こうした選択バイアス（詳細は次節で述べる）を生じさせることにある。

3　非確率抽出と選択バイアス

非確率抽出法の問題点
と選択バイアス

非確率抽出法の問題点は，標本が母集団を代表している保証はまったくなく，標本平均や標本比率の不偏性なども保証されないことである。たとえば東京大学の学生の世帯平均収入は他の大学のそれよりかなり高いことが知られているが，「大学生一般がどれくらい卒業旅行にお金を掛けるか」を調査するのに東京大学の学生が自分の友人を調査対象として選ぶという便宜抽出法を行ったら，当然その金額は母集団のそれより大幅に過大推計されるだろう。

　割当法においても一般に同じ割付セルに所属する人のなかで実際に回答した集団と回答していない集団では，割付に用いた変数以外の変数の分布が異なることが多い。たとえばインターネット調査での割当法ならば，同じ30代女性でも登録者パネルにおける主婦率と回答者での主婦率では後者のほうが高いであろう。登録者パネルと国勢調査の30代女性の主婦率では前者のほうが高いことも考慮

「集まるデータ」だけから施策を決めることの問題点を端的に示す例を挙げよう。国内 EC サイトのシェアの半分以上を楽天と Amazon の 2 社で占めているが，楽天側が Amazon の顧客を奪うための施策を考えたいとする。楽天において業務で集まるデータとしては顧客のページ閲覧・購買履歴があるが，この情報からどのような年代層あるいはどのような広告チャネルで訴求するかの施策を決定してよいだろうか。

Web 閲覧情報を収集した（事前の設計に基づき集める）パネルデータから得られた年齢分布や職業構成は図 5.6 のようになる。楽天の（既存）顧客と，楽天を使わず Amazon を使っている「潜在顧客」は大きく異なっている。競合から顧客を奪うために取るべき施策を，ここには示していないが利用する時間帯や検索エンジン（潜在顧客は Google が多い）など，「集まるデータ」だけから決定すると，本来より投資すべき SNS への広告出稿料が抑えられたり，潜在顧客があまり訪問しない時間帯にタイムセールを行ったりという過ちを犯しやすい（星野 2013）。

これは第 3 章や本章の外的妥当性や選択バイアスの議論と同じである。

すると，割当法は割付に用いる変数のみ目標母集団と近い分布を与えるが，それ以外の変数において目標母集団と大幅にズレるということが起こりうる。

このように，代表性のない偏った標本を用いて母集団について推測することによって生じるバイアスを**選択バイアス**と呼ぶ。

このような選択バイアスが生じている状況では，標本が母集団よりも同質性が高い場合が多く，ばらつきは過小に評価されてしまう。したがって，確率抽出法では計算ができる標準誤差やサンプルサイズの決定法などの方法が利用できない。このようにあくまでも偏った標本が抽出される可能性が高いことを念頭に置き，第 8 章 4 節

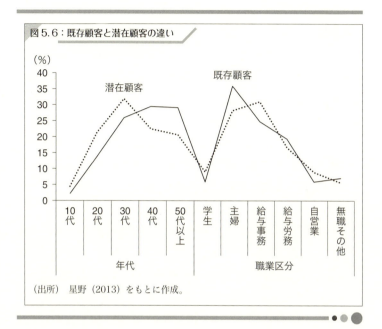

図5.6：既存顧客と潜在顧客の違い

(%)

潜在顧客

既存顧客

| 40 |
| 35 |
| 30 |
| 25 |
| 20 |
| 15 |
| 10 |
| 5 |
| 0 |

10代　20代　30代　40代　50代以上　学生　主婦　給与事務　給与労務　自営業　無職その他

年代　　　　　　　　　　職業区分

(出所)　星野（2013）をもとに作成。

で紹介するような補正を行う，あるいは母集団に関する外部データと重要な属性がどの程度乖離しているかをみて議論を行うことが必要になる。

　また，たとえ確率抽出を行っている場合であっても，得られた標本はあくまでも枠母集団に対して代表性のある標本である。目標母集団と枠母集団が乖離している場合には，得られた標本は目標母集団からみれば代表性のない偏りのある標本となる場合がある。たとえば，潜在的に顧客になってもらえそうな消費者にどのようなマーケティング施策が効果的かを調べるために，すでに自社を利用している既存顧客に調査を行うとしたらどのような問題が生じるであろ

うか（具体的には **Column⑲**を参照されたい）。

　購買履歴データや Web 閲覧データなど「集まるデータ」はサンプルサイズが大きいことが多く，うまく情報を取得していれば，既存顧客の全数の情報を入手できる場合もある。しかし，これはあくまでも既存顧客に対する施策を考えるデータとしてはよいが，新規顧客への施策・競合顧客を自社に向け離反させるための施策などを目的とするリサーチにおいては，非確率抽出による偏った標本からのデータとなる。**Column⑲**にあるように枠母集団である既存顧客と目標母集団である新規顧客の集団は一般に大きく乖離しているからである。

未回収や脱落による
選択バイアス
ここまで議論してきたように，「非確率抽出による標本を用いる場合」や「確率抽出であっても枠母集団ではなく目標母集団について推測する場合」では選択バイアスが生じると説明した。

　加えて，確率抽出標本であっても調査への未回答（未回収）や脱落がある場合にも選択バイアスが生じ，母集団からの代表性のある標本ではなくなってしまう（図5.7）。実際，長期間のパネル調査では，若年層で結婚や出産，転職や転居などのライフ・イベントが多い人のほうが脱落しやすくなることは民間調査会社のパネル調査に限らず，厚生労働省が実施している 21 世紀成年縦断調査など政府や学術機関による調査でも顕著である。

　訪問調査では層化多段抽出法やエリア・サンプリングなど確率抽出法を利用した場合であっても，未回収や回答拒否が原因で特に 30 代・40 代男性割付セルの回答者数がきわめて少なくなるなどということが起こる。これは調査員が調査を行う時間帯での在宅率がこの年代の男性においては特に低いことによる。

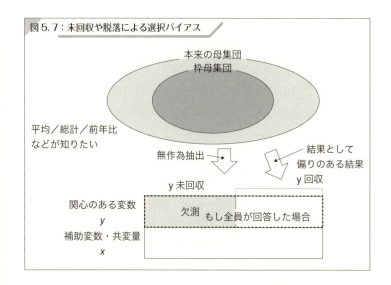

図 5.7：未回収や脱落による選択バイアス

本来の母集団
枠母集団

平均／総計／前年比
などが知りたい

無作為抽出

結果として
偏りのある結果
y 回収

関心のある変数
y
補助変数・共変量
x

y 未回収

欠測　もし全員が回答した場合

　すでに紹介したエリア・サンプリングや家計調査などでも，調査対象として選定された世帯すべてが調査に協力してくれるわけではない。たとえば家計調査では 2 人以上の世帯については 6 カ月間，単身世帯では 3 カ月間，買ったものの金額や品目，支払いや収入について家計簿形式の調査を毎日記載することになる。家計調査は国の基幹統計調査であるため，対象となった世帯には回答義務があり（統計法 13 条），また義務を怠った場合の罰則規定もある（同 61 条）。しかし実際には協力を拒否する世帯もあること，あるいは日中ほとんど不在にしている世帯には不在のため接触できなかったり，集合住宅でオートロックのため立ち入れなかったりするということもある。したがって抽出された対象世帯からの回答が得られないということがあり，また回答が得られない世帯と得られる世帯では世帯構成や地域区分などさまざまな点で異なっている。また，3 カ月

または6カ月の調査期間の途中で回答をしなくなる世帯が生じるという対象世帯の脱落の問題があり、これも選択バイアスを生じさせる原因となる。つまり図5.7に示したように、無作為抽出をしたとしても、調査に回答してくれない人の回答は当然得られないので、回答してくれる人だけのデータ（y回収の部分）からは偏りのある結果が得られることになる。

また、インターネット調査では枠母集団がリサーチ会社への登録者パネルであることから、一般的に国勢調査などに比べて女性、特に主婦の割合が高く、また高齢者の割合が低い。さらにスマートフォンの調査パネルでは保有率の関係で若年層の比率が高くなるなどといった枠母集団レベルでの目標母集団に対するカバレッジや分布の違いが存在する。また、非確率抽出の節で議論したように、謝礼と調査テーマへの関心の強さによって、調査に実際に答えるかどうかが異なる。

このようにインターネット調査は「調査への回答拒否や未回収がある」「枠母集団が目標母集団と異なっている」「謝礼と調査テーマへの関心の程度によって回答するかどうかが異なる」といったことから、得られた標本が目標母集団を十分代表しているかどうかについて慎重に評価をし、場合によっては補正を行う必要がある（詳しくは第8章4節）。

また、この選択バイアスの話はじつは第4章2節で議論した調査観察研究デザインで介入群と対照群を単純に比較することができない問題に対しても適用ができる。これについても第8章で再度議論する。

確率抽出と非確率
抽出の比較

すでに述べたように，確率抽出法を用いれ
ば，少なくとも枠母集団に対して代表性の
ある標本を得ることが可能である。政府や
学術機関による消費関連の質問調査であれば，枠母集団として住民
基本台帳などが利用できるため目標母集団からの無作為抽出に近い
形での確率抽出が可能である。また，自社の顧客を対象とした調査
や実験などを行う場合には確率抽出は容易である。

　非確率抽出法では代表性は担保されないため，マーケティング・
リサーチにおいて現状では消費者全体を枠母集団とする確率抽出は
容易には実施できないと言ってもよい。たとえば既存ブランドの見
直しや新製品開発を行う場合には，市場シェアや製品・サービスの
利用時間や頻度，支払額などのリサーチを行うことが多い。この場
合，非確率抽出法による偏りのある回答者から得られた結果だけを
利用すると大きな誤りにつながることは十分認識しておく必要があ
る。何らかの形で標本が母集団からどの程度偏っているかを明確に
し，必要に応じて母集団に近づけるように対処するべきである（本
章5節や第8章参照）。

　一方，たとえば新製品開発におけるコンセプト開発・評価などが
目的であれば，十分多様な消費者が含まれている非確率抽出標本で
あればリサーチに利用することができる。抽出される消費者セグメ
ントの構成比は違っていても，消費者セグメント自体は母集団にお
けるセグメントと同じものであると考えられるからである。

　特に質問調査での非確率抽出の利点は，一般に確率抽出より少な
いコストと短期間で実施可能な点と，調査内容に関心のある消費者
や報酬を目的とした回答者に対して行う場合には詳細な調査を実施
することが可能になるという点である。

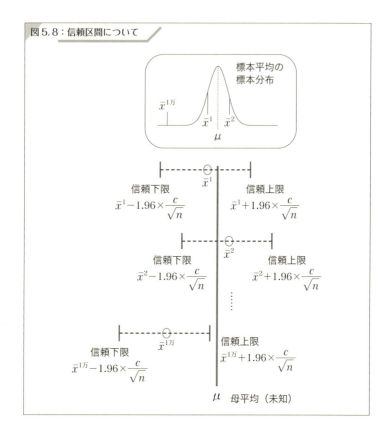

図5.8：信頼区間について

標本平均の標本分布

$\bar{x}^{1万}$ $\bar{x}^1$ $\bar{x}^2$ μ

信頼下限
$\bar{x}^1 - 1.96 \times \dfrac{c}{\sqrt{n}}$

$\bar{x}^1$

信頼上限
$\bar{x}^1 + 1.96 \times \dfrac{c}{\sqrt{n}}$

信頼下限
$\bar{x}^2 - 1.96 \times \dfrac{c}{\sqrt{n}}$

$\bar{x}^2$

信頼上限
$\bar{x}^2 + 1.96 \times \dfrac{c}{\sqrt{n}}$

信頼下限
$\bar{x}^{1万} - 1.96 \times \dfrac{c}{\sqrt{n}}$

$\bar{x}^{1万}$

信頼上限
$\bar{x}^{1万} + 1.96 \times \dfrac{c}{\sqrt{n}}$

μ 母平均（未知）

4 信頼区間とサンプルサイズの決定

信頼区間とは

95％信頼区間とは「95％の確率で，設定した区間の間に母数が含まれる」ような区間のことである。同様に90％信頼区間や99％信頼区間なども定

義でき，○○％ の部分を信頼水準（confidence level）または信頼係
数と呼ぶ。

　この信頼区間の構成方法としては，

　「信頼下限＜母数＜信頼上限」となる確率＝信頼水準

となるように信頼下限と上限を決めることになる。たとえば母集団
が正規分布で母集団平均が μ，母集団の標準偏差の値が既知で c，
サンプルサイズが n で標本平均が $\bar{x}$ の場合（正規分布などについて詳
しくは倉田・星野〔2009〕5.4節や7.1節など参照），95％信頼区間の
信頼下限と信頼上限は，

$$\left[\bar{x}-1.96\times\frac{c}{\sqrt{n}},\ \bar{x}+1.96\times\frac{c}{\sqrt{n}}\right]$$

となる（1.96は標準正規分布の上側2.5％点である）。注意点としては，
本章1節あるいは図5.1に記載したように，標本平均は標本を抽
出するごとに値が変わる確率変数であるため，標本平均に何か足し
たり引いたりした値である信頼上限も信頼下限も確率変数というこ
とである。実際に95％信頼区間を報告する際には標本平均にその
実現値（実際にサンプルサイズ n の標本のデータを1つだけ得て計算した
もの）を代入したもので計算されるが，本来は信頼上限も下限も確
率変数なので，信頼区間は第1節の議論と同様に「もし繰り返し
標本を抽出して信頼区間を計算した場合に，そのうちの95％に母
数が含まれる区間」と考えることができる。たとえばサンプルサイ
ズ n の標本を1万回抽出して信頼区間を計算すると，だいたい
9500回程度は信頼区間に母数が含まれる（逆に500回程度外れる）
と考えることができる（図5.8）。つまり各回で信頼区間に母数が
含まれるかは「含まれるか，含まれないか」のゼロイチであるが，

どちらかはわからない。

必要なサンプルサイズ 「集めるデータ」として調査を実施する場合，どのくらいのサンプルサイズが必要だろうか。サンプルサイズが小さすぎると意味のある変化や差を見逃す可能性があるが，大きすぎるとコストが掛かるため，事前に適切なサンプルサイズを決めて調査を行うのがよい。

サンプルサイズを決定する方法として「検定力分析に基づく方法」と「信頼区間に基づく方法」があるが，前者は統計的仮説検定を行うことが前提であり，マーケティング実務では統計的仮説検定で有意かどうかを議論することはあまりしないことを考えると，後者のほうが直観的で利用しやすい。

そこで，ここでは無限母集団からの単純無作為抽出の場合で，かつマーケティング実務でよく考えられる「母比率の推定」に限定して信頼区間を利用する方法を説明する（検定力による方法や母平均や回帰係数，分散分析等での場合は永田〔2003〕や村井・橋本〔2017〕を，有限母集団の場合や層化多段抽出などの場合については土屋〔2009〕を参照）。

⑴単純な比率の推論の場合　　母集団での比率が p の場合，サンプルサイズ n の標本から得た標本比率の標準誤差は，

$$\sqrt{\frac{p(1-p)}{n}}$$

であることが知られている。サンプルサイズがある程度大きければ，母比率 p の 95％ 信頼区間は，

$$\left[\hat{p}-1.96\times\sqrt{\frac{p(1-p)}{n}}, \ \hat{p}+1.96\times\sqrt{\frac{p(1-p)}{n}}\right]$$

（ただし $\hat{p}$ は標本比率）

となる。この幅がどの程度に収まるように調査したいかを考えて，サンプルサイズ n を決定すればよい。ただし実際には母比率は事前にはわからず，標本比率もデータを得るまではわからない。そこで（上の式からも $p \times (1-p)$ に比例する）信頼区間の幅が最大となる $p=0.5$ を仮定すると幅は，

$$\frac{2 \times 1.96 \times 0.5}{\sqrt{n}} = \frac{1.96}{\sqrt{n}}$$

となるので，たとえば幅を 5% に収めるには

$$0.05 = \frac{2 \times 1.96 \times 0.5}{\sqrt{n}} = \frac{1.96}{\sqrt{n}} \Rightarrow n = \left(\frac{1.96}{0.05}\right)^2 \fallingdotseq 1537$$

つまり 1537 人いれば十分である。

(2)比率の差の推論の場合　　マーケティング施策の効果を図るべく，施策実施群と非実施群を比較する被験者間計画（第4章2節参照）による無作為化実験を行うとすると，たとえば施策導入前後での購入率の差が確率的な偶然による差でないかどうかを知りたいという関心が生じる。このように比率の差に関心がある場合はどうだろうか。群1と群2の比率，サンプルサイズをそれぞれ p_1, p_2, n_1, n_2 とすると，ここでも両群のサンプルサイズがある程度大きい場合には区間の幅が，

$$2 \times 1.96 \times \sqrt{\frac{p_1(1-p_1)}{n_1} + \frac{p_2(1-p_2)}{n_2}}$$

となることを利用すればよい。上記の式で，それぞれの群で想定される比率とサンプルサイズの2群間の比などを事前に決めたうえで，この幅を一定以下に抑えるようなサンプルサイズの決定が可能となる。

　ただし，第4章2節にも記載したように，マーケティング施策

表5.1：対応のある場合の比率の差についてのデータ

		時点2		
		Yes	No	合計
時点1	Yes	a	b	a+b
	No	c	d	c+d
	合計	a+c	b+d	n

の効果を評価する際に対照群としてすでに得られた大規模標本による外部データ（業界統計や公的な統計など）がある場合には，実験群だけ比率の推定を行えばよいので，(1)の場合と同じになる。

(3)パネル調査での比率の差の推論の場合　同じ対象者集団から繰り返し調査を行うパネル調査（第4章3節参照）の場合，たとえば視聴率調査で「あるドラマの1回目をみたかどうか」と「2回目をみたかどうか」，あるいは「施策実施前の1カ月間に購入したかどうか」と「実施後の1カ月間に購入したかどうか」には正の相関関係があることを利用することで，(2)の場合よりも小さいサンプルサイズで推論を行うことができる。時点1と時点2で同じ人が回答している場合には，（2時点で同じ人の2つの回答が対応しているという意味で）「対応のあるデータ」と言われ，表5.1のようなデータが得られる。時点1での購買率と時点2での購買率の差をみたいとすると，関心のある量は時点間の比率の差，

$$p_2 - p_1 \quad (\text{その推定値は} \quad \frac{a+c}{n} - \frac{a+b}{n} = \frac{c-b}{n})$$

である。ここでサンプルサイズ n を決定する方法として一番簡単なものは，上記の比率の差の信頼区間が，

$$2 \times 1.96 \times \sqrt{\frac{(a+d)(b+c)+4bc}{n^3}}$$

と近似できることを利用する方法である（より精密な方法はたとえば
Newcomb 1998 参照）。

　ここで注意としては，実務においては性・年代層や地域などで部
分集団をつくって解析を行う（これをブレイクダウンするということが
ある）場合も多い。このような場合にはブレイクダウンした部分集
団ごとにサンプルサイズを決定するのが望ましい。

　また，非確率抽出の場合は確率抽出の場合のサンプルサイズの決
定法をそのまま信用することはできない。サンプルサイズを確率抽
出の場合より多くするというだけではなく，性別や年齢，収入など
さまざまな変数を調査して，代表性のある公的調査との比較を行う
ことが重要である。

5 確率抽出での未回収や非確率抽出の場合の対処と補正

　確率抽出標本に対して質問調査を実施する場合，回答拒否や未回
収が生じることが一般的であり，政府統計調査でも6割程度しか
回収されないことが多い。そのうえ，回収標本は在宅率が高い人た
ちで構成されているので，たとえば労働時間は短く収入も低めにな
ることが想定される。

　そこで，まず母集団での分布がわかっている変数について，回収
標本の分布がどのようになっているかをチェックするべきである。
具体的には性別や年齢，居住地域，世帯収入，あるいは携帯電話の

キャリア，所有している車のメーカーなど，政府統計や業界統計などの外部情報から母集団分布が明確な変数について，回収標本に偏りがないかどうかをチェックするべきである（Groves 2006）。

その結果，選択バイアスが生じることがわかった場合，一般に2つの方法がとられることが多い。1つめとして，回答拒否や未回収の対象者分だけ，別の対象に調査を行うという代替標本の利用である。もう1つの方法として，政府統計や業界統計などの外部情報に近づける補正を実施するというものである。

なぜ答えるのか，
あるいは答えないのか

もし消費者が完全に合理的なら，調査に掛ける時間に対して十分な謝礼があれば（自分が今後とも回答依頼をしてもらえる程度にまじめに）調査に答えるが，そうでなければ答えない，という行動をとるであろう。では回答率は報酬が十分であると思った人の割合といえるかといえば，これまでの多くの研究を見るとどうもそうではないようである。

謝礼のある場合が多いマーケティングの調査に限らず，政権への支持率などを調べる世論調査や一般的な社会調査の場合には謝礼がなくても調査に回答する人は多い。さらに，複数の調査の回収率がどういった要因に影響を受けるかについての複数の研究をまとめた分析結果（これを**メタ分析**と呼ぶ）からは，①調査を行っている団体と回答者が何らかの形で関係がある（たとえば出身自治体の調査の場合など）と回収率は高まる，②自分で記入したり打ち込んだりする自記式調査だと回収率が高い，③質問項目が回答者の態度についてであれば回収率が低く，行動についてであれば回収率が高い，④謝礼の有無の影響はそれほど大きくない，などという結果が得られている（Groves & Peytcheva 2008）。この結果を日本やアジアなどに

直接適用することはできないものの，やはり人々は合理的である以上の何らかの意図をもって調査に接しているようである。

　これらの結果を踏まえてミシガン大学のグローブズらが提唱したleverage-salience 理論（Groves et al. 2009）は，調査トピックへの関心や調査謝礼などのインセンティブを秤にかけて調査への協力の有無は決定される，というものである。未回答者はその調査に関心がないとすると，やはり回答者だけの結果をうのみにすることは難しい。一方で回答はするが正しくは答えないという場合もあるが，これについては第 7 章 3 節の議論も参照されたい。

代替標本の利用とその問題点

代替標本とは，回答が得られない調査対象者の代わりに調査対象とする人のリストのことである。たとえば目標回収数 4000 人の旅行への年間支出額と旅行先の調査を行うとして，回収数が3000 人であったとすると，残りの 1000 人分を代替標本に対して調査回答を求めればよいことになる。

　一見このような代替標本を利用することは特段問題がないかのように思われるが，この方法は多くの場合で選択バイアスを生じさせることになる。たとえば 4000 人を年齢層と性別のセルが国勢調査の構成比に従うように層化無作為抽出するとしよう。ここで収入が高く忙しい人たちが回答拒否や未回収になりやすいとすると，回答を得ていない 1000 人における特に 30 代から 50 代の男性の割合が多くなる。代替標本にはこれらのセルの対象者が多くなり，彼らは同世代のなかでも在宅率が高く，収入が低い，またより旅行への年間支出額が低い人たちで構成される可能性が高い。このことは本章 3 節に記載したような割当法の選択バイアスとも共通している。

　このような観点から，あえて代替標本や割当法を用いず，事後的

に調整する方法が利用されることも多い。

特によく行われるのは，性・年代などリサーチの目的変数（従属変数）にも関連が強いと考えられる重要な変数について，国勢調査など外部データで得られる母集団分布に分布が合致するように重み付け集計をする方法である。これについては詳しくは第8章4節で説明する。

課　題

5-1　店舗型のサービス（たとえばスポーツジムやエステ）を実施している企業が既存顧客の離脱・離反を防止するために質問調査を実施するとしよう。どのような形で対象者を選定するのが望ましいだろうか。

5-2　本章1節の**Column⑰**に記載したように，クラスやゼミ，授業などで「大学生の○○への支払額」などを調査して，それを母集団と見立てて，そこから3人無作為抽出をして平均を計算するということを，たとえば50回実施してヒストグラムを書いてみよう（1度母集団として全員分のデータをエクセルに入力して分析ツールあるいはrand関数を利用する）。抽出人数を5人，10人と増やすとどうなるだろうか。

5-3　特定の企業のマーケティング担当者の立場に立って，リサーチ会社に依頼してインターネット調査を行う場合の注意点を議論してみよう。

5-4　サンプルサイズを決定する経験をしよう。ネット・サービスにおいて，500円分のクーポンを与える群と与えない群に顧客を無作為に割り当てて，1年以内での離反率を調べることとした。クーポンを与えない群の離反率が25%，与える群の離反率が15%であると仮定した際に，95%信頼区間の幅が10%に収まるためのサンプルサイズを求めてみよう。両群のサンプルサイズは半々とする。

5-5　本章冒頭の**Case**（飲料メーカーのマーケティング・リサーチ⑤）を取り上げる。

①　ここで実施された調査の抽出法は本章で説明した用語ではどんなタイプの抽出法であるといえるだろうか。

② このような抽出法を利用することの利点と欠点を説明してみよう。

5-6 第2章の**Column⑥**のケース（ゲームアプリのマーケティング・リサーチ）を取り上げる。

① ここで実施される調査の場合，用いるべき抽出法は，本章で説明したもののなかではどのタイプの抽出法であるといえるか。

② そのような抽出法を利用することの利点と欠点を説明してみよう。

 参考文献 ● ● ●

倉田博史・星野崇宏（2009）『入門統計解析』新世社。

土屋隆裕（2009）『概説 標本調査法』朝倉書店。

永田靖（2003）『サンプルサイズの決め方』朝倉書店。

星野崇宏（2009）『調査観察データの統計科学——因果推論・選択バイアス・データ融合』岩波書店。

星野崇宏（2013）「継続時間と離散選択の同時分析のための変量効果モデルとその選択バイアス補正——Web ログデータからの潜在顧客への広告販促戦略立案」『日本統計学会誌』43，41-58。

村井潤一郎・橋本貴充編（2017）『心理学のためのサンプルサイズ設計入門』講談社。

Groves, R. M. (2006), "Nonresponse Rates and Nonresponse Bias in Household Surveys," *Public Opinion Quarterly*, 70 (5), 646-675.

Groves, R. M., F. J. Fowler, M. P. Couper, J. M. Lepkowski, E. Singer, & R. Tourangeau (2009), *Survey Methodology*, 2nd ed., John Wiley & Sons.

Groves, R. M. & E. Peytcheva (2008), "The Impact of Nonresponse Rates on Nonresponse Bias: A Meta-Analysis," *Public Opinion Quarterly*, 72 (2), 167-189.

Newcomb, R. G. (1998), "Improved Confidence Intervals for the Difference between Binomial Proportions based on Paired Data," *Statistics in Medicine*, 17 (22), 2635-2650.

第6章

質的調査とは

その定義・種類，設計・分析を考える

Introduction

　量的調査とはある仮説を検証する調査であり，質的調査とは，その仮説を得るための調査である。したがって，質的調査で得られた結果が，その後の量的調査の成否を左右する。質的調査も量的調査と同じように目的に適した調査手法を選択し，データを収集，分析を行い，その結果を読み取り考察することが求められている。

　本章では，質的調査について体系的に理解するため，質的調査の定義，調査手法を整理し，得られたデータからどのように仮説を得るのかについて説明を行う。適宜，量的調査との差異を示し，質的調査の理解を進める。

Case　飲料メーカーのマーケティング・リサーチ⑥

　Aさんの今回の調査では，以前の調査項目を参考にして実施するので，調査項目を深く検討しませんが，もし，新規で調査をする場合，質的調査を行い，調査項目案の作成を行います。また，調査自体の仮説を得る際にも質的調査は実施することがあります。

1 質的調査とは何か

　質的調査とは「課題の背景に対する洞察と理解をするための非構成的かつ探索的な調査手法」(Malhotra 2007) と定義され，その目的は，消費者の内部にある意見や態度を理解することであり，構造が明らかになっていない課題に対し，情報を収集するために行う。Kumar, Aaker, & Day (2002) によれば，質的調査の目的は，「課題の探索 (exploratory)」「方向づけ (orientation)」「客観的な情報の収集 (clinical)」のように大きく 3 つに分けられ，問題の詳細な定義，仮説の設定，調査項目の優先順位の決定，消費者独自の考え方，表現の理解，企業のマーケティング担当者の不足している知識の吸収，量的調査における最重要な項目に関する示唆などの目的で実施される。

　具体的には以下のような目的で実施される。

- 　仮説の発見・構築（課題の探索）
- 　動機の探索（課題の探索）
- 　概念の把握（課題の探索）
- 　問題の構造化（方向づけ）
- 　基礎的な知識の収集（客観的な情報の収集）
- 　事例の収集（客観的な情報の収集）

質的調査と量的調査　　質的調査の特徴を理解するには，量的調査との比較を行えばよい。質的調査がマーケティング上の課題の理解や仮説の取得のための調査であり，量的調査は判断のためや仮説検証のための調査である。この違いはそれぞ

表6.1：質的調査と量的調査の差異

	質的調査	量的調査
調査の焦点	質（特性・本質）	量
目的	理解，記述，発見，意味づけ，仮説生成	記述，確認，予測，仮説検証
サンプル	代表性，大きさは問わない	代表性，大きさを問う
調査項目	非構成的（ただし，大まかな調査項目は決まっている）	構成的
分析手法	構造の整理を目的とした分析	統計的な手法を用いた分析
結果の表示	言語，図，表，数字	数字，グラフ，表
結果の活用	初期の理解の手助け	行動の指針

（出所）Malhotra（2007），Merriam（1998）をもとに作成。

れの調査の対象が回答者の記憶のなかで異なる領域にあることに起因する。第2章において，質的調査の手法に構成的，半構成的，非構成的の3種類のアプローチがあると述べたが，マーケティング上の課題の理解や仮説の取得には，回答者の反応をみながら探索的に行う場合が多く，量的調査のように，あらかじめ決まった項目を質問するのではなく，状況に応じて質問する必要があるため，非構成的なアプローチ（もしくは，半構成的なアプローチ）となるのである。このほかにも質的調査と量的調査には差異があり，それぞれの項目において両者を比較すると，質的調査の特徴がよく理解できる（表6.1参照）。

　なお，第2章で言及したように，構成的アプローチとは事前に質問の内容を決めている手法であり，非構成的アプローチとは事前に質問を決めずにその場の回答者の反応により質問する内容を決め

ていく手法である。

　質的調査は量的調査と異なり，行動の指針，意思決定の根拠となるデータを提供するため，サンプル（標本）や分析手法に量的調査との差異が明確に表れる。量的調査では，サンプルは母集団の特性を反映している必要があり，また，第5章で説明したように分析した結果の信頼性にも影響するため，代表性があり，かつ一定以上のサンプルサイズが求められるが（効果が確認できるだけの十分なサンプルサイズを確保する必要がある），質的調査では，その課題に精通した人から意見をもらったほうが，調査目的に合致する場合があり，量的調査ほどサンプルの代表性やその大きさは重要視されない。

質的調査の対象

　質的調査，量的調査はどちらも調査対象者の記憶に保存されている内容を理解することを目的に調査を実施するが，記憶のなかにある調査対象が異なる。量的調査は質問項目に対し，調査対象者自らが項目に適すると考える内容を回答する。したがって，量的調査では，自身で想起することができ，回答可能な記憶が調査対象となる。一方，質的調査は，調査対象者が日常生活であまり気にとめていないこと，誰かに問いかけられて初めて気がつくこと（自ら想起できないこと），気がついていても口に出しにくいことを対象とする。たとえば，iPhone が発売されるまで，携帯電話の画面が小さくて不便であるとは誰も気づかなかったといったことである。この差は，質的調査では，一瞥するだけでは把握できないマーケティング上の根本的な問題を扱うために生じる。

　したがって，記憶における調査の対象は，調査対象者が回答を想起するにあたり，「自然に想起できるか／想起を促すような工夫が必要であるか」と，質問に対し「回答する／回答を差し控える」の

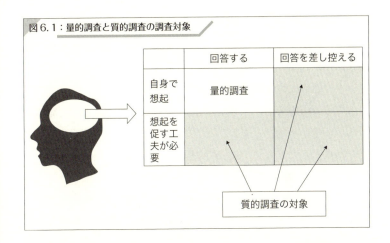

図6.1：量的調査と質的調査の調査対象

	回答する	回答を差し控える
自身で想起	量的調査	
想起を促す工夫が必要		

質的調査の対象

2つの基準で図6.1のように4つに分類されるが，質的調査は図6.1の網掛けの部分を対象とし，量的調査と異なる部分を対象とすることが理解できる。

質的調査の対象の拡大　高速の無線インターネット回線，スマートフォン，ソーシャル・メディアやコミュニティサイトの普及といったインターネットの発達は質的調査に2つの大きな変革をもたらした。1つは，消費者からの発言を大量に収集することができ，質的な分析と同時にある程度の量的な分析が可能となった点である。もう1つは，これまで調査することが難しかった，忘却されやすい記憶についても調査を行うことが可能になった点である。

　人間には，長期かつ大量の情報を保持する「長期記憶」と短期かつ限られた情報を保持する「短期記憶」という2つの記憶システムがある。課題に対し直接的に質問し回答してもらう，比喩などを用いて回答してもらう手法を用いても，回答できるのは，自らが想

起して回答した内容か，問いかけられて思い出した記憶，設問文や絵などの刺激により想起された内容である。これらはどれも長期記憶に保存されている情報である。スマートフォンの普及とインターネットの高速化かつ無線化は，消費者がいまみたこと，思いついたことをその場でソーシャル・メディア上に保存することが可能になった。このことは，これまでただちに忘却されていた短期記憶がソーシャル・メディア上に保存されることを意味し，企業のマーケティング担当者にとって，消費者の理解が深まることを意味している。

　上田（2011）はミニブログの1種であるTwitterを質的調査のツールとして用いて，その場でみたもの感じたことを記録することができないか検討を行った。その実証研究の結果をみると，通常の調査では回答することが難しい朝の6〜9時台にツイートがみられることがわかった。また，7時48分には「電車内マンション中吊り広告［,］シャトルバス駅から7分［と書いてあるけど］小さな字で平日のみ9〜15時の運行と書いてある。通勤急行停車駅とも書いてあるけど，朝のシャトルバス運行前に数本有る［だけの］電車［を謳い文句にするのは］ちょっとずるい広告な気がする」（角括弧内は筆者による）というツイートが得られ，調査対象者が感じたことを感じたときに発言していることが確認できた。

　短期記憶に保存されている内容が理解できれば，消費者の頭に浮かんでは消えていった気づきに関する情報を得ることができ，そこから，何らかのマーケティング上のヒントが得られると思われる。たとえば，購買時に何を考えていたかを収集することができれば，店頭における販促の示唆を得ることができる。

2 質的調査の種類

　質的調査はこれまで，研究者や実務家によってさまざまな手法が提案されてきた。手法の種類が多いということは目的に見合った最適な手法を選択できるという利点があるが，一方で，それぞれの手法の特徴を理解しなければ，満足のいく調査ができないという問題がある（調査手法の選択基準については，次節にまとめる）。

　マーケティング・リサーチの書籍などで取り上げられている質的調査の主たる手法には，以下の4つが挙げられている。これらの手法の下にもさらに細分化した手法が提案されている。

- 深層面接法（depth interview）：インタビュアーが1人の回答者に質問し，回答を得る手法。
- 集団面接法（focus group interview）：複数の回答者に対し意見を聞く手法。
- 投影法（projective technique）：「ある課題に対し，消費者が有する動機，信念，態度，感情を表現するように促す非構成的かつ間接的な質問」を用いる手法（Malhotra 2007, p.163）。
- ソーシャルリスニング（social listening）：調査目的で企業，ブランド，製品，サービスに関するデータをソーシャル・メディア上から収集する手法（Rappaport 2011, p.277）。

　上に挙げた質的調査の4つの手法は，2つの基準で分類することができる。1つの基準は回答者と面接し調査を行うのか否かという

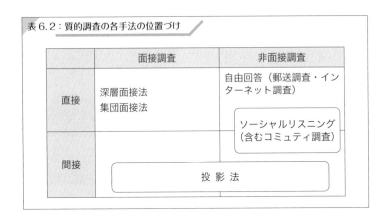

表6.2：質的調査の各手法の位置づけ

	面接調査	非面接調査
直接	深層面接法 集団面接法	自由回答（郵送調査・インターネット調査） ソーシャルリスニング（含むコミュティ調査）
間接	投影法	

基準であり，もう1つの基準は調べたい項目について回答者に直接尋ねるか（回答者に調査の目的を直接提示する）もしくは間接的に尋ねるか（回答者には調査の目的を提示しない）である。この2つの基準で質的調査の手法を分類したのが**表6.2**である。

　表6.2をみると，深層面接法や集団面接法のように面接調査で回答者に直接質問する手法もあれば，投影法のように，間接的に尋ねるが，面接調査でもインターネットを用いた非面接調査でも実施できる手法もある。また，ソーシャルリスニングにおけるコミュニティ調査は非面接調査であるが，参加者に対し直接的にも間接的にも質問することができるというメリットがある。なお，量的調査（調査票を用いた郵送調査やインターネット調査など）においても，仮説構築など質的調査と同じ目的で，回答者に自由に回答を記述してもらう自由回答形式の設問を加えることがある。自由回答は量的調査の設問に含めることができ，集団面接法やソーシャルリスニングと同じように消費者の考えや態度を収集できるが，回答者の回答結果を踏まえて質問できるような調査ではない。自由回答は非面接調査

で直接尋ねる（設問で直接問いかける）手法であり，表 6.2 の右上の
セルに位置づけられる。この表をみると，自由回答はソーシャル・
メディアと重複するが深層面接法や投影法などのほかの手法との重
複がないため，自由回答形式の質問により深層面接法などの質的調
査の手法が完全に代替されるわけではないことが理解できる。

深層面接法と
集団面接法

面接調査では，深層面接法と集団面接法の
2 種類がある。どちらも回答者の反応をみ
ながら適宜質問を変えて，回答者の態度，
動機，考えを明らかにするが，調査の目的に応じて使い分ける。深
層面接法と集団面接法の差異は，回答者が 1 人か複数かという点
である。

　調査時に複数の回答者が同席することには長所と短所がある。長
所としては，同席した回答者間の相互作用により，普段の生活では
得られない気づきが得られる点，ならびに，ある回答者の回答をも
とに他の回答者から次々と意見が得られる点である。短所は，他人
に気兼ねして個人の意見を差し控える点や，インタビュアーが 1
人の回答者に集中できないという点である。過去の研究では，集団
面接法が回答者の態度変容を起こしやすいと報告されており（Bris-
tol & Fern 2003），発言された意見については，他者の影響による
ものか自身の考えを述べたものなのかに注意しながらインタビュー
を進める必要がある。

　よって，回答者の気づきを促し，新たな気づきを得たり，さまざ
まな種類の意見を求めたりしたいときは集団面接法を用いる。一方，
既存の商品にない商品ニーズを深掘りする際は，さまざまな角度か
ら回答者に質問を行い，消費者の価値観を含めたニーズの構造を明
らかにする必要があり，他者の意見に影響を受けては，当該の回答

者の真の考えを得ることができないため，回答者1人に対しインタビューを行う深層面接法が望ましい。

なお，深層面接法にせよ，集団面接法にせよ，対面式の調査では，第3章で言及したように調査対象者は調査と認識しているため，通常とは異なる反応やインタビュアーの期待に沿った発言を行うことがある点には注意すべきである。

また，対面式の調査では，回答者から意見を聞き出すインタビュアーの役割が重要である。インタビュアーは，調査参加者から「自然な意見を聞きだす（語ってもらう）」ことと，「発言時の回答以外の情報（表情，しぐさ，声の大きさ）」に十分注意するべきである。また，発言を正しく理解し，1つの発言から次の発言を聞き出すために，「発言を否定しない」「段階を踏んで尋ねる（いきなり調査の核心に触れない）」「先入観を持たない」などの注意が必要である。また，集団面接法の場合は，調査に参加している人全員から同じ程度の発言を得るようにする（発言が少数の人に偏らない）といった配慮が必要である。

回答者から実りのある回答を得るために，対面式の調査では，回答を誘導するような質問や「はい／いいえ」で回答できるような内容の質問は控えるべきである。

Point !

集団面接法において参加する人数の規模は得られるアイデアの量に影響を与えるため，適切な参加人数を決めることは，実際に調査をするうえで重要な問題である。Fern（1982）は，グループの人数が4人より8人のほうが調査から得られるアイデアの数が多かったと報告している。マーケティング・リサーチに関する書籍では，集団面接法の適切な参加人数は次のようになってい

る。

上田（2010）：5〜7人
上野（2004）：6〜8人
Kumar et al. (2002)：8〜12人
Malhotra (2007)：8〜12人

集団面接法では，調査を始める前に，回答者が自己紹介することが多いが，参加する人数が多いと，この自己紹介に時間がとられ，肝心のインタビューの時間が短くなる恐れがある。この点と，上の人数なども考えると，集団面接法では，6〜8人程度が妥当と考えられる。

表6.3：手法の特徴

	質問の方法	結果の表示方法
ラダリング法 (Reynolds & Gutman, 1988)	「××（商品など）は，なぜ，あなたにとって重要なのか」という質問を通して，商品の属性と価値観を収集。調査時は，商品間の違い，好み，使用状況の差などを通して自分にとっての重要さを述べてもらう	手段目的連鎖（Gutman, 1982）に依拠し，被験者の発言を，attribute, consequence, value に分類し，それぞれの関係を階層構造にまとめる
ZMET (Zaltman & Coulter, 1995)	対象となるテーマに関する写真やイラストなどのビジュアル素材を持参してもらい，インタビュアーは提示したテーマと持参したビジュアル素材の関連を尋ね，被験者の考えを収集する	得られた発言を，original construct（図6.3では○），connector construct（図6.3では◇），destination construct（図6.3では□）の各項目に分類し，項目間の関係を mental map としてまとめる
評価グリッド法（讃井, 1995）	被験者に2つ（もしくは3つ）の対象（商品など）を提示し，その差異を指摘してもらい，意見を収集する	得られた連想は客観的・具体的内容，感覚的理解，価値に分類し，それらを階層構造にまとめる

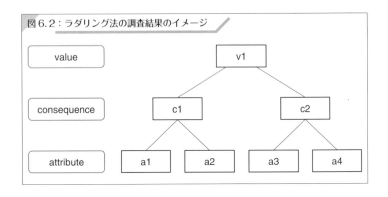

図6.2：ラダリング法の調査結果のイメージ

value		v1	
consequence	c1		c2
attribute	a1	a2	a3	a4

　質的調査はマーケティング上の課題を明らかにするために行うが，使用している商品やサービスに対する課題について明確に認識している消費者は少なく，また，認識していたとしても，その認識を言葉で表現できるとは限らない（自分の考えを正確に言葉で表現することは難しい）。そのため，何らかの工夫をして回答者自身から課題を聞き出す必要がある。また，マーケティング上の課題は，さまざまな要素から構成されるため，複雑であり，調査結果の内容を簡潔に示す工夫も求められる。

　深層面接法で用いられる有名な3つの手法の**ラダリング法**，**ZMET**，**評価グリッド法**については，上で挙げた2つの工夫がなされている。表6.3にそれぞれの手法の質問の方法の工夫とまとめ方の特徴をまとめる。なお，図6.2〜6.4はそれぞれの手法の分析結果のイメージ（調査結果の出力イメージ）を示したものである。

　これら3つの手法はどれも調査結果を階層構造にまとめるため，得られた発言を階層のレベルごとに分類している点に特徴がある。ラダリング法では，回答者の回答を"attribute""consequence""value"（図6.2）に，ZMETでは，"original construct""con-

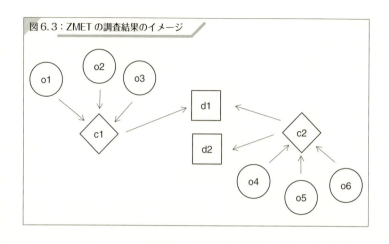

図6.3：ZMET の調査結果のイメージ

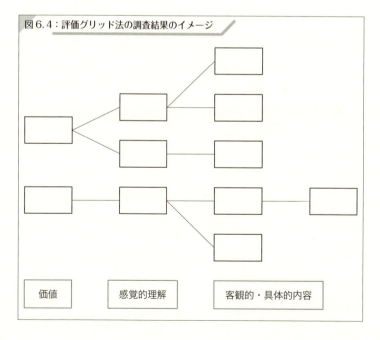

図6.4：評価グリッド法の調査結果のイメージ

価値　　　　感覚的理解　　　　客観的・具体的内容

nector construct""destination construct"に（図6.3では"o""c""d"と表記），評価グリッド法では「客観的・具体的内容」「感覚的理解」「価値」のように階層のレベルを設定している（図6.4）。

　なお，"attribute"とは，製品やサービスに関連する形状や機能・性能といった具体的な属性であり，"consequence"はその製品・サービスを使った結果生じること，"value"は新製品やサービスの使用したことで満たされる価値や目的である（Reynolds & Olson 2001）。また，ZMETにおける"original construct"は起点となる連想であり"destination construct"は最終的な目的となる連想である。"original construct"と"destination construct"をつなぐのが"connector construct"である。

Point !

　手段目的連鎖（means-end chain）とは，消費者の製品やサービスの選択が消費者の価値観の達成にどのようにつながるかを説明したモデルである。価値観の達成という目的の手段が製品・サービスの属性となる（Gutman 1982）。

投影法とその種類

　繰り返し述べているとおり，質的調査は仮説を作成するために用いる調査であり，主に，回答者が普段意識していないことを明らかにすることが多い。そのため，直接尋ねても回答することが難しいため，ZMETのように，絵や写真などを持参してもらうなど，聞き出し方を工夫している点は先述したとおりである。

　表6.2でも指摘したように，回答者から回答を得る際に直接的

表6.4：投影法の種類とその特徴

名称	特徴
言語（自由）連想法	ある言葉を提示し，その言葉から連想されるものを回答してもらう手法
文章完成法	空欄のある文章を提示し，文章の意味が通るように空欄にあてはまる連想を回答してもらう手法
絵画解釈法	色々な解釈ができる絵を提示し，その状況について説明してもらう手法
略画完成法	発言（吹き出し）が空白になっている絵を提示し，その吹き出しに回答してもらう手法
第3者法	質問する際，被験者に自分以外の誰かならどう思うかと尋ね，自分の考えを第3者に投影してもらい，その人の意見を聞く手法
コラージュ法	被験者が有するイメージを雑誌の写真などをボードに貼り付けて表現する手法
比喩法／擬人法	イメージを求めたい対象を物（比喩法）もしくは人に例える（擬人法）手法

（出所）Kumar, Aaker, & Day (2002)，牧田（1994），上田（2010）をもとに作成。

に尋ねるのではなく，間接的に尋ねる「投影法」と呼ばれる手法がある。たとえば，ブランドや商品のイメージを動物にたとえて答えてもらう調査は，投影法（比喩法）にあたる。Levy (1985) は，通常の調査では「質問が特定なものになれば，回答者が回答する情報の幅は狭くなる」「構造的な質問には個人的な内容は語れない」といった問題を挙げ，投影法を用いる利点に言及している。

表6.4に主たる投影法の手法をまとめたが，ここに挙げただけでも7種類ある。投影法の種類が多いということは，調査目的と手法の特徴を理解して使い分ける必要があることを示している。上

田（2013b）の報告によれば，同じテーマであっても，手法（言語連想法，文章完成法，略画完成法）によって得られる情報が異なり，言語連想法では広告に出演していたタレントやそのキャッチコピーといった事実が得られる。文章完成法でも，連想のつながりよって意味が得られる一方で，略画完成法では感想や意見が回答者独自の表現で得られる。そのため，テレビ CM 出稿後のタレントなどの浸透度の確認には言語連想法を，販売促進活動のコピー作成時に購買理由，意味などを知りたいときには文章完成法を，消費者独自の表現を収集したいときには，略画完成法を用いるといったぐあいに手法を使い分けることが望ましい。

Point !

　投影法については，Haire（1950）が示した事例よりその効果が大きいことは理解できるが，投影法を用いればすべてが解決するわけではない。Levy（1985）が指摘しているように時には直接尋ねたほうがよい場合もある。また，間接的に尋ねると調査の参加者は意見を述べやすくなるが，調査担当者が期待していたような発言が得られるという保証はない。また，上田（2013b）の事例にあるように略画完成法では刺激となる画像に回答が影響を受けるといった課題もある。

ソーシャルリスニング　ソーシャルリスニング（もしくはソーシャルメディア・リスニング）が，従来の調査手法と大きく異なる点は，「リスニング（listening）」という言葉を前面に押し出している点である。データを収集することが目的であれば，リスニングという言葉を用いなくてもよいと思われるが，これは通

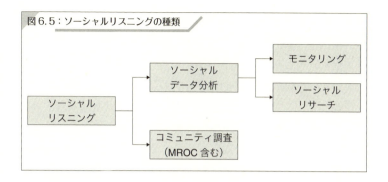

図6.5：ソーシャルリスニングの種類

常の調査が質問し（asking）回答を得ることに対し，回答者への自発的な発言を傾聴する（listening）ということを明示するためである。

　回答者は質問されたことに対し，常に自分が感じたとおりに回答する保証はない。自分の回答が質問者にどのような印象を与えるのかを考慮し，時には，思っていたことを回答しない場合がある（Leary & Kowalski 1990）。また，日常の生活において感じたことなどはただちに忘却されるため，質問されても回答できないという問題もある。一方，回答者が日常生活のなかで発する言葉であれば，そのような心配はない。これまでは回答者の自発的な発言を得るには，日常の会話を記録するしかなかったが，ソーシャル・メディアが普及した現在では，ソーシャル・メディア上の発言からさまざまな消費者の日常的な発言・会話を得ることができる。

　ソーシャルリスニングには大きく分けて2つの方法がある（図6.5参照）。1つは，ソーシャル・メディア上でどのような発言があるか確認する方法（ソーシャルデータ分析）であり，もう1つはインターネット上にコミュニティを開設し，そのコミュニティで自由に

発言してもらい，データを収集する方法（コミュニティ調査）である。前者の方法では，ネット上でどのような発言がされているか常に確認するモニタリングと，必要に応じてデータを収集するソーシャルリサーチに分けられる（Rappaport 2011）。

　後者の手法において，マーケティング・リサーチ専用のコミュニティを MROC（Marketing Research Online Communities）と呼ぶ。MROC は，あるテーマを掲げ，参加者を募り，一定以上の期間，そのコミュニティ内における発言を収集する。ある期間（従来の調査は長くても数時間）活動することで，MROC ならではの特徴として，①回答者とのつながりの創出，②文脈による発言の理解，③即時性といった 3 項目が挙げられる。③については，従来の調査手法にはない，MROC の大きなメリットである。コミュニティが開催されているときであれば，必要なときにコミュニティの参加者の意見の確認をすることができ，その結果を踏まえ，ただちに現在検討しているマーケティング施策について修正することが可能となる。従来では調査を実施する際に，対象者の決定，調査票の作成，配信，結果の集計など調査一連の過程に時間が掛かり，消費者の意見をただちに聞きたいというニーズに応えることは難しかった。

　なお，表 6.2 においてソーシャルリスニングが直接的手法と間接的手法の両方にまたがることを示したが，これは，コミュニティを用いた調査では，調査の目的を明示することがあるからである。

観察法

観察法と調査の違いは，第 1 章の図 1.2 で示した回答者への接触の有無のほか，態度や行動の理由について回答者に語ってもらうかどうかと，調査実施者が類推するのかという点がある。観察法と調査はマーケティング・リサーチの手法としては明確に異なるが，観察法にせよ調査に

せよ，実施する目的が，マーケティング上の課題の理解，仮説の構築という点では両者は共通する。特に，調査目的が，消費者の普段の生活の行動からヒントを得たいというときは，調査ではなく観察法のほうが適している場合が少なくない。

観察法は，観察対象者が観察されていることを認識しているか否かで，大きく分けて，以下の2つに分けられる。

- 観察（非参与観察／自然観察）：調査対象のグループやフィールドの外から，観察対象者に影響を与えないように観察する手法。

- 参与観察：調査対象のグループやフィールドに入り込み，メンバーの視点から観察し，観察対象に影響を与えても可とする観察方法。

なお，観察法の手法にエスノグラフィと呼ばれる手法がある。エスノグラフィとは，参与観察，面接調査，文献調査を組み合わせた手法であり，「みる」「書く」「考える」の相互依存的，循環的な過程を有した手法である。参与観察を中心に据える手法であるが，参与観察だけを示す言葉ではなく，事象を観察，調査などを通して深く洞察する手法と位置づけられる（主たる手法が参与観察であるが，それだけではない）。なお，エスノグラフィには，「特定のフィールドについての報告書」と「研究手法」の2つの意味がある（柴山 2004）。

「集まるデータ」と
「集めるデータ」

これまでの章でたびたび，マーケティング・リサーチに利用するデータにはコストを掛けて収集する必要がある「集めるデータ」とコストを掛けずに自然に蓄積される「集まるデータ」がある

　生化学などで使われる言葉に "in vitro"（試験管内で）と "in vivo"（生体内で）という言葉がある。前者は実験すべき条件がすべて明らかな試験管内で行う実験であり、後者は生体内で想定していた反応が本当に生じるのかを確認するときに行う実験である。ある物質の特徴を明らかにしたいのであれば、前者の実験を行い、生体内で物質がどのように働くかを確認する目的であれば、後者の実験を行う。

　マーケティング・リサーチの目的においても、ある広告の内容を評価する際は、確認したい要因以外はすべて統制し、純粋に内容を評価する場合と、生活している状況において、消費者がどのように感じるのかを確認する目的で行われる調査がある。マーケティングがモノからコトへとシフトし、生活者視点の商品開発が進められている現状を考えると、後者の目的で行う調査は今後、ますます増加すると考えられる。観察調査（自然観

と指摘してきたが、質的調査において、「ソーシャルリスニング」以外は、「集めるデータ」である（ソーシャルリスニングはこれまでの調査のように被験者に質問して回答を得るのではなく、ソーシャル・メディア上に集まっている消費者の自然の発言を聞いて消費者の考えを得るものなので、ここでは「集まるデータ」として考えている）。消費者の潜在的なニーズを確認するには、調査を行いその回答から得られるデータを集めていたが、調査用のコミュニティにおける発言という「集まるデータ」でも、発言の背後を考えることで潜在的なニーズを理解することができる。上田（2013a）はコミュニティを作成し、参加者にスマートフォンのアプリに関し、自由に発言してもらう調査を実施し、得られた発言から外出中の時間つぶしのニーズがあることを明らかにした（「ご利用のアプリや使ってみたいアプリについて自由につぶやいてください」のように呼び掛けており、アプリに求めることな

察）は回答者に接触しないため，調査担当者からの影響を受けることのない真の消費者の姿をみることができる。特に近年では，Web カメラの普及，画像処理技術の発達，サーバーの低価格化により，収集されるデータ量が増えると同時に分析する機会も増えているため，これまで以上に実務における活用が盛んになると思われる。

　観察は，生活のなかにある消費者を理解するという目的に合致しているが，課題はラダリング法のように体系だった分析手法がない点である。観察した結果から仮説を得るには，ある程度の調査担当者の主観が入ることはやむを得ないが，どこかで客観性を担保する措置を講じないと過度に主観が介入し，分析結果の信頼性を損ねる恐れがある。この点を防ぐためにも早急に体系だった分析手法の開発が望まれる。

どは直接聞いていない）。

　コミュニティにおける自由な発言から，消費者のニーズが理解できるのであれば，コスト面を考慮すると，質的調査においてこそ「集まるデータ」の利用を考えるべきである。質的調査の大半が，「集めるデータ」を対象としているということは，実施に費用が掛かること，ならびに，状況を確認するにあたり，その都度，調査によりデータを収集し分析するため，時間が掛かるという問題が生じる。ソーシャルリスニング（特に，企業が自社で運営するコミュニティに対して行うもの）では，費用と時間といったコストを掛けずに消費者のさまざまな声がデータとして集まる。企業のマーケティング担当者はマーケティング上の気づきを得たいときにはいつでもその声を参考にすることができる。

　図6.6 はカゴメ株式会社のファンサイトであるが，そこでは，

図6.6：カゴメ株式会社のファンサイト

（出所）https://and.kagome.co.jp/

会員同士のテーマに沿っての会話や投票を行うことができ，質的な
データのほかに量的なデータも集まり，トマトが好きなカゴメのフ
ァンの考えを必要な時にいつでもみることができる。このようなフ
ァンサイトを有している企業が多く，実際にマーケティングに活用
している企業もある。

　ただし，サイトにおける発言は，その発言からだけでは消費者の
発言の背景にある考えや心情を理解することはできない。発言同士
の関連性などから，「なぜ，このような発言となるのか」といった
リサーチ担当者の深い洞察があって初めて「集まるデータ」はマー
ケティングに活用することができる。

3 質的調査の設計

　質的調査を行うには，量的調査と同じように，調査全体を設計する必要がある。通常，質的調査は図6.7のようなステップを踏んで進められる。図6.7の破線部が調査を設計する際に検討すべき内容であり，量的調査と同じように「どのような手法を用いるのか」（調査手法の決定），「どのように尋ねるか」（調査項目の決定）および「どのような人に尋ねるのか」（対象者の条件の決定）が調査設計時における主たる3つの検討項目である。

調査手法の選択　　質的調査の手法は図6.2にあるだけでも4種類あり（自由回答を除く。図中の自由回答も入れると5種類），そのなかの投影法においては表6.4にあるように7種類もある。調査手法が多岐にわたることは，目的に見合った手法を選択することができるという利点もあるが，一方で，適切な手法を選択することが難しいという問題も生じる。

　手法を選択するうえで，まず，考えるべきことは，調査内容の複雑さである。調査する内容が複雑であればあるほど，単に質問しただけでは，マーケティングに活用できる結果を得ることは難しくなる。面接調査を行い，回答者の反応からどの程度質問を理解しているか確認しながら質問を行うといった工夫や，回答を別の言い方で表現してもらうなどの工夫を施しながら調査を進める必要がある。一方，消費者が意見を述べやすい課題，たとえば，好きな商品・サービスの感想であれば，回答しやすく，自由回答形式の調査で十分である。

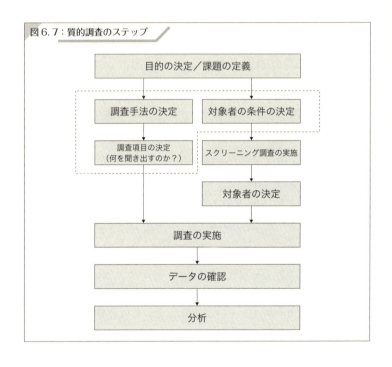

図6.7：質的調査のステップ

目的の決定／課題の定義

調査手法の決定

対象者の条件の決定

調査項目の決定
（何を聞き出すのか？）

スクリーニング調査の実施

対象者の決定

調査の実施

データの確認

分析

　別の言い方をすると，1回の問いかけだけで，信頼性の高いデータが収集できるのであれば，面接調査を行う必要はないが，課題が複雑で，複数回の問いかけがあって初めて信頼に足りうる回答が得られるような場合や，発言以外の情報，表情やしぐさといった情報をもとに聞き直し，回答者の反応を確認しながら調査をする必要がある場合は面接調査を実施する必要がある。肯定的な発言でも，質問されてただちに回答する場合と，言いよどみながら回答する場合では，同じ肯定でもその内容は異なる。面接調査では，回答のほかに口調，表情，しぐさなどを通し，回答者がどの程度理解しているか，本当にそのように考えているのかを推し量りながら調査を行う。

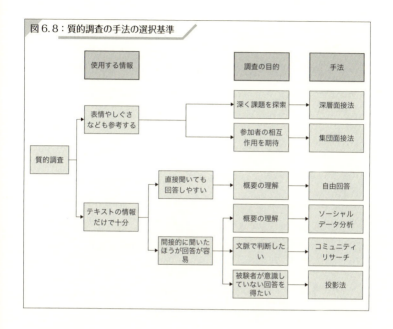

図6.8：質的調査の手法の選択基準

使用する情報 / 調査の目的 / 手法

質的調査

表情やしぐさ
なども参考する
- 深く課題を探索 → 深層面接法
- 参加者の相互作用を期待 → 集団面接法

テキストの情報
だけで十分
- 直接聞いても回答しやすい → 概要の理解 → 自由回答
- 間接的に聞いたほうが回答が容易
  - 概要の理解 → ソーシャルデータ分析
  - 文脈で判断したい → コミュニティリサーチ
  - 被験者が意識していない回答を得たい → 投影法

否定的な意見を述べたとしても，その内容に何かほかの意味がないかを再度確認するなど，さまざまな質問を行うことで，調査目的であるマーケティング上の課題を明らかにする。

　手法の選択において，次に留意するべき点は，大きな括りでの調査の目的である。面接調査で課題に焦点を当て，深く聞き出すのであれば，深層面接法を用い，回答者の相互作用によりさまざまなアイデアを収集することが目的であれば，集団面接法を採用する。よって，使用する情報，調査目的により質的調査の手法を分類すると図6.8のようになるが，重要な点は回答結果（テキスト）だけの情報だけで十分なのか，それに付随する情報（表情やしぐさなど）も必要なのかで手法が大きく2つに分かれる。

この「表情」や「しぐさ」などの付随する情報は，パラデータ（para data）ともいえる。パラデータとは，回答する際に得られるデータを指し，表情やしぐさ以外に，回答までの反応時間，マウスやキーボードの操作，視線などがある（Kreuter 2013）。調査で得られたデータの信頼性を担保するには，データの精度やバイアスという結果だけではなく，パラデータを用いて，データを収集する過程から管理するべきであろう。

調査フローの作成　深層面接法や集団面接法では，量的調査のように，回答者に尋ねる項目を細部にわたって作成することはしないが，時間内に聞くべきことを聞き出す（聞き漏らしを防ぐ）ために，大まかな調査の流れ（調査フロー）は作成する。調査フローは，調査の開始から時系列に沿って，どのような項目を尋ねるかまとめたものである（表6.5参照）。

調査フローは，大きく分けて2つの部分から成り立つ。1つは回答者が安心して回答できる雰囲気づくりの部分と，もう1つはインタビューを行い，回答者もしくは回答者同士の会話から情報を得る部分である。面接調査の参加者は，インタビュアーと初対面であり，加えて，集団面接法の調査では，ほとんどの場合が参加する回答者同士も初対面である。そのため，インタビューの開始前に，発言内容により回答者に不利益が生じないことや，結果の公表にはプライバシーに十分に配慮することを約束するなど，話すことに対する障壁を取り除くことが，その後のインタビューの成果を得るために重要である。また，調査を円滑に進めるよう，調査開始前にインタビュー時の注意事項も説明したほうがよい。調査の開始時には，何を言うべきか，どのような注意をするべきか確認するためにも，事前に検討し，調査フローに入れるべきである。

表6.5：調査フローのイメージ

テーマ/時間	目的	質問項目	注意点
前置き （説明）	あいさつ，事前承諾，調査概要の説明		被験者が安心して回答できる雰囲気づくり
導入	自己紹介		
インタビュー （本調査）	被験者の意見の収集	全体的／具体的項目 ↓ 個別的／抽象的項目	・聞き漏らしの回避 ・表情，沈黙，身振りなどの非言語の情報にも注意 ・バイアスのかからない回答を得る努力
まとめ	締めくくりの質問，御礼		

　インタビューを行う際は，量的調査の調査票と同じように回答者の回答のしやすさを考慮し，全体的な内容から個別の内容，具体的な内容から価値観のような抽象的な内容へと尋ねるようにする。あわせて聞き方によるバイアスも考慮する。3グループでA，B，Cの3項目について尋ねるのであれば，グループ①にはA→B→C，グループ②にはC→A→B，グループ③にはB→C→Aの順番で聞き，順序効果を排除する（順序効果については第4章を参照のこと）。また，面接調査では回答者の話を聞くうちに時間が進み，予定していた項目をすべて聞き取ることができないときがある。そのような不測の事態に対応するため，フローでは調査項目に優先順位をつけるべきである。また，重要な内容についてさまざまな角度から質問し，問題の核心に迫り，それ以外は質問しないという判断が求められる。

なお，投影法では量的調査と同じように調査票を設計し，ソーシャルデータ分析では，第1章で述べたPOSデータの分析のように分析条件の検討を行う。

Point !

面接調査における導入の適切な時間は，いくつかのマーケティング・リサーチの書籍によると，以下のようになっている。

上田（2010）：10分

上野（2004）：15分

Malhotra（2007）：8分

著者により異なるが，調査が120分であることを考えると，その10分の1程度の10分が1つの目安になる。

誰が尋ねるのか

面接調査においては，調査の過程で事前に取り決めていたこと以外に聞く必要がある話題が出てくる場合がある。そのため，量的調査の調査票の設計のように細部にわたるまで決める必要はない（決めることができない）。前述のとおり，調査のフローを作成し，限りある時間内で，どのような項目について聞き出すのかといった，調査項目に優先順位をつければよい。

面接調査では，調査の参加者に質問するインタビュアーの手腕が調査の成否に大きな影響を与える。そのため，面接調査では，調査を設計する際にどのようなインタビュアーに調査を依頼するのかといった点について十分に考えるべきである。量的調査では，調査票の設問に対する回答者の回答がすべてであるが，面接調査ではインタビュアーの質問に対する回答者の回答がすべてである。調査の参

加者と同じような世代のほうが調査参加者から回答が得やすいのか，調査課題が専門的な内容であるため，ある程度の知識がインタビュアーに必要なのかといったぐあいに，調査する課題にあわせて検討するべきである。

| 対象者の選定 |

量的調査を設計する際，調査対象となる標本をどのような条件で抽出するかは，分析した結果の信頼性を左右するため，母集団の特性が得られるように慎重に決定される（この点については第 5 章を参照のこと）。質的調査でも同じように調査対象者の条件を慎重に検討し設定する。ただし，量的調査と異なるのは，質的調査は，仮説の構築，解決すべき問題に対する構造を明らかにすることが目的である。その調査対象の母集団の特徴がよく表れている人，もしくはきわめて特徴的な条件を有する人を調査対象者とすることがある（井上 2009）。

たとえば，ピーラーなどのキッチンツールで有名な OXO 社の起業のきっかけは特徴的な人に注目した結果である。OXO 社の創業者が，関節炎のためキッチンツールを利用できずに困っている配偶者をみて，少しでも負担を軽減したいということが使いやすい（グリップを太くし握りやすくしている）ピーラーの開発につながった (https://www.oxojapan.com/our-roots)。

量的調査と質的調査の調査対象者に求められることの差異は，図 6.9 のように説明することができる。量的調査では，消費者全体がどのように考えているか明らかにするため，図 6.9 の破線の区間に現れる人を調査対象者とする。質的調査は対象とする母集団の特徴が極端に現れるということで，網掛け実線部の人を調査対象者とする場合がある。

質的調査では，問題の構造を明らかにするため，その問題の特徴

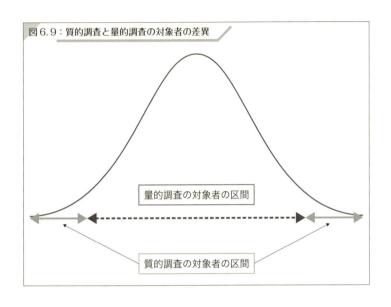

図6.9：質的調査と量的調査の対象者の差異

量的調査の対象者の区間

質的調査の対象者の区間

が明確に現れる調査対象者から意見を収集すればよい。そのため，調査対象者を抽出する際，量的調査のように確率抽出法を用いる必要はない。先に指摘したように抽出した標本（サンプル）の代表性は問われないので，縁故法などの非確率抽出法でも構わない。むしろ，特徴のある調査対象者を抽出するため，非確率抽出法もよく使用される（非確率抽出法については，第5章参照のこと）。

　質的調査は量的調査と異なり非確率抽出法の使用頻度が高いと指摘したが，抽出方法およびその条件を記録しておくことは，調査の再現性および妥当性の検証という点において量的調査と同じように必要である。回答者がどのような属性なのかは，その抽出条件を確認したあとに調査結果を確認して初めて，正しく理解できるため，抽出条件の記録に漏れがあってはならない。

4 質的調査の分析

　質的調査で得られるデータは，通常，調査対象者からの発言であり，単語，節および文章の形で得られる（面接調査の発言もテキストで記録される）。サンプルサイズが小さい場合は，得られた原データをすべて読み込み，内容を理解することができるため，あえて，分析する必要はないが，サンプルサイズが大きくなると，原データをすべて読むだけでは課題全体の内容を理解することは難しい。仮に，理解できたとしてもその内容を第3者に説明することは難しい。

　マーケティング・リサーチは，企業のマーケティング上の意思決定に必要な情報を得るために行う。調査結果はマーケティングに関わる人々すべてが理解する必要があり，調査担当者だけが理解できるということでは，マーケティング・リサーチを実施した意味がない。したがって，データの内容の理解と周知を目的に，質的調査においても，面接調査などを通じて収集したデータの分析を行う。

　質的調査の分析は，大きく分けて3つの段階を経て行われる。その3つとは図6.10にあるように「データの確認・準備」「分析」「分析結果の確認」である。

| データの準備 |

量的調査ではデータが数字で得られるため，データの表記に揺らぎはないが，質的調査の回答の大半が言語（テキスト）データで得られる。そのため，同じ内容について回答していても，その表記が回答者によって異なる。たとえば，コンビニの「セブン-イレブン」という回答は，半角による表記（ｾﾌﾞﾝｲﾚﾌﾞﾝ），短縮形（「セブン」など），数字（7-11）など

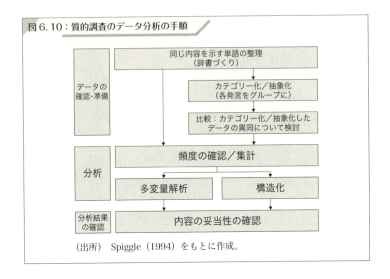

図6.10：質的調査のデータ分析の手順

データの確認・準備	同じ内容を示す単語の整理（辞書づくり）	
	カテゴリー化／抽象化（各発言をグループに）	
	比較：カテゴリー化／抽象化したデータの異同について検討	
分析	頻度の確認／集計	
	多変量解析	構造化
分析結果の確認	内容の妥当性の確認	

（出所）　Spiggle（1994）をもとに作成。

さまざまな形で表現される。そのため，質的調査のデータを分析する際は，同じ内容であるが表記が異なるものをまとめた辞書づくりから始まる。次に，類似の発言をカテゴリーとしてまとめ上げ，まとめたカテゴリーの妥当性を検討する。発言の揺れを統一したあとに，カテゴリー化する理由は，表記を取りまとめただけでは，発言の数が多く分析することが難しいことがよくあるためである。

　第2章で，データの基本的な構造は表の形式であると述べたが，質的調査におけるデータの準備は，この表を作成するために行う。データは表側が対象者（物）で表頭が質問項目，セルが回答結果になるが，質的調査では設問に対する回答が言語で得られることが多く，そのままの形では分析をすることは容易ではない。そこで，得られた発言を分析しやすい形にするため，表頭をキーワードとし，表内のセルにその発言があったかなかったかの1，0の数値を入れ

表6.6：ラダリング用データ

id	発言①	発言②	発言③	発言④	発言⑤	発言⑥
1	1	10	12	16	20	0
2	1	10	16	0	0	0
3	1	10	12	16	16	23
4	3	6	20	0	0	0
5	4	17	20	0	0	0
6	2	10	12	16	18	22
7	1	12	16	20	0	0
8	3	8	20	0	0	0
9	1	12	16	18	23	0
10	1	10	16	0	0	0

（注）　セルの番号は発言の内容を表す。
（出所）　Reynolds & Gutman（1988）をもとに作成。

ることがある。データを準備する段階で，同音異義語をまとめ，発言をカテゴリーとしてまとめるのは，表頭の項目を集約し，分析を行いやすいようにデータを変形するためでもある。

　人（物）×発言のデータができれば，集計や多変量解析などの分析だけではなく，後述のラダリング法の取りまとめも容易になる。表6.6はReynolds & Gutman（1988）で示された，ラダリング法の分析用データである。ラダリング法ではこのデータから階層図の作成に必要なインプリケーションマトリクス（implication matrix, 後述）を作成する。なお，表頭は発言した数を表す。最初の人（id＝1）は発言⑥が0であり，発言した数が5つであることが理解できる。

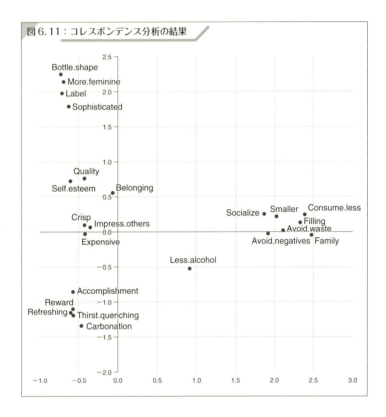

図6.11：コレスポンデンス分析の結果

分析の進め方 質的調査のデータ分析については，その目的により，大きく次の3つに分けられる。

- 頻度の確認
- 多変量解析の実施
- 構造化による理解

id	Carbon-ation	Crisp	Expen-sive	Label	Bottle shape	Less alcohol	Smaller	Quality	Filling	Re-freshing
1	1	0	0	0	0	0	0	0	0	1
2	1	0	0	0	0	0	0	0	0	1
3	1	0	0	0	0	0	0	0	0	1
4	0	0	1	0	0	1	0	0	0	0
5	0	0	0	1	0	0	0	0	0	0
6	0	1	0	0	0	0	0	0	0	1
7	1	0	0	0	0	0	0	0	0	0
8	0	0	1	0	0	0	0	0	1	0
9	1	0	0	0	0	0	0	0	0	0
10	1	0	0	0	0	0	0	0	0	1

　発言内のキーワードやカテゴリーの順位から調査結果の概要を理解するのであれば，キーワードやカテゴリーを集計し，その頻度を求めればよい。キーワードやカテゴリーの分類，要約および因果関係を明らかにしたいのであれば，先の取りまとめたデータを用いて，多変量解析を実施する。Green, Wind & Jain（1973）は言語連想法で収集したデータを階層クラスターで分析し，商品のイメージ間の関係を分析している。また，コレスポンデンス分析を用い，得られたデータを平面上に布置するといった方法もある（階層クラスター分析とは，対象間の距離を定義し，測定した距離から対象を分類し，分類した結果を階層図で表す手法。コレスポンデンス分析とは表側と表頭の各項目間の関係性を分析する手法のこと）。

　文脈から発言の内容を理解したいのであれば，カテゴリー間の関係を構造化し，提示すればよい。調査目的が，回答者の発言全体から商品が支持される理由を明らかにしたいという目的であれば，ラ

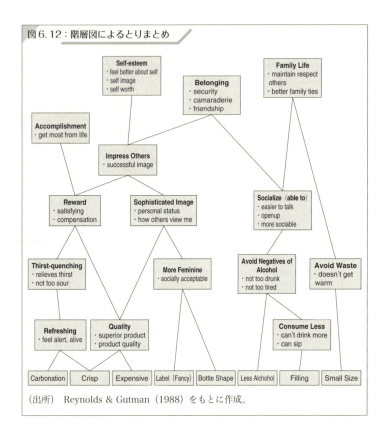

図6.12：階層図によるとりまとめ

Self-esteem
· feel better about self
· self image
· self worth

Belonging
· security
· camaraderie
· friendship

Family Life
· maintain respect others
· better family ties

Accomplishment
· get most from life

Impress Others
· successful image

Reward
· satisfying
· compensation

Sophisticated Image
· personal status
· how others view me

Socialize (able to)
· easier to talk
· openup
· more sociable

Thirst-quenching
· relieves thirst
· not too sour

More Feminine
· socially acceptable

Avoid Negatives of Alcohol
· not too drunk
· not too tired

Avoid Waste
· doesn't get warm

Refreshing
· feel alert, alive

Quality
· superior product
· product quality

Consume Less
· can't drink more
· can sip

| Carbonation | Crisp | Expensive | Label (Fancy) | Bottle Shape | Less Alchohol | Filling | Small Size |

（出所）　Reynolds & Gutman（1988）をもとに作成。

ダリング法などを用い，発言を構造化する。図6.11 はラダリング法で得られたデータを発言の有無で 1 と 0 にコーディングしたデータ（表6.7 参照）をコレスポンデンス分析した結果である。通常のラダリング法で得られる階層図（図6.12 参照）と比較すると，多変量解析を行う目的と構造化する目的に差異があることが明確に理解できる。

表6.8：インプリケーションマトリクスの例

	A	B	C	D
A		1.0	1.1	1.0
B			1.0	0.0
C				0.0
D				

構造化による理解 　質的調査は，発言から回答者の心のなかにある潜在的な態度や動機などの記憶の構造を明らかにすることを目的に実施することが多い。そのため，得られた発言を理解しやすい形にまとめることが多い。先に示した，ラダリング法やZMETでは，発言を最終的に階層構造にまとめている。階層構造は，発言のレベルに明確な差がある場合に用いる手法である。人間の記憶がネットワーク構造を持つことはよく知られており，発言の構造化を考えるのであれば，ノードとリンクを用いたネットワーク構造で表す方法もある（たとえば，John et al.〔2006〕のブランドコンセプト・マップがある）。

　関係を構造化するには，回答者から得られた発言をもとに，発言内の言葉のつながりから，2つの言葉の結びつきを計測すればよい。そのためには，カテゴリー化した発言を表側と表頭へ配置し，セルにはその組み合わせを発言した人数を記入する。ラダリング法では，発言のつながりを直接的なつながりと間接的なつながりの2つに分けて考える。4名の回答者の発言から"A-B-C""A-C""B-C""A-D"という発言が得られれば，直接的なつながりはA-B，A-C，B-C，A-Dであり，A-Cは"A-B-C"のように間接的なつながり

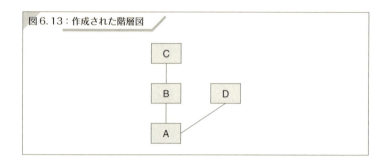

図6.13：作成された階層図

でもある。これらの関係を，ラダリング法で「インプリケーション
マトリクス」と呼ばれる行列にまとめると表6.8のようになる。
なお，表6.8のセルに入る値は，点でつながれた数値であり，左
側が直接つながっている数，右側が間接的につながっていた数を表
す（小数ではない）。行がA，列がCのセルが"1.1"になっている
のは，"A-C"という直接つながる発言が1件，"A-B-C"という
間接的につながる発言が1件であったためである。このインプリ
ケーションマトリクスから関係を再現したのが図6.13である。
A-Cのつながりについては，直接的なつながりと間接的なつなが
りの両方があるが，"B-C"という直接的なつながりがあるので，
ここではA-Cは間接的なつながりとする。なお，ラダリング法で
は，各要素の方向性が決まっているため，A→Bはあっても B→A
はない。また重複もない。そのため，表6.8では対角成分を含め，
対角成分より下側は空欄になっている。

調査データの
分析の効率化

先に，質的調査のデータ分析が大きく3
つのステップに分かれると説明したが，そ
の3つのステップのなかで特に時間が掛

かるのは，「データの確認・準備」の辞書づくりである。辞書づく

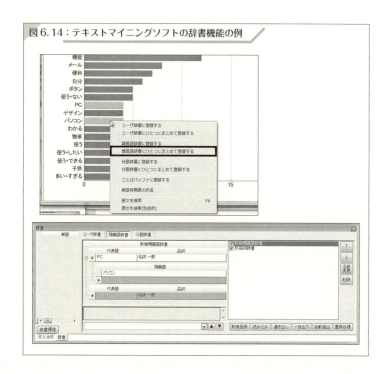

図6.14：テキストマイニングソフトの辞書機能の例

　りが終了したあとも，発言のカテゴリー化や，各発言の関係性の検討など時間が掛かる作業があるため，効率的な辞書づくりを進める必要がある。

　辞書づくりに時間が掛かるのは，回答者による表記の揺れの問題だけではなく，内容の確認という点で，検討する時間が必要となるためでもある。たとえば，「カップヌードル」という発言が得られた場合，カップ麺というカテゴリーを意図しているのか，もしくは製品ブランドを意図しているのかは，一瞥しただけでは理解できない。回答者の発言の前後関係より判断する必要がある。

辞書が作成できれば，その辞書を用いて自由回答に含まれる特定の単語の出現数を計測したデータを作成し，そのデータについて多変量解析の手法を用いて分析を行うなどデータの活用の幅が広がる。そのためにも，辞書を作成する際は，納得できるまで時間を掛けて作成するべきである。最近はテキストマイニングのソフトウェアの能力が向上したおかげで，辞書作りを効率的に進めることができるようになった。図 6.14 は，テキストマイニングのソフトウェア（NTT データ数理システムの "Text Mining Studio"〔https://www.msi.co.jp/tmstudio/〕）の辞書機能の例である。

5　結果の検討

　質的調査は，調査の目的上，質的調査だけで調査が終了することはほとんどなく，通常は質的調査のあとに，マーケティング担当者によって調査結果の検討を行い，何を確認すべきかを明らかにしたうえで量的調査を行うことが多い。検討を行うに要する時間は，質的調査と量的調査の関係に依存し，その関係には次の 3 つのパターンがある。

①　質的調査は量的調査を行うための議論の材料と考える。調査結果が得られた背景を考え，そこから仮説を抽出する。
②　質的調査でモデルを作成し，そのモデルを量的調査で検証する。
③　サンプルサイズを大きくし，質的調査と量的調査を同時に行う（林〔2001〕は投影法の文章完成法をサイズが 150 名のサンプ

Column ㉑　面接調査の将来　●●●

　スマートデバイスおよびソーシャル・メディアの発達により質的調査の実施コストが低下した。たとえば，食品メーカーの担当者が消費者の夕食の状況を理解したければ，条件を設定し，検索エンジンで検索すれば，夕食の画像が得られ，そこから何らかのヒントが得られる。ただし，インターネット上にある情報は，一面的な事実のみであり，事実の背景までは検索できない。

　マーケティングにおいて A→B のような原因と結果の構造を理解することは重要であるが，インターネット上の情報の大半が B の結果の情報であり，A の原因の情報を得ることは難しい。A の情報を得るには，面接調査を行い，さまざまな質問から課題を明らかにする必要があり，面接調査の重要性は今後も変わらないと考えられる。

　その証拠に一般社団法人日本マーケティング・リサーチ協会が行っている「経営業務実態調査」の 2016 年の結果では，深層面接法と集団面接法の 2 つの調査について，売上の構成比の数値は減少する傾向はみられない。加えて，深層面接法（報告書ではデプスインタビュー）の比率は 2014 年の 9.5 % から 2015 年は 11.2 % と伸びがみられる。

ルで行い，質と量の調査を同時に行っている）。

　①→②→③の順で，質的調査終了後に調査結果の検討，考察を行う時間が長くなる。質的調査の本質を考えると，実施されるのは①と②のパターンが大半を占め，質的調査で得られた結果がそのままの形で量的調査に活用されることは少なく，対象者の特性など得られた結果の限界を考慮し，結果の背景に何があるか，発散的思考と収束的思考を繰り返しながら検討を行う。質的調査で最も重要な部分が，この発散的思考と収束的思考を繰り返しながら，量的調査の枠組みを構築することである。

Column ⑳ 取りまとめがゴールではない ●●●■━━━

　質的調査において重要な点は，調査を実施し，得られた発言を図などに
まとめてから，真の質的調査が始まるということである。調査した結果か
ら何を読み取るのか，その背景に何があるのかを洞察し，時にはその結果
を発展させ，新しい気づきを得て質的調査は終了する。質的調査を行う際
は，データの収集，結果の取りまとめ・分析だけではなく，結果の読み取
り，発展まで含めて時間を確保するべきである。川喜多二郎が提案した
KJ法においても，複雑な事象をまとめるだけではなく，そこから発想す
ることの重要性が指摘されている（川喜多 1967）。

　なお，KJ法を簡単に説明すると，次のとおりである。会議などで得ら
れる個々の発言を1行でまとめそれをカードに記載する。カードに記載
された発言は，似ている者同士でグループ化し，そのグループの関係を明
らかにし，発言全体の構造化を行う。構造化された発言から，その背景や
課題について検討を行い，対応策を明らかにする手法である（発言を取り
まとめるだけがKJ法ではない）。

━━━◢◢/◢━━━━━━━━━━━━━━━━━━━━━━━━━━━━●●●

　先に，質的調査の効率性について言及したが，質的調査の結果を
読み取る部分については，次の量的調査の企画・設計を行ううえで
重要な段階であり，十分に時間を掛ける必要がある。

　質的調査と量的調査を組み合わせて行う調査を**混合研究法**
(mixed method research, Creswell 2009) と呼ぶ（トライアンギュレー
ション〔triangulation, Flick 1992〕と呼ばれることもある）。

　混合研究法において，質的調査と量的調査の組み合わせは次の4
つがある (Miles & Huberman 1994)

1．質的調査と量的調査の同時進行

2．継続的な質的調査とその都度の量的調査

3．質的調査→量的調査→質的調査

4．量的調査→質的調査→量的調査（実験）

これら4つのなかで，マーケティング・リサーチにおける混合研究法は，3の質的調査→量的調査→質的調査のパターンにおいて，最後の質的調査を行わないパターンとなる（このパターンがさらに先に述べた①〜③のように細分化される）。マーケティング・リサーチにおいて最後の質的調査を実施しない理由は量的調査の結果で意思決定を行い，次の行動に移るからである。

課　題

6-1　本書のWebサポートページからラダリング法のデータをダウンロードし，図6.11のようなコレスポンデンス分析を実施してみよう（図6.11は項目のみを平面に布置したものであるが，ここでは回答者と項目の両方を布置してみよう）。

6-2　6-1の結果と階層図にまとめた結果（図6.12）を比較し，それぞれの手法の長所と短所についてまとめよう。

6-3　本書のWebサポートページにあるデータをダウンロードし，回答者の発言の表記の揺れを修正し，どのような発言が多いか量的に確認しよう。

6-4　表記の揺れを整えた単語をグループ分けし，それぞれのグループに名前を付けてみよう。

6-5　なぜ6-4で得られた言葉のグループが得られたか，その背景についてみんなで話し合ってみよう。

参考文献

井上紀子（2009）「ビジネスエスノグラフィによる課題発見型調査の実践」『マーケティング・リサーチャー』110，16-21。

上田拓治（2010）『マーケティングリサーチの論理と技法』（第4版）日本評論社。

上田雅夫（2011）「Twitterによる定性調査の可能性」『マーケティング・

リサーチャー』116，53-62。

上田雅夫（2013a）「コミュニティを用いた調査データの取りまとめに対する提案」『オペレーションズ・リサーチ』58（8），449-454。

上田雅夫（2013b）「ブランド管理の目的に応じたブランド連想の収集」『行動計量学』40（2），115-122。

上野啓子（2004）『マーケティング・インタビュー』東洋経済新報社。

川喜田二郎（1967）『発想法』中央公論社。

讃井純一郎（1995）「ユーザーニーズの可視化技術」『企業診断』42（1），31-38。

柴山真琴（2004）「エスノグラフィー」無藤隆・やまだようこ・南博文・麻生武・サトウタツヤ編『質的心理学』新曜社，163-168。

林俊克（2001）「ワインの顧客価値調査」朝野熙彦編『魅力工学の実践——ヒット商品を生み出すアプローチ』海文堂出版，81-100。

牧田亮（1994）「消費者行動の定性的アプローチ」飽戸弘編『消費行動の社会心理学』福村書店，98-119。

Bristol, T. & E. F. Fern (2003), "The Effects of Interaction on Consumers' Attitudes in Focus Groups," *Psychology & Marketing*, 20 (5), 433-454.

Creswell, J. W. (2009), *Research Design: Qualitative, Quantitative, and Mixed Methods Approaches*, 3rd Ed., SAGE Publications.

Fern, E. F. (1982), "The Use of Focus Groups for Idea Generation: The Effects of Group Size, Acquaintanceship, and Moderator on Response Quantity and Quality," *Journal of Marketing Research*, 19 (1), 1-13.

Flick, U (1992), "Triangulation Revisited: Strategy of Validation or Alternative?," *Journal for the Theory of Social Behaviour*, 22 (2), 175-197.

Green, P. E., Y. Wind, & A. K. Jain (1973), "Analyzing Free-Response Data in Marketing Research," *Journal of Marketing Research*, 10 (1), 45-52.

Gutman, J. (1982), "A Means-End Chain Model Based on Consumer Categorization Processes," *Journal of Marketing*, 46 (2), 60-72.

Haire, M. (1950), "Projective Techniques in Marketing Research," *Journal of Marketing*, 14 (5), 649–665.

John, D. R., B. Loken, K. Kim, & A. B. Monga, (2006), "Brand Concept Maps: A Methodology for Identifying Brand Association Networks," *Journal of Marketing Research*, 43 (4), 549–563.

Kreuter, F. (2013), *Improving Surveys with Paradata*, Wiley.

Kumar, V., D. A. Aaker, & G. S. Day (2002), *Essentials of Marketing Research*, 2nd ed., John Wiley & Sons.

Leary, M. R. & R. M. Kowalski (1990), "Impression Management: A Literature Review and Two-Component Model," *Psychological Bulletin*, 107 (1), 34–47.

Levy, S. J. (1985), "Dreams, Fairy Tales, Animals, and Cars," *Psychology & Marketing*, 2 (2), 67–81.

Malhotra, N. K. (2007), *Marketing Research: An Applied Orientation,* 5th ed., Pearson.

Merriam, S. B. (1998), *Qualitative Research and Case Study Application in Education*, Jossey-Bass. (堀薫夫・久保真人・成島美弥訳『質的調査法入門——教育における調査法とケース・スタディ』ミネルヴァ書房, 2004 年)

Miles, M. B. & A. M. Huberman (1994), *Qualitative Data Analysis*, SAGE Publications.

Rappaport, S. D. (2011), *Listen First!*, Wiley.

Reynolds, T. J. & J. Gutman (1988), "Laddering Theory, Method, Analysis, and Interpretation," *Journal of Advertising Research*, 28 (1), 11–31.

Reynolds, T. J. & J. C. Olson (2001), *Understanding Consumer Decision Making*, Lawrence Erlbaum Associates.

Spiggle, S. (1994), "Analysis and Interpretation of Qualitative Data in Consumer Research," *Journal of Consumer Research*, 21 (3), 491–503.

Zaltman, G. & R. H. Coulter (1995), "Seeing the Voice of the Customer: Metaphor-Based Advertising Research," *Journal of Ad-*

vertising Research, 35 (4), 35-51.

第7章

量的調査とは (1)

量的データの収集方法，特に調査方法について

Introduction

　第5章で説明した対象の選定法の議論をもとに，本章では量的データの収集の方法について説明する。具体的に「集めるデータ」としての質問調査を実施する場合，どのような質問形式が望ましいかという調査票の設計が必要である。また，消費者が持つ回答傾向によるバイアスについて，PCやスマートフォンなど異なるデバイスで調査を行う場合の比較の問題などの実践的な問題についても説明する。顧客データベースや行動ログなど「集まるデータ」であっても，適切な変数定義を行わないとマーケティング施策立案や実施のためのデータ解析を行う，あるいは施策実施の対象者を選定する際に問題となることが多い。そこで変数の定義のあり方の議論についても紹介する。

Case 飲料メーカーのマーケティング・リサーチ⑦

　Aさんの今回の調査では各ブランドをどこで購入しているのかについて調査しています。ただし購入したことがないブランドについては回答ができません。そこでまず下記の項目を聞きました。

	知っている（いくつでも）	飲んだことがある（いくつでも）	この3カ月で最もよく飲んだ（ひとつだけ）
伊藤園　お～いお茶	☐	☐	○
サントリー　伊右衛門	☐	☐	○
キリン　生茶	☐	☐	○
コカ・コーラ　綾鷹	☐	☐	○
サントリー　伊右衛門 特茶	☐	☐	○
花王　ヘルシア緑茶	☐	☐	○
伊藤園　健康ミネラルむぎ茶	☐	☐	○
アサヒ　六条麦茶	☐	☐	○
コカ・コーラ　爽健美茶	☐	☐	○
コカ・コーラ　からだ巡茶	☐	☐	○
アサヒ　十六茶	☐	☐	○

そのうえで，飲んだことのあるブランドだけについて，

	スーパー	コンビニ	ドラッグストア	ホームセンター，ディスカウント・ストア	自動販売機	インターネット上の店舗	その他の店舗	上記のお茶を自分で購入することはない
キリン生茶	☐	☐	☐	☐	☐	☐	☐	☐

の形式で回答を求めました（上記はキリン　生茶の例）。

　最初の質問のように複数ブランド×調査項目の形式をマトリクス形式と呼びます（詳細は本章2節に詳述）。

1 変数の定義と尺度水準

変数をいかに適切に
定義するか

「集めるデータ」と「集まるデータ」に共通する重要な問題として，どのように変数を定義するかを考えたい。

　まず「集まるデータ」としては現在では企業は顧客の購買履歴やアプリ，Web サービス上での閲覧や利用などの行動ログ，自店舗内での移動履歴などさまざまな情報を取得している。たとえば300万人の会員を有する新聞電子版サービスで，アカウントごとに年間平均200回ログインがあると年間6億件のデータとなり，さらに1ログイン当たり平均5ページの閲覧であると30億ページ分の閲覧といった膨大な量の情報となる。小売業者やEC サイトでもデータの件数は数十億から数百億件となることはしばしばあり，どの単位でデータを記録し保持するかということが重要となる。また小売や新聞電子版などであれば顧客がどのようなものを購入し，どのような記事を読んだかというログだけではなく，SKU（stock-keeping unit, 小売が商品管理をする単位）レベルでの商品マスター（商品の名称やメーカー名，サイズなどの基本情報）や記事・広告などのコンテンツ情報なども別途整備が必要となる。

　なるべく情報を検索しやすく，また記憶容量を小さくして保持する方法であるリレーショナルデータベースや正規化といった考え方がある。これらについては詳しくは（経営）情報システム論の分野の教科書を参照されたい（たとえば遠山・村田・岸 2015；増永 2017）。ただし，より安価かつ安定的なデータベースを作成するという観点

だけではマーケティングの実務では使えないものになる可能性が高い。

そこで，ここではデータ分析や施策実施に資するための変数の定義の方法について説明する。具体的には集計や記録の単位，コーディング，尺度水準を踏まえた変数の定義の必要性などについて紹介する。

集計単位やデータの記録の単位

なるべく情報を週次や月次で，また顧客レベルではなく店舗や地域，性・年代レベルで集計して保持することでデータセットは小さくなる。しかし集計を行うことで生じるバイアスは第4章で紹介したとおりであり，データの記録単位は本来顧客の購買や利用の意思決定がなぜ行われたかを説明するのに十分なレベルで行われるべきである。したがってデータを記録する単位は顧客ごと，かつ来店やログインの機会ごとが基本となる。無作為化実験を行う場合であれば特別な施策が実施された群と，されていない群での購買数量の平均やコンバージョン率など集計値で議論することができるが，無作為化が行われていない場合にはさまざまな背景要因を共通化するために顧客単位のデータが必要になる。また，たとえ無作為化されていても，どのような顧客で特に効果があるかなどを考える場合には，やはり顧客単位のデータで解析を行うことになる（第8章を参照）。

リサーチの目的によってはさらに詳細に記録を行うことが求められる場合もある。たとえばECサイトで「購買金額が一定を超えたら値引く・送料無料にする」というキャンペーンを行うことで追加的に顧客がどの程度購買するかをみたい場合，もともと購入しようと考えていた商品以外で買われた商品が何かを知るためには，購入

商品をカートに入れた順序や閲覧順などが重要である。

コーディングとデータの保存および欠測値の定義

履歴データなどの「集まるデータ」においても，そして調査などの「集めるデータ」においても共通の問題として，コーディングをいかに行うべきかという問題がある。ここでいうコーディングはプリコーディングとアフターコーディングの 2 種類に分けることができる。プリコーディングとは，調査において回答を容易にするためにあらかじめ選択肢やカテゴリーを用意しておくことである（次節参照）。一方，アフターコーディングは得られたデータのうち特にテキスト（文書）データに事後的にカテゴリーや分類コードを付与するということであり，たとえば炭酸飲料についての顧客の書き込みを分析するとして，そこで書かれているブランドについては，ブランド変数は「コカ・コーラ」「三ツ矢サイダー」などのカテゴリーに分け，さらにあとの解析のために数値（「コカ・コーラ」＝1，「三ツ矢サイダー」＝2，など）で表現するということである。場合によっては売上点数の少ないブランドなど出現頻度の少ないカテゴリーは「その他」に対応する数値に置き換える。具体的な作業手順は状況によって異なるが，基本的に以後の分析のために，データそのもの（たとえばサービス利用後に依頼したアンケートへの書き込み）ではなく，データを何らかの側面について数値化したもの（たとえば「じゃらん」などのサイトに掲載されるホテルの評価の書き込みなら，食事について記載していれば「食事」＝1，記載していなければ「食事」＝0 など）を分析する。すぐあとに説明する尺度水準にも関係するが，カテゴリカルな変数は数値に変換しておき，どの数値がどのカテゴリーを意味するかの変換表を整備しておくのが望ましい。文字列より数値のデータのほうがデータサイズが小さくなるという利点だけで

はなく，これを行う過程で表記揺れ（例：「コカコーラ」と「コカ・コーラ」など）などが統一されるので，ほかの人が解析する場合にも便利である。テキストデータのアフターコーディングについては近年テキストマイニングという機械学習の方法がいろいろと開発され，またRなどのフリーソフトウェアでも簡単に実行できるようになっている。

調査のためにプリコーディングを行うにせよ，「集まるデータ」からアフターコーディングを行うにせよ，リサーチの目的に沿う形で適切な数値変数にすることが重要である。

「集まるデータ」ではもともと数値で情報が得られる場合が多いため，コーディングについての注意は不要に思うかもしれないが，どのように情報を収集して数値として保存するかについて注意が必要である。たとえばネット・サービス企業が顧客の閲覧や購買の履歴を保存する際には，今後の**顧客関係管理**（CRM：customer relationship management）に有用となるようなデータ保存が必要であるが，具体的にどのようにしたらよいだろうか。CRMでよく使われる方法としてRFM分析がある。各顧客のRecency（最も最近にサイトに訪問した，あるいは購入した日），Frequency（特定期間で何回訪問した，あるいは購入したか），Monetary（特定期間での購買／利用金額）を計算し，これに基づいて顧客にどのように働きかけたらよいかを判断する。たとえばFやMが多くてもRが直近でない場合には，顧客は自社から離反しつつある可能性があるので，値引きクーポンを送るなど働きかけを行うのが離反を防ぐのに有効であることが多い。

顧客が「いつ利用したか」あるいは「いつ購入したか」の情報をすべて保存するとデータ量が増えてしまうので，「直近いつ利用し

Column ㉓　RFM 分析と RFMC 分析　●●●━━━━━━━━━━━━━━━

CRM において RFM 分析は重要なツールであるが，最近では Clumpiness（どれだけ集中して購買や利用がされたか）という指標も加えた RFMC 分析という考え方が利用されつつある。たとえば下記の図の顧客 A は期間中 6 回で，顧客 C と同じであるが，A は定期的に利用しているのに対して，C は特定時期に集中している。

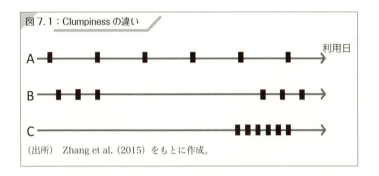

図 7.1：Clumpiness の違い

（出所）　Zhang et al. (2015) をもとに作成。

ちょうど直近の利用日が同じ場合で利用金額も同じなら RFM 分析ではこの 2 者を同じとみなすが，図のような利用パターンからは同じ行動を行っているとは思えないだろう。実際に Amazon や Hulu，YouTube などのデータから，Clumpiness の高い顧客ほど将来の購入金額が高くなる傾向があることが示されるなど，顧客が将来より優良顧客になる可能性を秘めていることを示す指標として利用されつつある。

━━━━━━━━━━━━━━━━━━━━━━━━━━━━●●●

たか」のみ上書きで保存し，あとは累積（あるいは特定期間に区切った）利用金額や利用回数を保存しても RFM 分析を行うことはできる。しかしそのような累積的なデータ保存をすると，いつの広告販促がどの顧客にどれくらい影響を与えたかなどもわからなくなるので，避けるべきである。

また，質問調査にせよ「集まるデータ」にせよ，特定の変数の値を得る対象でない人については，その変数の値はゼロなどではなく明確に**欠測値**としてわかるように定義しておくことが必要である。加えていえば，回答に協力してもらえなかった調査対象予定者の欠測と，回答協力者における項目の欠測は同じ意味ではないことがある。後者は調査項目を誤って飛ばして回答するなどの意図的でない回答ミスによる可能性があり，回答協力を拒否する前者とは意味（あるいはもし得られていた場合の回答）が異なる可能性が高い。この話題については第8章で再度議論する。

> **スティーブンスの測定水準**

マーケティングデータでは「1回の来店やログインごとの購買金額」「月の平均来店・ログイン頻度」「閲覧有無」などさまざまなタイプの変数が利用される。一般に変数は，情報量という観点から，さらには変数間の和や差，平均などの計算を行ってよいかどうかといった観点から心理学者スティーブンスが提唱した以下の4つの**尺度水準**（測定水準とも呼ばれる）に分類して考えるとわかりやすい（Stevens 1946）。

(1) 名義水準または名義尺度：カテゴリー・分類・区分
例：購入有無・男女・職種・居住地域区分

(2) 順序水準または順序尺度：順序関係・大小関係のあるカテゴリー
例：顧客区分（ヘビー／ミドル／ライト）・年代層（10代／20代／……）・会員区分（有料会員／無料会員／非会員）

(3) 間隔水準または間隔尺度：間隔に意味のある数値尺度
例：感情的関与尺度得点（第3章 **Column⑦**参照）

(4) 比水準または比尺度：間隔だけでなく原点にも意味があり，数値間の比の計算にも意味がある尺度

Column ㉔　尺度という用語について　●●●━━

　尺度とは本来は何かを測定して数値に置き換えるルール，あるいはその
ルールに従って得られた値のことである。したがって厳密には「男性」
「女性」の区分は名義水準の変数であり，尺度ではない。男性を 0，女性
を 1 と数値化して初めて名義尺度となる。ただし「男性」「女性」の区分
のような数値でない変数も名義尺度と呼ばれる。

　また，複数項目からなる質問尺度も「尺度」と呼ばれるので注意が必要
である。本書では複数の質問項目からなる尺度は質問尺度と呼んでいる
（第 3 章も参照）。

━━━━━━━━/／━━━━━━━━━━━━━━━━━━━━━●●●

　例：前回購買からの経過時間，購入金額，購入量

　特に名義水準と順序水準の変数を合わせて離散変数（カテゴリカ
ル変数）と呼び，間隔尺度と比尺度の変数をあわせて連続変数と呼
ぶ。基本的には（特に従属）変数の測定水準が異なると（同一目的で
あっても）使用する統計手法は異なる。また同じ比尺度でも金額と
個数・頻度では別の方法を利用することも多い（第 8 章参照）。

　またここで，(1)から(4)にかけて測定水準が高くなる（変数の情報
量が多くなる）といわれる。低い測定水準の変数を高い尺度水準に
変換することはできないが，逆は可能である。たとえば年間での購
買金額（比尺度水準）で顧客を 3 等分して 3 つの顧客区分（順序尺度
水準）に変換することは可能である。しかし 1 度顧客区分にしてし
まうと購買金額に戻すことはできない。

各尺度水準での
数値間比較と操作，
変換について
　各尺度水準の変数は実際分析を行う際には
数値にアフターコーディングすることにな
る。たとえば順序尺度水準である顧客区分
であれば，「ヘビー」＝3，「ミドル」＝2，「ライト」＝1，などと
するのがこれに対応する。さて，変数は尺度水準によって許される

数値間の比較や操作，変換が異なる。表7.1の上半分はたとえば複数の回答者や顧客から得られた数値を比較したり平均や比を計算することに意味があるかどうかということである。たとえばある店舗を利用している顧客の年間購買金額の平均には意味があるが，その店舗を利用している顧客の顧客区分の平均には意味がない。ヘビーが50%，ライトが50%の店舗とミドルが100%の店舗では顧客区分の平均を無理やり取れば同じ3分の2であるが，購買金額の分布は所得の分布のように歪んでいるのが一般的であり，前者のほうが購買金額の平均は大きくなる。

　表7.1の下半分は，各変換を行うことで尺度水準が保持されるか，を示す。

　ただし人数比や金額の比など比率変数にして解析することは第4章で説明した集計バイアスにつながるので注意が必要である。

表 7.1：可能な操作，変換

複数測定値間の操作	名義尺度	順序尺度	間隔尺度	比尺度
測定値間の異同	○	○	○	○
測定値間の大小比較	×	○	○	○
測定値間の和・差・平均	×	×	○	○
測定値間の比の計算	×	×	×	○

測定値の変換	名義尺度	順序尺度	間隔尺度	比尺度
$y=ax$	○	○	○	○
$y=ax+b$	○	○	○	×
非線形の単調変換	○	○	×	×
一対一対応	○	×	×	×

(注 1)　「異同」というのは違う数値なら違うもの，同じ数値なら同じもの
とみなせるということである。また $a>0$，$b\neq 0$ とする。

(注 2)　変換の x がもとの数値，y が変換後の数値である。たとえば身長は
比尺度水準であり，x としてメートル単位の場合，100 倍して cm 単位に
する $y=100x$ を施しても比尺度水準のままであるが，一様に $b=20$ を足
してしまうと，原点であるゼロが保存されず，また身長 180 cm は身長
150 cm の 1.2 倍であるという比の計算もできない。また非線形の単調変
換というのは，x が正の場合に x の二乗や x の対数のように，x が大きく
なると必ず大きくなるような変換（単調増加）や $1/x$ のように x が大きく
なるとかならず小さくなるような変換（単調減少）などである。

(注 3)　ここで○となっている例としてたとえば名義尺度水準である市区町
村名を考えよう。顧客の住所の市区町村を，各市区町村ごとに一意の数字
に置き換える「一対一対応」は，数値と市区町村の対応表があれば数値か
ら市区町村名に戻せる。

2　質問票のデザイン

　調査票という用語は伝統的な紙の調査票を想起させるが，ここで
は PC やスマートフォンからの Web 調査やアプリなどでの調査質
問を含めて調査票という用語を用いる。

| 質問の形式 | 以下に質問のさまざまな形式を紹介する。 |

最初の(1)を選択肢や回答を調査者側が事前には用意しない非構成的質問，それ以外を構成的質問と呼ぶが，プリコーディングを行って選択肢を事前に特定する必要がある。選択肢や回答のおおよそのパターンがわかっている場合には構成的質問を用いたほうが回答者の負担が少なく，結果として非回答も少なくなる。ただし用意された選択肢や回答が不十分な場合に備えて「その他（具体的に記載してください）」という選択肢と回答欄を設ける場合が多い。

またインターネットやアプリでオンライン調査を実施できる場合には，最初の何人かの回答者には非構成的な質問を行い，そこから選択肢・回答のパターンを抽出してアフターコーディングを自動的に行い，これを次回以降の選択肢として追加し，あとの回答者には徐々に選択肢・回答を増やしながら構成的な質問を行うといった選択肢の自動生成のような方法も利用できる。

また，(9)と(10)は(1)～(8)までのものと異なり，複数の質問を集合させたものである。**Column**㉖～㉘を参照しながら説明を読まれたい。

(1)自由回答，オープンエンド質問，またはフリーアンサー（FA）

特定の質問文に対する回答を自由に記述させる形式である。字数制限や回答枠のサイズ制限を設けることも多い。量的調査として実施する場合には特定の基準に従って人が分類をする，評定軸を設けて点数化する，あるいはテキストマイニングを利用してコーディングを行うなどの方法がとられる。

(2)単一選択またはシングルアンサー（SA）　　複数の選択肢から特定の選択肢のみ選ばせるものであり，選択肢が排反な場合に利用される。ここで排反とは特定の選択肢が選ばれれば別の選択肢は選ば

れないという形式であり，年齢区分や学歴，主たる収入を得ている職種についての質問などが基本的にこれに当たる。また，当てはまるか当てはまらないかの2肢選択はこのタイプの質問形式の特殊な場合である。

(3)複数選択またはマルチアンサー（MA）　複数の選択肢から当てはまる選択肢をすべて（無制限 MA），あるいは3つなどに数を制限して選ばせる（制限 MA）ものである。この1カ月以内に使ったアプリをリストから選ばせる，などがこれに当たる。制限なくすべて選べる形式を特にピックエニー（pick-any）形式と呼ぶ。

(4)リッカート尺度（Likert scale）　たとえば顧客満足度調査において，サービスの質が高いかどうかを「まったくそう思わない」「そう思わない」「どちらでもない」「そう思う」「非常にそう思う」の5段階のどれかを答えてもらうなど，特定の記述に賛成か反対の態度を1次元的に回答してもらうものである。上記は5段階なので5件法の項目であり，X段階あればX件法と呼ばれる。第3章で説明した複数項目からなる心理尺度の場合はリッカート尺度を利用することが多い。

　また，何件法にするのが適切かについては，複数項目からなる心理尺度と単独項目では異なる。心理尺度であれば，「まったくそう思わない」を1とするなどと項目ごとに数値化し，項目間で合計を取ることで尺度得点を計算する。この場合には5件法や7件法があとの統計的処理という点では望ましいとされる（萩生田・繁桝 1996）。一方，単独項目の場合には，各段階の頻度がなるべく等しいことが後の解析の都合上望ましいが，これは事前にはわからない。ただし回答者の**回答負荷**（回答者の時間的・心理的な負担）を下げるという点では 3，5，7件法程度が多く利用されている。

また，あとでみる中心化傾向や嫌エッジ傾向を回避するためには「どちらでもない」という段階をなくす4件法や6件法が利用されることもある。

(5) SD 尺度（semantic differential scale）　対立する意味をもつ言葉や形容詞のペアを両端に置き，どちらかにより近いかを一般には7段階で回答してもらうものである。たとえばブランドイメージが「革新的」「保守的」の軸で，どちらにより近いと感じているかを答えてもらう，などである。

(6) ランキング　好きなブランドの順や，購入の決め手となった要因（**購入重視点**と呼ばれる）に，いちばん重要なものから順序を付けさせるなどということがよく行われる。一般には上位3位までに入っているかどうかで集計する（さらに，そもそも3位までしか聞かない）などということが行われることが多いが，ランキングからより精度の高い情報を抽出することは可能である。

(7) 恒常和法あるいはイプサティブ形式　たとえばスマートフォンについて価格・画面サイズ・カメラの画素数・保存容量……，などの購入重視点について調査する際に，全体を100%として，どの要因の重要度が何%になるかを聞くといった方法のことで，回答値の総和を一定にするものである。

ランキングによる回答は，すべての回答者に同じ数のブランドや商品を，あるいは購入重視点などをランキングしてもらう場合，この方法の一種であるということもできる。

(8) 一対比較　2つのブランドやサービス，店舗などを提示してどちらが好きか，2つのスペック次元間でどちらがより重要だと思うか，など選択させる方法であるが，ランキングと異なるのは2つ（あるいは少数）だけに限定して直接比較を行う点である。

総当たりですべての組み合わせを行う場合には，比較する対象の数が K 個の場合，$K(K-1)/2$ 回の一対比較が必要となるため，その一部だけランダムにあるいは事前に設計した形で回答してもらう方法もある。これも欠測値が生じる形になるが，リサーチャー側で計画的に行っているため，その影響を無視できる。

　ただし，仮にブランド A，B，C の 3 ブランドの一対比較を考えると，「A＜B，B＜C ならば A＜C になる」という**選好の推移律**が成立しないと一貫しない矛盾した回答といえる。ただし実際にはこれが成立していない回答が行われることが多い。

　(9)**マトリクス形式**　　調査票や調査画面のスペースを節約するために複数の対象へのシングルアンサーやマルチアンサー，あるいは複数の変数のリッカート尺度を記載する形式の調査項目をマトリクス形式と呼ぶ。たとえば炭酸飲料の売上上位 10 ブランドについて，この 3 カ月間で 5 つの業態（スーパー，コンビニ，ドラッグストア，自販機，飲食店）のうち購入した場所をすべて選んでもらうといった場合である。このとき 10 行×5 列の MA のマトリクス形式で調査することになる。

　(10)**コンジョイント測定あるいはビネット調査**　　コンジョイント測定とは数理心理学で開発された方法論であり，マーケティングや政策評価などさまざまな分野で利用されている。マーケティング分野の例でいえば携帯電話の契約プランについて，価格や無料通話時間数，通信量当たりの料金，家族との無料通話の有無などさまざまな要因属性について複数の水準（たとえば通信量当たりの料金が 3 水準なら 490 円，690 円，890 円など）を設定し，いろいろな組み合わせのプラン（これをプロファイルと呼ぶ）を作成する。コンジョイント測定ではそのプロファイルのトータルの魅力（全体効用と呼ばれること

が多い）を各属性水準の部分の魅力（部分効用と呼ばれる）の和で表現する。そこでいろいろな水準の部分効用が計算できれば，調査していないプロファイルについての全体効用も計算できるという方法である。

具体的には複数のプロファイルについて，プロファイルごとにその望ましさ（契約したいかどうかなど）を得点や購入確率などで回答してもらう「完全プロファイル評定型」，2つのプロファイルの一対比較をする「ペアワイズ評定型」，複数のプロファイルのどれか（に加えて購入しないという選択肢も加える場合が多い）を選ばせる「選択型」，いくつかのプロファイルを提示し順位を付けさせる「ランキング型」などの質問が用いられる。

これらの質問を行うことで，新製品開発やリニューアルの際の最適なプランや製品スペックの決定が可能になる。また価格を属性に入れることで，特定のスペック（たとえば無料通信量の上限）を向上させる場合に消費者はあと何円余分に支払ってもよいか，などがわかるため，実務ではよく利用される。

またここでプロファイルを作成する際にはたとえば7つの属性で3水準，1つの属性で2水準存在する場合には組み合わせは$(3^7×2＝)$4374通りもできてしまい，これらを調査するのは不可能である。そこで属性間の交互作用がなければ，直交表を用いた直交計画を行うことで，たとえば上記の例は18種類のプロファイルについて調べればよい（直交計画については詳しくは上田・生田目〔2017〕第6章参照）。またランダムにプロファイルを作成するといった方法も利用できる。

ビネット（vignette）とは調査分野においては架空の人物や状況についての描写を表し，ビネット調査とは複数のビネットに対して

Column ㉖　いろいろな質問形式1 ●●●■■■■■■■■■

- フリーアンサー（FA）の例：

あなたの休みの日はどのように過ごされることが多いですか？

- シングルアンサー（SA）の例：

あなたが最後に卒業した学校は次のうちどれですか。当てはまる番号に
1つだけ○を付けてください。中退または在学中の場合は卒業とみなして
回答してください。

　　1. 中学校　　2. 高等学校　　3. 専門学校
　　4. 短期大学・高専　　5. 大学　　6. 大学院
　　7. その他（　　　　　　　　）

- マルチアンサー（MA）の例：

以下のブランドについてご存知のものすべてを選択してください。

　　1. ワイモバイル　　2. 楽天モバイル　　3. DMM mobile
　　4. UQ mobile　　5. LINE モバイル　　6. Biglobe
　　7. IIJmio　　8. イオンモバイル

- リッカート尺度の例：

iPhone X について最も当てはまるものを選択してください。

	まったくそう は思わない	そう思わ ない	どちらで もない	そう思う	非常に そう思う
iPhone X の性能 は良い				○	
iPhone X の価格 は適正だ	○				

- SD 尺度の例：

iPhone について2つの対立する形容詞のうちあなたの気持ちにより近
い位置を選択してください。

iPhone は

信頼できない	1	2	3	④	5	信頼できる
若々しい	1	②	3	4	5	成熟した

- ランキングの例：

　Androidのスマートフォンを選ぶときに重視する点は何ですか？　1番から3番までお答えください。

　　1. 価格　　2. 容量　　3. メーカーブランド

　　4. カメラの画素数　　5. 画面サイズ

　　6. デザイン　　7. その他（具体的に）

　　1番（　　　）　　2番（　　　）　　3番（　　　）

　　＊7が選ばれたらフリーアンサーのボックスが提示される。

- 恒常和法の例：

　Androidのスマートフォンを選ぶときに重視する点として以下の代表的なものの占める割合を，全体を100％として数値を記入してください。

　　1. 価格（　　　）%　2. 容量（　　　）%

　　3. メーカーブランド（　　　）%

　　4. カメラの画素数（　　　）%　　5. 画面サイズ（　　　）%

　　6. デザイン（　　　）%　　7. その他（　　　）%

（しばしば複数の次元・観点で）評価をさせる方法である。

　たとえば美容室について，料金や待ち時間，駅からの徒歩時間，美容師の経験やコンテスト受賞歴など複数の要因を変えたビネットを用意し，それぞれに対してコンジョイント測定同様に好ましさを評定させる，あるいは複数のビネットから行きたい店を選ばせる，などの方法が利用できる。

　コンジョイント測定とビネット調査の違いは，前者がスペックの表として提示されることが多く，一方後者は一般的に文章で提示される場合が多く，また「完全プロファイル評定型」が利用されることが多い，という程度の違いである。

　コンジョイント測定やビネット調査の利点は，具体的な状況が設

Column ㉘ いろいろな質問形式３ ●●●●

・コンジョイントの例

　以下は選択型コンジョイント測定の項目である。具体的には A から D
までの４つのプロファイルから一番購入したい車を選ばせる。ここでメー
カーや価格などが属性，76 万円などが水準である。実際にはこのよう
な質問をプロファイルを変えながら同一回答者に繰り返し質問する。

表7.2：選択型コンジョイント測定の項目

	プロファイル			
	A	B	C	D
イメージ				
メーカー	ホンダ	ホンダ	スズキ	ダイハツ
燃費（JC08 モード）	37 km/l	30 km/l	37 km/l	22 km/l
車内長	240 cm	190 cm	240 cm	240 cm
車内高	120 cm	140 cm	120 cm	140 cm
後席ドアタイプ	通常ドア（手前に引いて開ける）	通常ドア（手前に引いて開ける）	スライドドア（横方向にスライドさせる）	スライドドア（横方向にスライドさせる）
販売価格	128 万円	76 万円	76 万円	76 万円

（出所）　竹内・星野（2017）をもとに作成。

・ビネットの例

　上記のコンジョイントをビネットとして記述する場合はイメージの画像
とともに，プロファイル A ならば「ホンダの燃費が 37 km/l で車内長が
240 cm，車内高 120 cm，後席ドアタイプは普通で販売価格が 128 万円
の車」，プロファイル C ならば「スズキの燃費が 37 km/l で車内長が

240 cm，車内高 120 cm，後席ドア・タイプはスライド・ドアで販売価格が 76 万円の車」などとする。

定されるため回答しやすくなることが挙げられる。また，あとでも取り上げるメンタルシミュレーションとも関連し，近年では後で取り上げる係留ビネット法といった方法も開発されている。

　ここまでさまざまな質問形式をみてきたが，関心のある変数を直接 1 問で測定できない場合は多い。以下，3 つの場合がある。

　①第 3 章でも説明したように，関与やブランド・パーソナリティなどの構成概念は質問尺度として複数の項目から尺度得点を計算して利用する場合が多い。

　②新製品や新サービスのポジショニングや既存製品・サービスのリポジショニングにおいては知覚マップ（第 8 章 3 節）を作成することが有用なことが多い。この場合複数の項目から消費者が各ブランドや製品・サービスについてどのように違いを理解しているか，を示す少数の認知軸・差別化軸（一般には 2 軸）を計算する必要がある。

　③たとえば自動車を購入・所有していない人に対して自動車購入時の購入重視点を聞いても回答しづらくまた有用な情報でないことが多いため，「自分で購入したことがない，あるいは予定がないかどうか」への回答によって以後の質問項目を変える（一部スキップする）といった**枝分かれ式の質問**を利用することが回答負荷を低下させるために重要である。

　次に説明するダブルバーレルの問題のように，調査者側が聞きた

い内容と，回答者が答えやすい質問は異なる場合が多い。場合によっては複数の質問にわける，さらには枝分かれ式にする，などの工夫が必要になることがある。

質問の Do's and Don'ts

調査回答者にとって回答をしやすくし，リサーチの精度を高めるために，以下の注意事項を踏まえて調査票を作成するのが望ましい。

(1)可能な限り構成的質問を利用する　　すでに述べたように，構成的質問のほうが回答者の負担が少なく，結果として非回答も少なくなるので，どのような選択肢・回答が存在するかを調べる探索的な調査を除けば，構成的質問を行うのが望ましい。

(2)ダブルバーレル (double-barreled) の問題を避ける　　たとえば緑茶飲料ブランド A について，

　　Q：あなたは，ブランド A は味が濃くて甘みがあるお茶だと思いますか。

と質問されたらどう思うだろうか。上記の質問に対して「味は濃いとは思わないが甘みがある」と思う回答者はどう答えたらよいかわからない。「味が濃い」のと「甘みがある」のは通常別であるので，これは 2 つの質問に分けるべきである。このように 2 つ（以上）の質問が結合された質問をダブルバーレル式の質問と呼び，どちらも同一文内に使うキャッチコピーの策定などの特殊な場合を除けば避けるべきものである。

(3)助成と誘導の違い　　たとえば製品の原材料を国産に変えるかどうかについて，××パンの購入者に行う以下の 2 つの調査項目をみてみよう。

　　Q1：××パンの原材料の小麦粉が外国産から国産に変わる代

わりに，いくら価格が上昇しても買いますか。

Q2：輸入された小麦には農薬や輸送時の長期保存によるカビ毒が心配されています。××パンの原材料の小麦粉が外国産から国産に変わる代わりに，いくら価格が上昇しても買いますか。

この2つの質問ではQ2の結果が大幅な価格上昇を許す結果になると思われる。果たしてその結果を信頼してよいだろうか。

内閣支持率の世論調査で新聞社ごとに結果が大きく異なる原因といわれているのが，質問文への誘導文章の導入や聞き方の違いである。たとえば2017年4月の調査で憲法9条の改正の必要性について各調査間で10%以上の違いが出た。これは調査主体の効果もあるが「戦争放棄」という言葉を質問文中に入れたか，賛否を聞くか必要性を聞くかの違いによるといわれている。選挙時を除き世論調査からは真の答えがわからないので，自社の報道方針やその時点で注目を集める記事の補強材料としたいという思いから誘導しても，世論調査の結果をあとになって評価する方法がない。

一方，マーケティングの調査では，その調査結果をもとに新製品開発や製品の廃止，リニューアルなどを行った場合，その結果が売上や利益として比較的評価しやすい。

たとえばQ2の前半が，実際に外国産の小麦粉に対する消費者調査の結果から多くの回答者が持つ懸念としてわかったとしよう。その場合でも別の調査対象者や調査に対して答えていない一般の買い物客が同じような懸念を有しているわけではなく，また売り場で消費者がこのようなことを十分考慮して購入していない可能性は高い。したがってQ2で得られた価格上昇許容額の分を，そのまま国産小麦粉に原材料を変更した際に上昇させられると考えて製品開発する

のは危険である。

　質問に答えやすくなるようなニュートラルな助成（何を聞いているのかがわかりやすくなり，そして実際に自分が商品選択を行うときをイメージしやすくなるような文章の追加）を行うことは望ましい。一方，製品開発部門が「新製品を望んでいる消費者が多い」という結果を出すために特定の方向に回答を誘導しても，結果として売上につながらないのでは誤った意思決定につながるだけで意味がない。

⑷二次データや外部データとの整合性　　調査において忘れられがちなこととして，他のリサーチャーも類似のリサーチ課題を有している場合が多いということがある。外部データ活用の重要性は第2章でも述べたとおりだが，調査票を作成する場合でも同様である。たとえば年代層区分や収入区分，家族構成などあらゆる消費活動やニーズに関連しそうな変数はマーケティングはもとより，政府統計調査などでも必須変数として利用されている。そこで，富裕層や訪日外国人など特殊な対象者群についての調査でなければ，政府統計調査やリサーチ会社が行うシンジケートデータ，その他外部データにおいて利用されている変数区分（あるいは公表された集計値の区分）となるべく調査項目を共通にするのが望ましい。

　たとえば政府は家計調査の結果から酒類や住居など各種支出区分に対する世帯の収入階級別での年間の支出額を公開している。ここで区分として200万円未満，200万円から800万円までの50万円きざみでの区分，800万〜900万円未満，900万〜1000万円未満，1000万〜1250万円未満，1250万〜1500万円未満，1500万円以上という18区分に分けているので，たとえばこれを参考に100万円単位の区分に併合してもよい。

　このような外部データと変数の共通化を行っておけば，第5章

Column ㉙　行動経済学と調査法 ●●●━━━

　19世紀末から20世紀初頭のフロイトやユングの臨床心理学では無意
識の存在の重要性が主張されたが，経済学や個人の消費行動，投資行動と
いったレベルまで，無意識的なプロセスが行動に大きな影響を持っている
というさまざまな実証知見が蓄積されるようになったのは，この30年ほ
どのことである。特に心理学者のトバスキーとカーネマンが1970年代に，
認知心理学の方法論を経済学や経営学に関連する研究分野に応用して成立
させた行動経済学の知見が非常に重要である。彼らが発見した直観的な判
断方法（ヒューリスティックスと呼ばれる）である「代表性」「利用可能
性」「アンカリング」は調査のあり方を考える際に重要である。特にマー

━━━

で議論したような今回の調査がどの程度一般消費者の代表性がある
のかが理解でき，さらには第8章4節で議論するような補正も検
討できる。

⑸行動経済学の知見の活用　　　Column㉙で説明するように，人間
が一般に持つさまざまな認知や反応には特定の傾向があることが知
られており，調査で特に考慮するべきものとして，ここでは「フレー
ミング」を説明する。

　たとえばフィットネス・クラブの会員料金について

　　Q1：週に3日利用可能（ポジティブフレーミング条件）

　　Q2：週に4日は利用できない（ネガティブフレーミング条件）

の2つの条件はまったく同じであるが，Q1のポジティブフレーミ
ング条件で質問したほうが，これぐらいなら会員料金を支払ってよ
い，という額（次節で取り上げるWTP）は多くなる。このように問
題の焦点の当て方によって情報伝達の枠組みが変わり，結果として
回答や意思決定が変わるという現象をフレーミング効果と呼び，多
くの実証研究でその存在が示されている。ほかにも**Column㉙**に記

ケティングや調査に関わる「アンカリング」は与えられた初期値（アンカー）に大きな影響を受けて判断する傾向のことである。一般消費者が参考価格や希望小売価格に影響を受けるのはもちろん，プロである不動産業者でも物件査定で希望販売価格を変える実験で100万円以上査定価格に違いが表れたという研究もある（Northcraft & Neale 1987）。アンカリングを生じさせるメカニズムの一部として認知心理学で知られる先行する刺激が後の刺激への反応に影響を与える**プライミング**があるとされる。行動経済学については大垣・田中（2014），kahneman（2011），筒井ほか（2017）などを参照されたい。

載した「**アンカリング**」なども調査回答においては考慮すべき重要な現象である。

　また，臓器提供者の登録者率の国別比較からは，登録の意思表示カードにおける「臓器提供する意思のない人はチェックしてください」というオプトアウト方式をとる国では登録者率が高く，「臓器提供する意思のある人はチェックしてください」というオプトイン形式をとる国では登録者率が低いことが知られている。また日本では運転免許証などの裏面に臓器提供意思表示欄があるが，提供するかしないかどちらかを選ばせるような形式であり8割以上の人がなにも記載していない（筒井ほか 2017）。これは何も記載しない**デフォルトオプション**が回答とみなされることがあることを示している。

　このように，調査を行う場合には心理学や行動経済学の先行研究で知られている人間一般の反応傾向が存在することを踏まえたうえで調査票の設計を行うのが望ましい。これにより，傾向やバイアスをなるべく少なくするような設問作成や順序提示が可能となる，あ

るいは少なくとも結果が上振れするのか下振れするのかの予想が可能となる。

(6)係留ビネットの活用　　リッカート尺度の問題点としては，回答者ごとに同じ項目についての「そう思わない」などの言葉の意味が異なりうるということが挙げられる。コカ・コーラに対して愛着があるかと聞かれて「非常にそう思う」と答えた回答者であっても，ペプシコーラの値引きによってペプシコーラを買う人がいる一方，「そう思う」と答えた回答者であっても競合ブランドの値引きや販促などに限らずコーラはコカ・コーラしか買わない人もいるだろう。

　このような回答者の反応の違いを考慮するために，政治学分野では**係留ビネット**（anchoring vignette）と呼ばれる方法が近年よく利用されている。これは回答者自身に対する質問（例：自分は政治に関心があるほうですか）を聞いたあとに，「NPO団体を主催している田中さんは〜」といった回答者以外についての仮想的なビネット（係留ビネット）を与えて，その人物の政治的効力感（自分が政治に影響を与えられるという信念の度合い）や関心度を評定してもらうものである。すべての人が同じ係留ビネットに答えることで，係留ビネットと回答者自身についての回答の差を用いて，回答者間の言葉の意味の違いを調整することができる。

(7)適切な質問順の構成　　最初の質問はその調査の対象者であるかどうかを聞く質問とするのが適切である。アルコール飲料を飲まないと決めている人に対してさまざまなアルコール飲料についての味の好みなどの質問をしても答えようがない。ただし潜在的なニーズを探る場合にはそのような調査も行う必要がある。臨床心理学でのカウンセリングでラポール（絆や信頼関係）が重視されることから，調査においても冒頭の質問では回答者に答えやすい，関心を持ちや

すい話題について意見を求めることが推奨されることがある。これに関連して，家族構成や職業，収入などのパーソナルな質問は一般にフェイスシートと呼ばれ，用語どおり調査票の最初に聞く場合が多いが，じつはこのような項目群は最後に聞くほうが回答拒否が少ないことが知られている。これは，これまでの質問に対して回答に協力してきた回答者であれば，ここでも回答を行うことが期待されるためで，社会心理学の研究では認知的斉合性理論（自分の認知や行動に一貫性を持たせる方向に行動する）から説明ができる。

また，一般的な質問（たとえば製品カテゴリーレベル）から具体的かつ詳細な質問（個別ブランドレベル）へと進む流れをファネル・アプローチと呼び，一般的に利用される。同様に過去の購買，現在の購買やブランドイメージ，将来の購買意向，などと時系列的な流れに沿って回答を求めるのが回答者の負担や矛盾回答も少ないとされる。

回答させやすい順序を固定することも重要である。購入頻度と1回当たりの購入量，購入金額であればこの順序で聞くのが回答者の記憶の想起を助けることになるであろう。

ただし，(5)およびColumn㉙に記載したように前の調査項目での選択肢がアンカーとなって後の項目への回答に影響を与える，あるいはプライミング刺激として影響を与える可能性（順序効果）には注意が必要である。

(8)質問と選択肢の無作為化　調査は質問順についても，さらには質問内の選択肢についてもなるべくランダムに提示するのが望ましい。第4章2節でも説明したが，被験者内で繰り返し質問を行うときには順序効果が生じる場合がある。これは上記(5)およびColumn㉗で説明したようなプライミングの影響によるものであり，

質問順をランダムにすることで，全体としてはその影響が特定の質問項目に強く出ないようにするのが望ましい。

また，選択肢の順序に関連する要因も考慮する必要がある。具体的にはヒトの判断や認知の傾向のうち選択肢の順序に影響されるものとして，**中心化傾向**や**嫌エッジ傾向**と呼ばれる効果がある（坂上 2009）。まったく同じ商品が複数並んでいる場合に，真ん中から取られていく傾向（中心化傾向）は小売店で観察されるだけではなく厳密な統制実験を行ってもみられる現象であり，人の一般的な傾向として存在するようである。違う選択肢間の選択であっても，両端に置かれると選択率が下がる傾向（嫌エッジ傾向）があることから，選択肢は個人ごとにランダムに提示するのが望ましい。マーケティングで一般に行われる PC やスマートフォンでの調査であればランダムな提示は可能であるので，選択肢間に頻度などの順序関係がついていない場合には是非行うべきである。

⑼**言葉の選び方**　　5W1H，つまり「誰が (Who)」「いつ (When)」「どこで (Where)」「何を (What)」「なぜ (Why)」「どうやって (How)」が明確な形の質問が望ましい。

たとえば炭酸飲料を飲む頻度について，「まったく飲まない」「あまり飲まない」といった曖昧な選択肢を利用した調査の結果は信用してよいだろうか。「あまり飲まない」の語感・定義が人によって大きく異なり，週に 2 回の人も年に 1，2 回の人も「あまり飲まない」と自己評定している可能性がある。週に 1 回か 2 回程度の人が 35%，毎日の人が 12%，などというように，具体的な頻度がどのように分布するかがある程度過去のデータや調査などからわかっている場合，それに合わせて「週に 1 回か 2 回」「毎日」など具体的かつ明確な選択肢を用意するべきである。例外としては第 3 章

に記載したような構成概念に関する質問尺度の場合には，具体性よりも尺度としての妥当性や信頼性などのほうを重視すべきである。

⑽未回答を減らす工夫　　未回答項目を減らすためには，そもそも回答者がその項目について適切に回答できるか否かで，以後の回答を求めるかどうかを決めるためのフィルター質問を置くことが多い（枝分かれ式の質問）。さまざまなアルコール飲料について味覚などを聞くような質問に対して飲酒しない人が聞かれても適切には答えられず，またそもそも意味がない。ただし，成人して数年たってもまったく飲酒しない人は安定的に今後とも飲酒しない可能性が高いので除外してもよいが，新しいネット・サービスの調査など革新的な製品やサービスでは「現在利用していないが利用する可能性のある人」を排除しないよう注意する必要がある。

⑾再生と再認，純粋想起と助成想起の違い　　新規ブランドを発売した際には，まずブランド名を挙げたら「聞いたことがある」というレベル（知名集合）にすることが重要で，次にその製品カテゴリーのブランドを自由に３つ４つ挙げさせてブランド名がいえるレベル（想起集合）にすることが広告販促の目標とされる。また記憶心理学の分野では「手がかりを与えずに名前を思いだせる」再生と「名前を提示して知っているかを聞く」再認の違いが重要であることから，（名前を提示せず再生させる）純粋想起と（名前を提示して知っているかを聞く）助成想起は大きく異なる。このようにブランドに対する認知度を聞くことが目的であっても，複数の質問法があるため，目下のマーケティング課題が何かによって質問の仕方は適切に選択する必要がある。また記憶に関連して，普段の購入場所などを調査したいという場合ならば，購入場所の選択肢はある程度頻度の高いものから事前にリストアップするという意味での助成も有効な場合

　複数のものが提案されているが，ここでは谷（2008）の一部を紹介する。この尺度は「まったくあてはまらない（1点）」から「非常にあてはまる（7点）」までの7件法で，自己欺瞞と印象操作という2つの下位尺度に分かれているが，自己欺瞞の項目の例としては「私は自分で決めたことを後悔しない」「私は自分の人生を完全に思い通りに進めている」など，印象操作の例としては「道路や公共の場所で，ごみを落としたことはない」「友達の陰口を言ったことがある（反転項目）」などがある。ちなみに反転項目とは尺度得点の計算の際に逆転して合計の計算に入れるもので，7件法なので（7−点数）で計算する。

━━━━━━━━━━━━━━━━━━━━━━●●●

が多い。

⑿社会的望ましさ　　たとえばアルコール飲料を飲みすぎることは社会的に望ましくないことであると考えられているため，回答者はアルコール飲料の消費量を正確には答えない可能性は高い。

　そこで社会的望ましさ（social desirability）を重視して回答をしているかどうかを調べるための調査項目がこれまでもいろいろと開発されてきた。

　たとえばよく利用されるのは Crowne & Marlowe（1960）の質問尺度を翻訳した北村・鈴木（1986）の質問尺度や，Paulhus & Reid（1991）の質問尺度を要約した谷（2008）の質問尺度がある（Column㉚）。後者は「自己欺瞞」と「印象操作」の2次元について，たとえば「私は自分の判断をいつも信じている」や「他人には言えないようなことをしたことがある（ないほうが印象操作）」といった12項目ずつの質問尺度となっており，この得点が高いほど社会的な望ましさを考慮して（場合によっては正確でない）回答を行っているとされる。たとえばこのような質問尺度の得点が非常に高い回答

者の回答は除外するなどの処理を行ったほうが，実際の消費行動を反映した結果が得られる可能性がある。

(13)会場調査等でのモナディック（単独）評価　　特定の会場に呼んで試食や試飲などをさせる場合，あるいは調査対象者に対して，動画を複数みてもらい評価させる場合には，プライミングや飽きなどの影響を考慮する必要がある。また(4)に記載したようなアンカリングの効果として，最初に評価した製品や動画がアンカーあるいは参照点となり，そこからの比較を行うという傾向がみられることがある。そのような影響を避けるために，対象者ごとに単一商品や動画のみ評価させる方法が**モナディック（単独）評価**であり，一方複数の商品や動画の評価を繰り返す方法を**シークエンシャル・モナディック評価**と呼び，特に各商品の絶対評価を行ってから，商品間の比較評価も行う場合がある。

　これらの評価では順序効果を除去するために，なるべくランダムな順序で商品を提示するのが望ましい。

(14)ネットやアプリなどデジタル媒体での調査状況の活用　　Web 調査やアプリを使った調査などであれば，結婚状況について「未婚」でありながら職業が「専業主婦」である，個人年収で「400 万から500 万」を選択しておきながら世帯年収が「300 万から400 万」を選択するといった明らかに矛盾した回答を調査時に排除することができる。これにより第 8 章で説明するような検票作業が大幅に減少できるため，デジタル媒体での調査では可能な限り活用するのがよい。また記入漏れによる未回答が存在する場合には次の調査画面に移れないようにすることも可能である。

(15)調査分割法デザインの活用　　第 4 章 3 節にも記載したが，1 人当たりの回答項目数を減らすために，ネットやアプリによる調査で

Column ㉛　JMRA インターネット調査品質ガイドライン　●●●■

　以前のインターネット調査では PC による回答がほとんどであったが，ここ数年スマートフォンやタブレットなどモバイル端末での回答が増えたことから，市場調査を行う企業の業界団体である日本マーケティング・リサーチ協会では 2017 年 11 月に表題のガイドラインを策定したので紹介する。

1. 調査協力者を大切にする（詳細は省略）
2. 調査協力しやすい調査票を設計する
    ①回答所要時間は 10 分以内を推奨
    ②巨大マトリクスは使わない
    ③マトリクス形式や自由回答を多用しない
    ③スクリーニング調査では抽出に使わない質問を控える
3. 時代に応じたインターネット調査を実施する
    ①マルチデバイスで回答できるようにする
    ②回答環境に配慮する
    ③デバイス環境に対応したコミュニケーション
    ④無駄を省いたシンプル設計
    ⑤まずは自分で回答してみる

は(8)の無作為化が容易であるので，調査項目の一部のみを回答させて，後で統計的な分析手法を用いて通常と同様の解析結果を得ることが可能となる。たとえば知覚マップ作成（第 8 章 3 節参照）や複数項目による質問尺度得点を計算する際は，同一調査協力者に対してすべての項目を回答してもらう必要はない。図 7.2 は 40 項目を 10 項目×4 ブロックに分けて，協力者をランダムに 4 群に分けることで 1 人当たりの項目数を 20 項目に半減できる例を示す。この場合，回答していない項目はランダムな欠測（第 8 章 1 節を参照）なので無視できる。調査分割法を利用することで調査協力率の向上

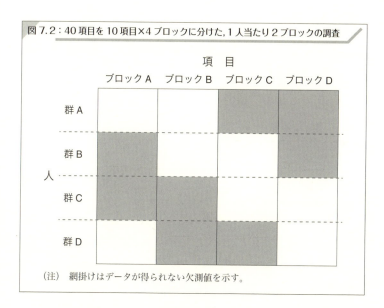

図7.2：40項目を10項目×4ブロックに分けた，1人当たり2ブロックの調査

項　目

ブロックA　　ブロックB　　ブロックC　　ブロックD

人

群A

群B

群C

群D

（注）　網掛けはデータが得られない欠測値を示す。

や，長すぎる調査に伴う不正確な回答が減少することが期待できる。

⒃回答デバイスごとの注意　　ここまでは紙の質問票やPC，スマートフォンなど回答デバイスに限定しない注意点を記載したが，いくつかのデバイスについての個別の注意を行いたい。すでに述べたように，マーケティング・リサーチの量的調査ではPCやスマートフォン，アプリなどを利用したインターネット調査を行うことがほとんどであるが，その場合に注意すべき点として日本マーケティング・リサーチ協会（JMRA）がインターネット調査品質ガイドライン（**Column㉛**）をまとめており，これを参考するのがよい。

　一方，郵送調査などの紙の調査では，上記⒁に記載したのとは逆に，矛盾した回答や記入漏れがしばしば起きる。これを防止するためにはなるべく矛盾しないように関連する部分をチェックさせなが

ら進ませるような調査票上の工夫が必要となる。電話調査であれば調査員からの調査説明などもあるためせいぜい 15 問程度と項目を厳選する必要がある。

3 データ取得状況の配慮

質問を行うこと自
体が適切か?
3 つの観点から

マーケティングにおける市場調査に限らず,社会学での社会調査や政治学分野の世論調査など,「集めるデータ」として対象に質問を行った回答結果から解析を行い,その結果について議論を行ったり予測に利用したりするということが社会科学の多くの分野で一般的である。しかし,これに対する批判もある。本節ではこのように,そもそも質問をすることに意味があるのか(疲労による回答への影響などもあるので質問しなくてよいことはなるべくしないほうがよい),そしてそれは何を測っているのか,という観点から,各自のリサーチ課題に応じてどのような項目を「質問する」べきなのか,あるいはどのような項目や変数ならば「集まるデータ」を用いて取得するほうがよいかを考える必要がある。以下に,もう少し具体的に 3 つの観点からこの話題を議論したい。(1)の観点から調査を行わなくてはならない場合に,(2)と(3)に対して十分注意するべきである。

(1)「集まるデー
タ」では得られな
い情報の存在

すでに議論してきたように,マーケティング施策立案を「集まるデータ」だけから行うことは難しい。その理由は具体的には 3 点に集約できる。

(1)-1 新製品・サービス開発における調査の必要性　　たとえば新製

品・サービスの開発では，まだ市場に登場していない製品・サービスについて需要予測をする，スペックの決定をする，あるいは価格決定をするといったことが求められる。ネット・サービスなどであればごく一部の顧客を対象に，まずはサービスを開始し，ニーズや問題点を踏まえて改善しながら開発するといういわゆるリーンスタートアップ（Ries 2011）が可能な場合もある（第9章3節を参照されたい）。しかしネット・サービスでも大規模な投資が必要な場合や，流通や小売の制約もある製品の場合には，やはり事前に需要予測やスペックの決定が必要になる場合がほとんどである。このような場合には実際の製品やサービスがまだ存在しない以上，消費者のニーズや価格観などを事前に調査することが必要となる。

(1)-2 潜在顧客と自社顧客の他社利用の理解　　競合他社から顧客を奪うような製品・サービスのリニューアルや広告販促施策を考慮する場合にも，自社顧客から得られる「集まるデータ」だけでは正しい理解ができないことが多い。第4章3節で説明したようなスキャナー・パネルデータなど購買や利用を網羅的に捕捉したパネルデータであれば競合企業も含めた情報取得がされるが，コストなどの問題から調査を行うことが多い。同様に自社顧客が他社に流出する理由やその脅威の理解のためには，自社顧客に他社での利用や自社に対する不満などを調査することが求められる。

(1)-3 顧客の状態や行動の理由の理解　　顧客が実際に選んだ商品やサービス，行動だけから「なぜその顧客はそのブランドを選んだのか」「どのような場合に顧客はほかのブランドに乗り換えるのか」などを理解することは難しい。第3章でも述べたように，繰り返し同じブランドを購入していても，真のロイヤルティがあるとは限らない。顧客関係管理（CRM）やサービスの質の測定のために，調

査を実施する必要がある。

　パネル調査などで購買やメディア接触，位置情報など消費者の行動履歴を取得する以外に消費者がどのような日常生活を行っているかを調べる**経験サンプリング**（experience sampling, Csikszentmihalyi, Larson, & Prescott 1977：チクセントミハイ 2000）という方法がある。これはパネル調査対象者に対して定刻，あるいはランダムな時間に現在何をしているか，何を思ったかなどを報告してもらうものであり，以前は日記式の記録用紙を利用していたが，近年ではスマートフォンなどのデバイスにより容易に実行できるようになったため，よく行われている。これは購買やメディア接触など以外の行動についてある程度把握できるだけではなく，行動の理由をさかのぼって理解することが可能であるため，マーケティングはもちろんさまざまな研究で利用されている。

⑵インセンティブの問題

特に消費者がどのブランドが好きか，有権者がどの政策を選好するかといった問題であれば，調査の結果では複数の選択肢を提示し，そのなかから回答者が特定のものを「好き」や「支持する」と「表明」する**表明選好**（stated preference）のデータを利用することは容易である。

　一方，経済学ではこの表明選好はあまり利用されず，消費者ならどのブランドを実際に購入したか，有権者ならばどの政党や候補者に投票したか，という実際の行動の結果である**顕示選好**（revealed preference）のデータを用いて議論を行う場合がほとんどである。これは，経済学においては表明選好を含む調査回答がそもそもほとんど信頼されていないからである。なぜなら，合理的な経済人を仮定する経済学の発想では，（たとえあっても少額の）定額の謝礼をも

らって回答を行う場合には，回答者にはわざわざ真面目に答える**インセンティブ**（動機）が存在しない。（市場調査会社の調査パネルに登録している場合には続けて調査を依頼してもらい謝礼を継続的にもらえるように，ある程度一貫して回答する程度に）なるべく調査に掛ける思考のコストを減らして回答するのが合理的であり，たとえば「自分がよく買うブランドが選択肢にない場合にはその他で記述するのもおっくうだから適当にほかのものを選ぶ」といった方略を取る可能性がある。

　もちろん，金銭以外のインセンティブが調査に協力するかどうか，あるいは真面目に答えるかどうかに影響することも多い。第5章5節で調査トピックへの関心が協力の有無を左右すると述べたが，調査内容に関心がある人ほど調査に協力してくれる可能性が高いという傾向はさまざまな調査研究から一貫して得られている（たとえばGroves et al. 2009）。

　また，実際には人が合理的でないことは行動経済学のさまざまな研究が示しているとおりであり，もし合理的ならば自分の1票はほとんど意味がないので，わざわざ日曜日に選挙の投票には行かないはずである。しかし実際には国政選挙ともなれば半数以上の国民が投票をし，また些少な謝礼の調査にも時間を掛けて答える人も多い。

　しかし，経済学のこのようなインセンティブに対するこだわりは重要な視点である。実際，マーケティング・リサーチにおいては金銭に直接関連する話題を対象とする場合も多い。たとえば新製品の価格決定や既存製品の値上げや値引きを考える際など，「ある商品を何円で買いますか」という**支払意思額**（willingness to pay：WTP）を調査する実務上のニーズは大きい。すでに本章2節で「フレー

ミング」について説明したように，WTP は調査の仕方によっても変化するが，WTP の質問で得られた回答値を利用して価格設定を行うと，高すぎて売れなかったり，逆に本来支払ってもらえるであろう金額よりかなり低く設定してしまうこともある（**Column㉜**参照）。ただし WTP を聞かないで，勘で価格設定を行うよりは WTP を自由記述で聞いたほうがよい。また，前節に記載したコンジョイント測定で価格とスペックがトレードオフになるような形で調査を行ったほうがより適切な価格づけが可能となり，さらにはインセンティブを利用する方法がより望ましい（後述）。

また，すでに持っているものをいくらもらったら手放すかについて聞く**受入補償額**（WTA：willingness to accept）は，まったく同じものであっても一般には WTP より高く出る傾向がある。これは行動経済学において「すでに持っているものの価値を高めに評価す

⑷フレーミングによるバイアス（本文に説明）
⑸個人の戦略的な回答

　　将来支払いを求められることを予期して低めに回答したり，逆に実現させるために低めに回答すること。

　　例：愛煙家が「税金がいくら高くてもタバコを買うか」という質問に対して，本来もっと払うはずなのに国が行う調査であることを察知して低めに回答する。

　　特に⑶と⑸は正直に答えるインセンティブがないという問題，⑵は調査主体が自己の利益のために誘導質問を行っている可能性があるという問題，それ以外がそもそも人は自分の内的な状態がわからないという問題と関連している。

　る」保有効果として知られる。

　　WTPやWTAはもちろん，金額に関わらないブランドイメージなどについても，「なぜ正直に答えなきゃならないの？」「面倒くさい」という回答者からいかに「真面目に答えるインセンティブ」を担保するかは重要な課題である。

⑶記憶や内的状態の報告，将来の行動の予測の難しさ

心理学や行動経済学のこれまでのさまざまな研究が示すように，人はそもそも自分の内的状態を理解したり言語化できない場合が多く，また人は必ずしも自分が意識している理由や目的で行動しているわけではない。調査に答える際においても，Column㉝（選択盲）に記載したように，回答者自身ですらなぜその選択をしたのかがそもそもわかっておらず，調査者側の提示したスペックの次元などを手がかりに自分の選択の理由を説明している可能性もある。

また，本章2節にも記載したように調査回答はさまざまな要因によって影響を受け，フレーミングやアンカリングといった一貫したバイアスも存在する。

　また多くの調査では家計調査のように事前に依頼をして購入したものを一定期間記載してもらうような（日記や家計簿的な）形式ではなく，過去の行動やその時の自分の感情などを振り返って回答してもらう**回顧法**または**回顧的研究**（retrospective study）が行われている。回顧法は過去の記憶を思い出して回答してもらうことになり，誤った記憶によるバイアスが生じる可能性があるが，日記的な調査との比較から，一般に①過去の事実・行動よりも，②過去での意識や心理的状態のほうが不正確になるとされる。①はたとえば商品の保有やサービスの使用，訪問した場所など，②は過去になぜその商品を買ったか，そのサービスを解約したかの理由，過去の時点でのブランドイメージなどである。

　また，将来の行動を回答者に予測させるとなると，さらに多くの問題がある。たとえば3カ月以内に携帯電話を買い替える予定の消費者に対して「どのメーカーの機種を購入するか」や「どのようなスペックが必須か」などを調査して，その後実際に購入した機種を調査すると，必ずしも以前回答したとおりには購入していないということが多い。これは消費者がウソをついていたり，3カ月の間に魅力的な新機種が発売された，ということよりは，多くの場合「購買が直前に迫っていない段階での購買重視点」は「実際に売り場に行ったり決済を行ったりする時点の購買重視点」とは別になってしまうことがあるからである（竹内・星野 2015）。

Column ㉝ 選択盲（choice blindness） ●　●　●　━━━

　いろいろな研究が行われているが，ここでは Hall et al.（2010）がスーパーでコンサルタントに扮して 180 人を対象に行った実験を紹介する。2 種類のジャムを試させてどちらがよいかを選ばせ，再度評定させるというものだが，この実験の結果が興味深いのは途中で選んだものと別のものにすり替えたにもかかわらず，すり替えに気づいたのは全体の対象者の 3分の 1 以下であったという点である。たとえば対象者はアップル・ジャムが好きだと言いながら，途中ですり替えらえたグレープフルーツ・ジャムを評定していたということになる。この実験はマーケティング・リサーチにおける会場テストに近い形式の実験だが，それ以外に顔写真の好みなど，選択した後にそれを覚えていないという選択盲の存在がさまざまな研究で示唆されており，また（ラベルが違うこと以外に）そもそも選択に足るほど製品の違いも識別できていないにもかかわらず「味が違う」「香りが違う」などと理由づけを行っている可能性もあると考えられる。

━━━━ ╱╱ ━━━━━━━━━━━━━━━━━━━━━━━━━　●　●　●

> **インセンティブの問題に対する対応**

上記の(1)で述べたように，調査を行わないと得られない情報も多いというなかで，(2)や(3)の問題にどう対応すれば，消費者や顧客のよりよい理解や行動予測を行うことができるだろうか。まずインセンティブの問題への対応を考えたい。

　経済学では消費者の持つ選好の情報を正直に回答させるためには，正直に回答することが回答者にとっても得になるようなインセンティブを与える（これを誘因両立性〔incentive compatibility〕と呼ぶ）ような方法を使うことが必要とされる。ここではそのうちいくつかの方法を説明する。

(1)BDM 法（Becker, DeGroot, & Marschak 1964）　これは WTP を正直に回答させる方法である。**Column㉜**で WTP の測定の問題点

Column ㉞ ログと調査の違い ●●●━━━━━━━━

　これまで自己申告による調査でしか得られなかったさまざまな行動について、技術の進歩により実際の行動ログを取得することが可能になってきた。そこで、近年では同一対象者から一定期間行動ログを取得するとともに、あとでその期間の行動について自己申告でも調査し、両者の乖離を調べるという研究も出始めている。中野・残間（2017）では4000人ほどの調査対象者からスマートフォンの利用時間のログを取得し、事後的に同時期の利用時間の自己申告を調査した（**図7.3**）。その結果、多くの回答者が過小報告していること、ただし一部の回答者は逆に過大報告していることがわかった。また年齢が高いほど、余暇時間が少ないほど過大申告しやすい傾向にある。

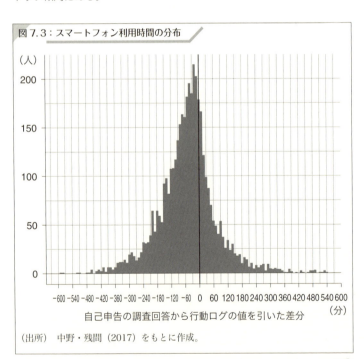

図7.3：スマートフォン利用時間の分布

自己申告の調査回答から行動ログの値を引いた差分（分）

（出所）　中野・残間（2017）をもとに作成。

を挙げたが，正直に回答するインセンティブを与えるために，支払意思額をまず聞き，売値は（その商品やサービスの一般的な価格幅のなかで）ランダムに決める。支払意思額が売値より小さければ強制的に購入させられる。これによって，本当に払ってよい金額より過大に答えると損をし，過小に答えると購入できないような状況を与える（Wertenbroch & Skiera 2002）。同様の目的で開発された**インセンティブ整合的コンジョイント**（incentive aligned conjoint, Ding 2007）ではコンジョイント測定を行って個人の支払意思額を推定する。その後低額の謝礼か高額の謝礼のどちらかを決めるくじ引きを行って，高額の謝礼が当たった場合にはランダムに決めた売値より支払意思額が高ければ強制的に購入させられるというもので，ここでも正直に回答するのが最適になる。

⑵ベイジアン自白剤（Bayesian truth serum, Prelec 2004）　これはWTP に限らない一般的な方法として考案されたもので，ある質問に対する個人的な回答と「その質問に他人がどう回答すると思うか」の 2 つを聞き，その回答を用いて計算された「情報スコア」と「予測スコア」の和であるベイジアン自白剤スコアに応じて報酬を与えるならば，回答者は正直に回答する場合が一番報酬を得られるということを利用する調査方法である（Weaver & Prelec 2013）。たとえば独身 30 代女性に月額 3 万円のマッチング・サービスについての説明を与えて，

　　(A) そのサービスを利用しますか？

　　(B) そのサービスを利用すると答える独身 30 代女性は何% だと思いますか？

という 2 つの質問を行うとしよう。ここで計算方法は省略するが，「情報スコア」はより一般的な回答をした人に高い値が与えられる。

図 7.4：インターネット調査における IMC 質問

あなたの日常的な行動についておたずねします

人間の意思決定に関する近年の研究で、人間の決定は「真空」状態でおこなわれるものではないことが知られています。個人の好みや知識、そしてその人がそのときどんな状況にあるかが、意思決定過程に重要な影響を及ぼすのです。われわれはこうした意思決定過程の研究のため、あなたの意思決定者としてのある要素を知りたいと考えています。つまり、あなたがこの指示を時間をかけてよく読んでいるかどうかに興味があるのです。もし誰もこの指示をお読みになっていないとしたら、指示内容を変えることが意思決定に与える影響を見たい、というわれわれの試みは効果を持たないからです。そこで、あなたがこの指示をお読みになったなら、<u>以下の質問には回答せずに（つまり、どの選択肢もクリックせずに）次のページに進んで下さい。</u>よろしくお願いします。

	あてはまらない	あまりあてはまらない	どちらともいえない	ややあてはまる	あてはまる
1. さまざまな意見を聞いたり議論したりすることが楽しい	1	2	3	4	5
2. 政治や経済など、社会の出来事や状況に常に関心を持っている	1	2	3	4	5
3. 自分の知識や経験を社会のために生かしたい	1	2	3	4	5

（注）　点線は著者追加。
（出所）　三浦・小林（2015）の図 2 をもとに作成。

たとえば B の平均にくらべて A で Yes とする率が高ければ，A で Yes とする人には高い値が与えられ，一方 A で Yes とする率が低ければ，A で No とする人に高い値が与えられる。また「予測スコア」は B での他者予測が正確であるほど高い値が与えられる（詳しい計算法は小野〔2017〕を参照）。

　ベイジアン自白剤の利点は，WTP だけでなくブランド認知や好意，革新性の評価など基準が曖昧なあらゆる質問についても利用できるという点であるが，あくまでも「その質問の仕方で他の人が何 % そう答えるか」に依存することや，ここでいう正直とはその時点で回答者がなるべく心理的な労力（認知資源と呼ばれる）をかけて丁寧に回答することを意味しているだけであることに注意したい。

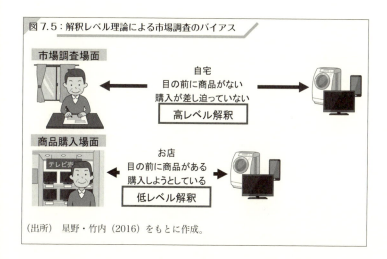

図 7.5：解釈レベル理論による市場調査のバイアス

市場調査場面

自宅
目の前に商品がない
購入が差し迫っていない

高レベル解釈

商品購入場面

お店
目の前に商品がある
購入しようとしている

低レベル解釈

(出所) 星野・竹内 (2016) をもとに作成。

　上記の 2 つの方法はこれらを実際に行うと多額の費用が掛かることから，性・年代や地域などさまざまなサブグループに分けて分析を行う必要のあるマーケティング・リサーチではまだそれほど一般的に利用されているわけではない。

努力の最小限化に
対する対応

　多くの回答者は WTP の **Column㉜**や上記で挙げたような「自分に有利となるような戦略的な回答」を行っているわけではなく，せいぜい「回答するのが面倒だ」という人たちが多いだけだと考えられる。そこで調査回答において認知資源を十分に割かずに回答する**努力の最小限化**（Satisfice：Krosnick 1991；三浦・小林 2015）や，不注意な回答傾向のある回答者を除外するという手続きも考えられている。この中で代表的なのが IMC（instructional manipulation check, Oppenheimer et al. 2009）である。これは長い文章の中に「このページの質問には回答するな」という教示を記載し，それに

Column ㉟　心的状態の操作による調査改善の可能性　●●•━━

　ここでは携帯電話の機種選択についての調査を例に挙げて操作法を示す。竹内・星野（2015）では解釈レベルを低レベルにする操作として，やや抽象的に調査の目的を記載したうえで，どうやって携帯電話の機種を選択するのかについて具体的に繰り返し質問をして記述させるという方法を取った。

　プロセスシミュレーションによる操作として，竹内・星野（2017）では，参加者は「この写真を見ながら，自分がどのように iPhone を購入するか，購入までの検討プロセスや店頭での行動を心の中でイメージしてく

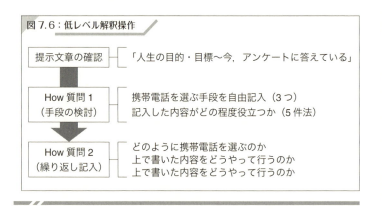

図 7.6：低レベル解釈操作

提示文章の確認	「人生の目的・目標〜今，アンケートに答えている」
How 質問 1（手段の検討）	携帯電話を選ぶ手段を自由記入（3 つ）　記入した内容がどの程度役立つか（5 件法）
How 質問 2（繰り返し記入）	どのように携帯電話を選ぶのか　上で書いた内容をどうやって行うのか　上で書いた内容をどうやって行うのか

従わない回答者は「努力の最小限化を行っている」と考えて集計時に除外するというものである。これまでもリサーチ会社は「3 番目の問いには必ず右から 2 番目の選択肢を選択してください」という形で経験的に行っていた不注意な回答者の除外をより手続きとして明確にしたものである（たとえば図 7.4）。

　ただしこれまでの研究で「調査内容に関心が強いほど努力の最小限化が起きにくい」ことも知られており，IMC で努力の最小限化

ださい。イメージした内容に基づき，購買までのプロセスや店頭での行動を具体的に記述してください」と指示されたうえで回答を求められた。

図 7.7：プロセスシミュレーションによる操作のイメージ

（出所）　竹内・星野（2017）をもとに作成。

傾向のある対象者を除外してしまうと，回答サンプルが偏るという問題もある。

記憶や内的状態の報告，将来の行動の予測の難しさへの対応

次に内的状態を正しく報告できない問題への対応を考えたい。この問題への対応は非常に難しく，現在でもさまざまな研究が行われている領域である。このうち，近年注目されている 2 つの理論について紹介したい。まず 1 つは**解釈レベル理論**（construal level theory）である。解釈レベル理論とは，対象（出来事や商品）と回答者との時間的・空間的・心理的距離の遠近（消費者と商品を例にすると，時間的距離の場合は今日の購買か1年後の購買か）によって，その回答者が対象の商品や出来事をどのように捉えるかが変化する，というものである。距離が遠い場合に回答者はより抽象的な思考（高レベル解釈）を行い，距離が近い場合に回答者はより具体的な思考（低レベル解釈）を行うというものである。解釈レベルの高低によって消費者が商品や出来事への選好を変化させることが確認されてきた（たとえば Liberman & Trope 1998）。この考え方に従うと，商品やサービスの購買・利用から遠い時点での調査への回答では抽象的な高レベル解釈が行われており，商品やサービスのスペックをより重視した回答を行うが，実際の購買時点では具体的な低レベル解釈に代わり，実現可能性が高い（具体的には価格が安い）かどうかや使い勝手がよいかどうかなどといった観点で商品やサービスを選択していると考えられる（図 7.5）。

　もう1つは**メンタルシミュレーション**（mental simulation）である。メンタルシミュレーションは個人が頭のなかで過去の出来事を思い出したり，将来をシミュレーションするというものであり（Taylor et al. 1998；Hoeffler 2003），たとえば購入検討中の商品について過去の類似商品を購入する際の記憶と関連づけて行動を想像することである。特に対象となる出来事について段階的で具体的なプロセスを踏んで想像することをプロセスシミュレーションと呼び，たとえば商品購入ならば購入検討から実際に購入するまでの活動ステップを順番に考える心理的なリハーサルがこれに当たる。

　竹内・星野（2015）では市場調査が高レベル解釈のもとで行われているという仮説のもと，携帯電話を3カ月以内に購入する予定

の回答者に対して低レベル解釈操作という方法を用いて対象者の解釈レベルを低レベルにしたあと，調査に回答させることで，そのあとの回答者の携帯電話の購入商品の予測率を向上させることができることを示した（**Column㉟**参照）。また竹内・星野（2017）と竹内（2017）では調査回答者にプロセスシミュレーションを実施させたあとに調査に回答させることで，解釈レベルの操作よりも予測精度を向上させることを示した。

　これまで調査においては第3章4節で記載した生態学的妥当性の類推から「なるべく調査する側が対象者に影響を与えない」ことが重要だと考えられてきたが，本章の前半でも繰り返し記載してきたように心理学や行動経済学の研究の進展から，「心的状態をあえて操作して購入直前の状態に近づけて購入予定商品の調査をする」など，関心のある調査項目について質問する前に操作介入を行うといった手法の有用性が示されており，今後さまざまな手法が開発されると考えられる。

> **調査モードの影響**

調査モードとは，調査方法とも呼ばれるが「調査への回答・返送方法」のことである。まずインターネット調査やアプリを使った調査，ホテル宿泊客などに返信用封筒とともに配るアンケート調査などは回答者が自分で回答する形式の調査（**自記式調査**と呼ばれる）である。これに対して調査員が回答者の自宅に伺って質問をしてその回答についてコーディングを行う形式の調査（訪問面接調査）やRDDによる電話調査は調査員が回答内容を記載する形式であり，**他記式調査**と呼ばれる。

　まず他記式か自記式かについては，現状のマーケティング・リサーチではほぼ自記式調査が行われているが，他記式は調査員効果（第3章の観察者効果を調査の場合にはこう言う）が生じ，社会的に望

ましい回答が増えるといった問題がある一方，回答者が不明な点を
その場で調査員に質問する，あるいは事前に訓練された調査員が一
定の方法で回答をコーディングすることができるという利点が挙げ
られる。ただし自記式調査であっても，近年では機械学習・AI 技
術の進展によりインタラクティブに実施できるようになりつつある。

　また，同じ自記式であっても複数の調査モードを併用するいわゆ
る**混合モード調査**では，調査モード間での回答傾向の違いが存在す
る可能性に注意する必要がある。たとえば内閣府が行った消費動向
調査についての実験研究では，回答者をランダムに PC 回答群とス
マートフォン回答群に分けた場合，スマートフォン回答群のほうが
画面サイズの関係からスクロールしないで表示できる選択肢に対す
る選択確率が高まるなどの効果がみられた（日経リサーチ 2015）。
これは PC での調査とスマートフォンでの調査の調査モードといえ
る。消費への意欲やブランドイメージなど継続して同じ質問を調査
して時系列的な変化をみたいといった調査の場合，途中で調査モー
ドを変更するならば新旧の両モードを一定期間併用し，その差異が
どの程度あるか調べておくことが重要となる。

　さらに，「集めるデータ」の場合には一般に市場調査会社など外
部に委託して調査を実施するが，調査方法を変える際にその外部機
関が所有する調査協力者の候補の集団の性質が変わる可能性が高い。
たとえばスマートフォンでの調査対象者では，10 代や 20 代の比
率が PC での調査より大幅に増えるといったことになる。このよう
な場合には見た目の調査結果の違いは「（同じ人が別の形式の調査を受
けて回答傾向を変えるという意味で狭義の）調査モードの違い」と「回
答者集団が異なることに起因する違い（第 5 章の選択バイアス）」の
両者によるので，回答者集団の違いにも注意し，場合によっては第

8章に述べるような調整を行ったうえで狭義の調査モードの影響を評価する必要が生じる。

4 海外調査と国際比較での注意点

　日本では国内市場の成熟化と縮小化傾向のため，企業は海外売上比率を増加させるべく海外市場でのマーケティング・リサーチを盛んに行うようになってきた。企業が海外進出をする際には，国内のこれまでのやり方を完全に捨てて，現地のニーズを満たすように一からマーケティング施策を実施するということは非常に難しいし効率が悪い場合もある。詳しくはグローバル・マーケティングの教科書（たとえば三浦・丸谷・犬飼 2017）に譲るが，新しい市場に新しい製品を投入する場合にはこれまでの国内での経験・ノウハウが生かされにくいため，なるべく国内と同じマーケティング施策を進出先でも行う「標準化」戦略を採用しながら，一部あるいは全部を進出先に合わせて変更する「現地適合」を行うことが多い。特にマーケティング 4P (Place〔流通〕・Price〔価格〕・Product〔製品〕・Promotion〔広告販促〕のこと）のなかでは製品戦略，次いで広告販促戦略で標準化が行いやすいとされる（星野 2012）。これは価格決定などは経済成長の度合いや自然資源の豊富さなどに応じて物価水準やほかの財との相対的価格が異なること，流通はその国の規制や商習慣によって異なることによる。また国内であれば過去の経験からどのようなニーズがあり，消費者がどのようなセグメントに分類されるかといったマーケティング STP（詳しくは第8章で解説）や，セグメント別に訴求する製品・サービスのスペックと価格の組み合わせも

Column ㊱ 国民性とマーケティング ●●● ━━━

　これまで国民性の違いとマーケティングのあり方の関連について調べた研究の多くではホフステッドの国民性の 4 次元モデル（「個人主義か集団主義か」「リスク回避の強さ」「権力格差」「男性性」）が利用されているが，例として新製品の普及スピードの話を紹介する。スマートフォンなどの革新的な新製品の普及率が，時間経過に従ってどのように変化するかについては，消費者を「イノベーター」「初期採用者」などに分類する Rogers（1962）の採用者区分の割合が影響を与えるとされる。具体的には，リスク許容の程度が高い国では（失敗を恐れない）イノベーターの割合が高い。また「集団主義」が高い国ではある程度普及すると，「他の人が採用したから」という理由で採用する前期大衆が多い。日本や韓国は「リスク回避の強さ」が高いためにイノベーターが少なく，「集団主義」得点が高いために前期大衆の割合がきわめて大きい。中国は「集団主義」得点が高いのは同じだが，「リスク回避の強さ」が低いためにイノベーターの割合は高い。

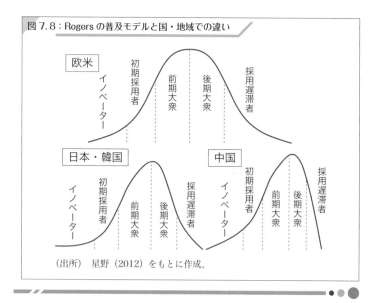

図 7.8：Rogers の普及モデルと国・地域での違い

（出所）　星野（2012）をもとに作成。

ある程度類推できるかもしれないが，海外ではそうはいかない。

　そこで企業は国内でのマーケティング・リサーチと比較しながら進出先でのマーケティング・リサーチの結果を解釈する必要が生じる。「集まるデータ」についてはそもそもどのような形でデータが得られるかという点に注意する必要があるのは国内外問わず共通であるが，「集めるデータ」，特に質問調査については注意が必要である。

　海外での質問調査自体は近年では国内のリサーチ会社も海外のリサーチ会社を買収あるいは提携を行っていることから実施のハードルは低くなっている。また Google Consumer Surveys などの**マイクロサーベイ**（数問の短い質問調査）を利用して特定の国の対象者に調査を実施することも可能である。しかし，質問調査の国際比較を行う際に特に注意しておくべき点として，そもそもリサーチの前提が異なる場合が多いということである。たとえば「人口構成比の違い」「人種とその構成の違い」「ライフスタイルの違い」などによって調査結果が異なるのは当然として，調査環境が異なる場合も多い。「メディア構成比の違い」としては，日本のように PC がまず普及し，次いでスマートフォンが普及した国とは違い，新興国の多くでは PC の一般消費者への普及率は低く，集める調査においてはスマートフォンでの回答が中心となる。

　単に人口構成やメディア，ライフスタイルの違いだけでなく，日本社会では空気を読むことが重要であるが，自己主張が重視される文化もあるなど，価値観や文化的な規範が異なることによって消費活動が異なる可能性も高い。自身の価値観などを基準（**自己準拠基準**と呼ばれる）として調査内容を決める，あるいは調査すべき重要な内容を無視することがないように意識することが重要になる。

さらには「回答反応の違い」も大きいとされる。日本は「どちらでもない」という中間回答が多く，また「非常にそう思う」「まったくそう思わない」など極端な選択肢が選ばれる比率が低いとされている（たとえば吉野 2005）。たとえばベトナムとマレーシアは，同じアジアということで日本にとっては地理的に比較的近く同じような回答傾向と思われがちだが，ベトナムでは極端な選択肢が選ばれる比率が高いのに対して，マレーシアをはじめとする多人種多民族国家では（さまざまな回答が混ざることで）回答はまんべんなく分布しやすい。

また，一般に国内調査を海外で実施する際には現地の言語とのバックトランスレーションを行うことが求められる。たとえば「日本語→ベトナム語」の翻訳を行って完成ではなく，再度「ベトナム語→日本語」の再翻訳を行って，もとの調査票と内容が同じになることをチェックするのがそれである。

加えて本章2節にも記載したように，現地の収入区分や職業区分の構成比など，その国や地域の実情に合わせて選択肢の区分も変更させるといったことも必要となる。

課　題

7-1　質問調査で無回答をゼロとすることが問題となるのはなぜかについて，具体的にあるホテルが半年以内に再度宿泊するかどうかを宿泊客への調査から説明する分析を行う場合を例に挙げて説明してみよう。ここで調査ではそのホテルの満足度を聞く7件法の項目のほかに「この1年でのプライベートな旅行回数」「この1年での出張回数」を聞いているとする。

7-2　次の変数はどの尺度水準だろうか。

(1)店舗の週次の売上金額

(2) EC サイトでの日次の購買件数

(3)自社サイトにどのサイトから流入してきたか（リファラーと呼ばれる URL 情報）

(4)アプリにおける顧客のステータス（無料会員か，など具体的なアプリごとに違うので特定のアプリを念頭に）

7-3　以下のような値を計算することは意味があるだろうか。

(1)店舗ごとの年間売上金額

(2)顧客の満足度を 5 件法で聞いたものの平均値の前年比

(3)購入重視点について各重視点をランキング形式で質問調査したときのランキングの平均

7-4　顧客に対して自社サービスの質問調査をフリーアンサー（FA）で行う場合，自分でアフターコーディングをする場合でもテキストマイニングを利用する場合でも重要なのはどんな情報（変数）をそこから作成するかである。特に自社サービスの不満を減らすためにフリーアンサーの分析を行う際には何に注意したらよいだろうか。特定のサービス分野を念頭に答えてみよう。

7-5　スマートフォンの新製品のスペック決定と対象セグメントのターゲティングを行うための質問調査を作成してみよう。質問順にも注意すること。

7-6　動画配信サービスの企業が，現在取り扱っていない配給会社の映画やオリジナル・ビデオを扱う代わりに値上げをしようと考えている。値上げ幅を適切に決めるためにはどのような調査を行えばよいだろうか。注意点とともに示してみよう。

7-7　本章冒頭の **Case**（飲料メーカーのマーケティング・リサーチ ⑦）を取り上げる。

①　今回は購入重視点を知るためにまずマトリクス形式で調査しているが，これを別の質問形式で調査する場合どのような方法があるだろうか。具体的に質問を作成してみよう。またマトリクス形式とその方法のそれぞれの利点と欠点を示してみよう。

②　今回の調査では各ブランドについての購入場所をマルチアンサーで回答してもらっている。単一選択ではなく複数選択で回答してもらっている理由を，調査の目的を踏まえて答えてみよう。

7-8　第2章の**Column⑥**のケース（ゲームアプリのマーケティング・リサーチ）の一例を取り上げる。

予備調査を踏まえて，スマートフォン・アプリの利用ログデータを取得している調査協力者パネルに対して自社のゲームを含む様々なゲームアプリについての調査を実施することとした。この調査はスマートフォン上でのアプリの利用のログを取得することができる集団を対象に実施をしている。このことを踏まえて以下の質問に答えてみよう。

① 利用のログから得られる情報だけでなく，あえて調査をすることの意義とは何かを，この調査の目的を踏まえて答えてみよう。

② 実際には**Column㉞**に取り上げたような「調査でのゲームアプリの利用時間」と「ログからの利用時間」どちらも取得することが可能である。この2つの変数のそれぞれの利点と欠点を示してみよう。

③ 本書のWebサポートページからダウンロードできるデータを用いて，両者の関連をグラフにして表現し，議論してみよう。

④ 課金額や利用金額をFAで記入する形の場合の問題点を挙げてみよう。また，FAではなく一定の金額の幅をもつ複数のカテゴリーから選択させる（たとえば0円から499円，500円から999円，……など）ほうが回答負荷が低いと思われるが，その場合の問題点を指摘してみよう。

 参考文献

上田雅夫・生田目崇（2017）『マーケティング・エンジニアリング入門』有斐閣。

大垣昌夫・田中沙織（2014）『行動経済学——伝統的経済学との統合による新しい経済学を目指して』有斐閣。

小野滋（2017）「回答品質の評価に対する相互作用アプローチ——ベイジアン自白剤の適用可能性についての検討」『政策と調査』13，31-40。

北村俊則・鈴木忠治（1986）「日本語版 Social Desirability Scale について」『社会精神医学』9，173-180。

坂上貴之（2009）「第11章　意思決定以前の選択から考える」坂上貴之編『意思決定と経済の心理学』朝倉書店。

竹内真登 (2017)「マインドセット操作によるマーケティングリサーチの精度向上は可能か？──メンタルシミュレーションと解釈レベル理論に基づく操作の違いに着目して」『行動計量学』44 (2), 151-165。

竹内真登・星野崇宏 (2015)「解釈レベルの操作を伴うコンジョイント測定法の開発──マーケティングリサーチに生じるバイアスの排除に関する実証分析」『マーケティング・サイエンス』23 (1), 15-34。

竹内真登・星野崇宏 (2017)「プロセスシミュレーションを伴うコンジョイント測定による購買予測──写真提示を用いた操作と追跡調査による予測精度向上の確認」『行動計量学』44 (1), 45-56

谷伊織 (2008)「バランス型社会的望ましさ反応尺度日本語版 (BIDR-J) の作成と信頼性・妥当性の検討」『パーソナリティ研究』17 (1), 18-28。

チクセントミハイ, ミハイ／今村浩明訳 (2000)『楽しみの社会学〔改題新装版〕』新思索社 (Csikszentmihalyi, M. *Beyond Boredom and Anxiety: Experiencing Flow in Work and Play*, Jossey-Bass Publishers, 1975)。

筒井義郎・佐々木俊一郎・山根承子・グレッグ＝マルデワ (2017)『行動経済学入門』東洋経済新報社。

遠山暁・村田潔・岸眞理子 (2015)『経営情報論〔新版補訂〕』有斐閣。

中野暁・残間大地 (2017)「メディア利用時間における自己申告型調査と行動ログの乖離に関する研究──個人のスマートフォン利用時間を対象とした実証分析」『行動計量学』44 (2), 129-140。

日経リサーチ (2015)「消費動向調査の調査方法の改善に関する調査研究報告書」。

萩生田伸子・繁桝算男 (1996)「順序付きカテゴリカルデータへの因子分析の適用に関するいくつかの注意点」『心理学研究』67 (1), 1-8。

星野崇宏 (2012)「生産性マネジメントと経済性管理──マーケティング」髙桑宗右ヱ門編『東アジアのモノづくりマネジメント』中央経済社, 134-150。

星野崇宏・竹内真登 (2016)「マーケティング・リサーチの精度向上に寄与する学術研究──購買時の気持ちに近づける介入や調査のバイアス除去の最新動向」APRC/JMRA Annual Conference 報告資料。

増永良文（2017）『リレーショナルデータベース入門〔第3版〕』サイエンス社。

三浦麻子・小林哲郎（2015）「オンライン調査モニタの Satisfice に関する実験的研究」『社会心理学研究』31（1），1-12.

三浦俊彦・丸谷雄一郎・犬飼知徳（2017）『グローバル・マーケティング戦略』有斐閣。

吉野諒三（2005）「東アジア価値観国際比較調査——文化多様体解析（CULMAN）に基づく計量的文明論構築へ向けて」『行動計量学』32, 133-146。

Becker, G. M., M. H. DeGroot, & J. Marschak (1964), "Measuring Utility by a Single-Response Sequential Method," *Behavioral Science*, 9 (3), 226-232.

Boardman, A., D. Greenberg, A. Vining, & D. Weimer (2010), *Cost-benefit Analysis: Concepts and Practice*, 4th ed., Pearson.

Crowne, D. P., & D. Marlowe (1960), "A New Scale of Social Desirability Independent of Psychopathology," *Journal of Counsulting Psychology*, 24 (4), 341-354.

Csikszentmihalyi, M., R. Larson, & S. Prescott (1977), "The Ecology of Adolescent Activity and Experience," *Journal of Youth and Adolescence*, 6 (3), 281-294.

Ding, M. (2007), "An Incentive-Aligned Mechanism for Conjoint Analysis," *Journal of Marketing Research*, 44 (2), 214-223.

Groves, R. M. (2006), "Nonresponse Rates and Nonresponse Bias in household surveys," *Public Opinion Quarterly*, 70 (5), 646-675.

Groves, R. M., F. J. Fowler, M. P. Couper, J. M. Lepkowski, E. Singer, & R. Tourangeau (2009), *Survey Methodology*, 2nd ed., John Wiley & Sons.

Hainmueller, J., D. Hangartner, & T. Yamamoto (2015), "Validating Vignette and Conjoint Survey Experiments against Real-world Behavior," *Proceedings of National Academy of Science*, 112 (8), 2395-2400.

Hall, L., P. Johansson, B. Tärning, S. Sverker Sikström, & T. Deutgen,

(2010), "Magic at the Marketplace: Choice Blindness for the Taste of Jam and the Smell of Tea," *Cognition*, 117, 54-61.

Hoeffler, S. (2003), "Measuring Preferences for Really New Products," *Journal of Marketing Research*, 40 (4), 406-420.

Kahneman, D. (2011), *Thinking Fast and Slow*, Farar, Straus and Giroux (村井章子訳『ファスト&スロー』〔上・下〕早川書房，2012年)

Krosnick, J. A. (1991), "Response Strategies for Coping with the Cognitive Demands of Attitude Measures in Surveys," *Applied Cognitive Psychology*, 5, 213-236.

Liberman N., & Y. Trope (1998), "The Role of Feasibility and Desirability Considerations in Near and Distant Future Decisions: A Test of Temporal Construal Theory," *Journal of Personality and Social Psychology*, 75 (1), 5-18.

Northcraft, G. B., & M. A. Neale (1987), "Experts, Amateurs, and Real Estate: An Anchoring-and-Adjustment Perspective on Property Pricing Decisions," *Organizational Behavior and Human Decision Processes*, 39, 84-97.

Oppenheimer, D. M., T. Meyvis, & N. Davidenko (2009), "Instructional Manipulation Checks: Detecting Satisficing to Increase Statistical Power," *Journal of Experimental Social Psychology*, 45 (4), 867-872.

Paulhus, D. L., & D. B. Reid (1991), "Enhancement and Denial in Socially Desirable Responding," *Journal of Personality and Social Psychology*, 60 (2), 307-217.

Prelec, D. (2004), "A Bayesian Truth Serum for Subjective Data," *Science*, 306 (5695), 462-433.

Ries, E. (2011), *The Lean Startup: How Today's Entrepreneurs Use Continuous Innovation to Create Radically Successful Businesses*, Crown Business. (井口耕二訳『リーン・スタートアップ——ムダのない起業プロセスでイノベーションを生みだす』日経BP社，2012年)

Rogers, Everett M. (1962), *Diffusion of Innovations*, Glencoe: Free Press.

Shinya Masuda, Sakagami Takayuki, Kawabata Hideaki, Kijima Nobuhiko, & Hoshino Takahiro (2017), "Respondents with Low Motivation Tend to Choose Middle Category: Survey Questions on Happiness in Japan," *Behaviormetrika*, 44 (2), 593-605.

Stevens, S. S. (1946), "On the Theory of Scales of Measurement," *Science*, 103 (2684), 677-680.

Taylor, S. E., L. B. Pham, I. D. Rivkin, & D. A. Armor (1998), "Harnessing the Imagination: Mental Simulation, Self-Regulation, and Coping," *American Psychologist*, 53 (4), 429-439.

Weaver, R. & D. Prelec (2013), "Creating Truth-telling Incentives with the Bayesian Truth Serum," *Journal of Marketing Research*, 50 (3), 289-302.

Wertenbroch, K., & B. Skiera (2002), "Measuring Consumers' Willingness to Pay at the Point of Purchase," *Journal of Marketing Research*, 39 (2), 228-241.

Zhang, Y., E. T. Bradlow, & D. S. Small (2015), "Predicting Customer Value Using Clumpiness: From RFM to RFMC," *Marketing Science*, 34 (2), 195-208.

第8章

量的調査とは (2)

量的データの分析

Introduction

　新市場に参入する，あるいは既存市場から撤退するなどといった戦略的意思決定をはじめ個別製品・サービスについての開発や価格設定，広告販促などの施策の立案に至るまで，具体的な意思決定を行う際に有用な知見をデータから引き出す分析をいかに実行するかについて理解することが重要である。この章では記述スペースの都合上高度な分析法にはふれず，データの前処理，単純集計，マーケティング STP のための解析法，選択バイアスの補正と因果効果推定の考え方に絞って説明する。

Case 飲料メーカーのマーケティング・リサーチ⑧

　A さんの今回の調査では自社既存製品のリポジショニング，および新製品を提案する場合のポジショニングを行うための知覚マップ，個人別の選好回帰，およびセグメンテーションを行います（本章 3 節参照）。

　そのために回答協力者には各ブランドに対して複数のイメージ項目を回答してもらいました（得られたデータの具体的な分析手法は本章 3 節で詳述する）。

1 データの前処理

　具体的な解析に入る前に行うデータの前処理は，ほとんどすべてのリサーチにおいて必須の作業である。第7章1節では変数の定義についての注意点を記載したが，特に「集まるデータ」の場合には，一般にはリサーチ課題に応えるようにデータ取得方法や変数定義などの設計がされているわけではないため，データ入手後に変数の定義と分析の目的に即したデータの前処理が必要となる。

　たとえばニュースアプリにおいてユーザーを無料会員から有料会員にするため，有料コンテンツの一部をどのように，そして誰に無料で提示するかを考えたいとする。この種のデータであれば，各回の起動日時はもちろん，どの記事を何秒閲覧したか，どの記事からどの記事に移ったかなど詳細な情報を入手できる。しかし実際には記事の閲覧が5秒であった場合，タイトルだけみて読まなかった可能性や間違えて飛んできてしまっただけの可能性もある。何秒読んでいれば閲覧したとカウントするかは，操作的に定義する，閲覧秒数の分布をみて決めるなどという作業が必要になる。

検票　特に調査データの場合には結婚状況が「未婚」でありながら職業が「専業主婦」，個人年収で「400万から500万」で世帯年収が「300万から400万」といった矛盾する回答が得られることもしばしば存在する。第7章でデジタル・デバイスによる調査であればこの問題を調査時点で排除する設計にすることを推奨したが，郵送調査などの紙媒体の調査ではデータを取得後に上記のような矛盾回答やシングルアンサー

（SA）の項目で複数の選択肢が選ばれているといった論理矛盾，数値で回答する項目での異常値，曖昧な回答などをチェックする検票（エディティング）が必要となる。

　また，次節で取り上げるような分布の確認を行い，場合によっては（第7章1節に述べた）アフターコーディングの実施が必要になることもある。具体的には非常に頻度の少ないカテゴリーを隣接するカテゴリーに併合するなどである。

欠測値の扱い

調査において無回答や回答ミスは頻繁に発生する。また「集まるデータ」においても，変数の値が取得できない，定義されていないなどといったことがある。また，ある質問で特定の回答を行った人だけに対してさらに質問を行う枝分かれ式の質問形式では，その質問から得られる変数については対象者以外では値が得られない。これらはいわゆる**欠測値**（欠損値）と呼ばれる。

　実務では「欠測値だからゼロを入れておこう」あるいは「データが得られた部分についての平均値を入れておこう」などという場当たり的な値の代入によるデータの前処理が行われることがあるが，一般的にそういった方法ではその後の分析で誤った結論を導く可能性がある。

　例として4カ月間での洗剤購入数量について，消費者購買パネルから**図8.1**の上段に購入数量のヒストグラム（次節参照）を記載した。縦軸は％，横軸は購入数量であり，ポアソン分布（倉田・星野 2009 など参照）に近い分布となっている。さて，ここで機器の故障など何らかの理由で完全にランダムに1割の対象者からデータが得られなくなった（＝欠測）としよう。しばしば行いがちなのは「何かの値で欠測値を代入する」という前処理である。特によく

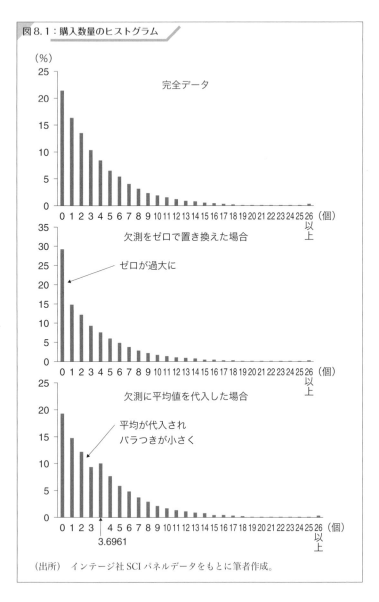

図8.1：購入数量のヒストグラム

(%)

完全データ

欠測をゼロで置き換えた場合

ゼロが過大に

欠測に平均値を代入した場合

平均が代入され
バラつきが小さく

3.6961

(出所) インテージ社 SCI パネルデータをもとに筆者作成。

行われるのは「欠測値はゼロで代入する（＝購入していない・利用していない）」（図8.1の中段）あるいは「平均値（ここでは3.6961）で代入する」（図8.1の下段）という処理（これを**平均値代入**と呼ぶ）であるが，これは正しい方法であろうか。図を見れば一目瞭然であるが，ゼロを代入したあとのデータでは値の下振れが起こり，平均は3.3265へと本来の平均より小さくなってしまう。また平均値を代入したデータでは平均はもちろん変わらないが，分布の形状が変わってしまう（具体的には分散というばらつきぐあいの指標が小さく計算される）。

じつはここでは欠測が完全にランダムに起きているならば代入などの対処はする必要がなく，欠測していないデータを使って分析すればよい。**完全にランダム**であるというのは，欠測するかどうかがランダムに決まるということであり，たとえば図8.1の場合なら欠測していないデータの分布は上段の図とほとんど同じになる。ただし実際には完全にランダムにデータが欠測している場合はごくまれであり，欠測する原因が行おうとしている分析に直接影響を与える場合もある。たとえば新製品やサービスのWTPの調査で，収入が高く多忙なほど調査協力を拒否する（＝欠測値になる）などという場合，所得が低い人たちのWTPは低めなので，消費者全体が払ってもよいと思う適切な価格より小さく推定されるバイアスが生じるだろう。また，「集まるデータ」で自社データからしか解析をしない場合には，第4章や第5章で取り上げてきたように競合他社での消費者の購買がわからない。たとえばディスカウント・ストアには当然低価格目当てで顧客が来店しており，価格販促の効果はコンビニとは明らかに異なる。ディスカウント・ストアがコンビニの顧客を奪おうとして自社の顧客同様に低価格を訴求してもうまくいか

ないだろう。

　この問題については外部のデータを活用して競合他社での購買なども予測するデータ融合の方法論がマーケティング・サイエンスの分野で発達しているが，高度な話題なのでここではふれない。

　このように欠測するかしないかということを無視して値のある回答者や顧客だけで解析を行う，あるいは場合たり的な代入を行うと第5章3節で説明したような選択バイアスが生じることになるが，それに対する対応を行わない場合でも，現在得られているデータの限界を踏まえたうえで分析結果を解釈するという姿勢が重要である。

2　単純集計とさまざまな解析法

　数値データを得てもそのままでは情報が多すぎてわからない。そこでデータがどのような散らばりぐあい（分布）を持っているかを知るために，まずは度数分布表やヒストグラム，要約統計量を計算するのが一般的である（第2章の図2.4も参照のこと）。

度数分布表と
ヒストグラム

度数分布表は，名義尺度の変数の場合には各カテゴリーの頻度（度数）の表であり，順序尺度水準以上の変数の場合には，値の大きさに応じた階級に分類して作成した表のことである。特に階級に分類する場合には階級にまとめた場合の幅である階級幅や各階級を代表する値（普通階級の上限と下限の中間の値）である階級値を決めることが必要となる。度数分布表には階級の度数だけではなくその階級の度数をサンプルサイズで割った相対度数やいちばん小さい値の階級からその階級までの度数の和である累積度数，相対度数を

階級（単位：円）	階級値	度数	累積度数	相対度数	累積相対度数
200 万未満	100 万	1311	1311	0.163	0.163
200 万–400 万未満	300 万	836	2147	0.104	0.267
400 万–600 万未満	500 万	732	2879	0.091	0.358
600 万–800 万未満	700 万	569	3448	0.071	0.429
800 万–1000 万未満	900 万	648	4096	0.081	0.510
1000 万–1200 万未満	1100 万	439	4535	0.055	0.564
1200 万–1400 万未満	1300 万	377	4912	0.047	0.611
1400 万–1600 万未満	1500 万	325	5237	0.040	0.652
1600 万–1800 万未満	1700 万	243	5480	0.030	0.682
1800 万–2000 万未満	1900 万	228	5708	0.028	0.710
2000 万–2500 万未満	2250 万	491	6199	0.061	0.771
2500 万–3000 万未満	2750 万	350	6549	0.044	0.815
3000 万–4000 万未満	3500 万	499	7048	0.062	0.877
4000 万以上	4000 万以上	987	8035	0.123	1.000

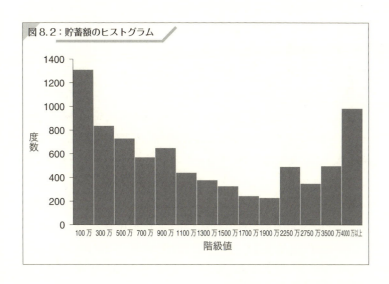

図 8.2：貯蓄額のヒストグラム

いちばん小さい階級からその階級まで足した値である累積相対度数を同時に記入する。また最も度数が大きい階級の階級値を**モード（最頻値）**と呼ぶ。

また順序尺度水準以上の変数の度数分布表について横軸を階級値にしたものを**ヒストグラム**と呼ぶ。表8.1と図8.2に2016年の家計調査の年平均での2人以上世帯の貯蓄額の度数分布とヒストグラムを記載した。

要約統計量

度数分布表やヒストグラムでは階級の幅に表やグラフの形状が影響を受けることと解釈が個人によって異なることがあるため、より端的にデータの特徴を要約する数値である**要約統計量**を算出することが多い。特にデータの分布を1つの値で代表させる**代表値**として（算術）**平均，中央値（メディアン）**，モードがよく利用される。メディアンはデータを大きい順に並べ直したときの中央の値である。さらに分布の散らばり度合いの大きさを示す**散布度**（分散・標準偏差・範囲・平均偏差・四分位偏差・変動係数，詳しくは巻末のブックガイド参照）もよく計算される。

クロス集計表

（第7章1節で説明した名義水準または順序水準の）2つ以上の離散変数間の関係を理解したい場合には**クロス集計表**を作成する。**クロス集計表**というと一般には2つの変数間の関係を表すものであり，3つ以上の変数についてのクロス集計表は多重クロス集計表と呼ばれる。

表8.2は60代と70代に対してICTデバイスの所有状況を調査した800人の調査結果について，性・年代とICTデバイスの所有についてのクロス集計表である。高齢者においてはまだスマートフォンよりガラパゴス携帯（スマートフォン普及以前に国内で独自に流

	表頭変数			
	60代男性	60代女性	70代男性	70代女性
すべて未所有	8	18	28	32
ガラケー	20	20	42	84
スマートフォン	14	14	14	10
ガラケーとPC	66	58	68	38
スマートフォンとPC	50	42	24	18
すべて所有	34	28	12	12
その他	8	20	12	6

※ 表側変数は左端の列に記載。

（出所）　NTTドコモ　モバイル社会研究所の2017年調査をもとに作成。

通・発展した端末。以下，ガラケー）が多く，またPCの所有が多いこと，特に70代女性はガラケー以外の所有が少ないことがわかる。

　ここで，行側の変数を**表側変数**，列側の変数を**表頭変数**と呼ぶことがある。欧米では関心の対象となる目的変数（説明したい変数。従属変数ともいう）を表側に，説明に利用する変数を表頭にすることが多いとされるが，日本では逆が多い。ここでは「どのようなICTデバイスを所有しているか」を「性・年代」で説明している。さて，上記のクロス集計表では性・年代の4グループがすべて200人ずつ等しい人数に調査されている形式であるので単純に人数だけで議論ができるが，一般には1つの変数に注目した場合に各カテゴリーの人数が等しくないので，列ごとあるいは行ごとに100%になるように計算することも多い。

　また原因側と考える変数が離散変数であり，結果側の変数が連続変数である場合には，第2章4節に記載された箱ひげ図を作成することで理解がしやすくなる。一方，連続変数間の関係の場合には

Column ㊲　ベイズの定理の活用：逆の確率に変換するニーズ　●●●●

　デジタル広告の世界では閲覧履歴情報から最適な広告の個人別の出し分けをするニーズがある。そこで「新聞の電子版の金融面を閲覧した人の年収が 1000 万円以上である確率」を計算して収入が 1000 万円以上の人に高級車や不動産の広告を出したいとする。電子版契約者に直接収入を聞くことが難しいとすると別途調査を実施して「1000 万円以上の年収の人のなかで，新聞の電子版を契約し金融面を閲覧している割合」を計算することになる。これが 40% だとして，広告に関心のある確率も 40% であるといえるだろうか。じつはこれは正しくない。

　1000 万円以下の人で金融面をみている人がいることも考慮しないといけないからである。この問題は逆確率推定の問題といわれており，**ベイズの定理**を使うことで計算ができる。具体的には「1000 万円以上の年収の

散布図や相関係数などの作図や計算を行うが，これについては巻末のブックガイドを参照されたい。

> 解析法の大まかな分類

ここではデータ解析の大まかな分類を行う。まずデータ解析には大まかに「何かを説明したい，予測したい」という場合に使う方法と「データの構造を発見したい」という場合の方法の 2 種類がある。前者は**外的基準**（従属変数，目的変数）がある場合，後者は外的基準がない場合と言われる。前者については説明したい目的変数（従属変数）がどのような変数かによって方法が異なる（各手法の詳細はブックガイドを参照）。

⑴**外的基準が存在する場合に利用する方法**　　一般に**回帰分析**と呼ばれる。目的変数が連続変数であり，連続変数の平均が説明変数（目的変数の説明に用いる変数）の線形和で説明されるならば線形回帰分析，説明変数が多数ある場合は重回帰分析，説明変数が非線形な関数の場合はカーネル回帰分析やスプライン回帰分析，一般化加法モ

人（以降「以上」と表記）」の割合が 20%，さらには「1000 万未満（「未満」と表記）の人が金融面をみる確率」が 10% の場合

$$P(\text{以上} \mid \text{金融}) = \frac{P(\text{金融} \mid \text{以上})P(\text{以上})}{P(\text{金融} \mid \text{以上})P(\text{以上}) + P(\text{金融} \mid \text{未満})P(\text{未満})}$$

$$= \frac{0.4 \times 0.2}{0.4 \times 0.2 + 0.1 \times 0.8} = 0.5 = 50\%$$

となり（ここで「金融」は金融面をみていることを表す），金融面閲覧有無を考えない「年収 1000 万円以上の人の割合」20% より，金融面閲覧の情報を考慮した 50% のほうが高いことから，この情報を利用するほうが販促の精度が高まることが期待できる。

デルなどがある。目的変数が離散変数の場合，特に 2 値変数の場合に利用される**ロジスティック回帰分析**（logistic regression analysis）とプロビット回帰分析，3 値以上で名義尺度水準の場合に利用する**名義ロジスティック回帰分析**と名義プロビット回帰分析，順序尺度水準の場合の**順序ロジスティック回帰分析**と順序プロビット回帰分析がある。

　また目的変数が連続変数であっても，個数や頻度の場合にはポアソン回帰分析や負の二項回帰分析が利用されることが多い。加えて，目的変数にゼロが多いような個数や頻度を扱う場合にはゼロ過剰ポアソン回帰分析，ゼロ過剰負の二項回帰分析を利用する。

　このように目的変数の種類によって回帰分析の方法が異なるが，近年ではこれらはまとめて**一般化線形モデル**（generalized linear model）と総称され，フリーの統計解析ソフト R などを利用する際にはこの名称で情報を検索するとよい。

一方，「顧客が次に利用（来店あるいは購入）するまで」「無料会員が有料会員になるまで」などのようなイベントが起きるまでの時間間隔に影響を及ぼす変数が何かを知りたい場合の分析を普通の回帰分析で行うと「解析している時間幅よりあとにイベントが起きる人がいること」を考慮できないため大幅に誤った結果が得られることがあるので注意が必要である。

このような場合には「ある日時までしか観測していないこと」（打ち切りと呼ばれる）を考慮した**継続時間分析**（duration analysis，または医学分野で利用されるため**生存時間分析**：survival analysis とも呼ばれる）を利用する。

上記で紹介した方法のほかによく利用される方法として，目的変数の値を決めるルールを求める方法として**決定木**（decision tree），さらにデータから一部サブデータを抽出して決定木を作成するという手順を繰り返し行うことで決定ルールを決める**ランダムフォレスト**などがある。特に決定木やランダムフォレストは顧客の購買履歴データなどから適切な販促方法を探索する，顧客を判別する，などの用途に使われることが多い。たとえば図8.3はあるネット・サービスで顧客の解約（離反）を食い止めるための分析を決定木で行った例であり，過去1年の利用金額が低い顧客が離反しやすいのは当然だが，まず最初の3回の利用が2週間以内であると離反率が低い。そこでまずは最初の利用を促すことが必要であることがわかる。一方，利用額が多い顧客については，ある程度以上の利用金額になると発行される値引きクーポンの存在に気づかない顧客の離反率が高いので，気づかせることや利用させるコミュニケーションを行うことが有効であることが示唆される。

また，ここまで紹介した方法は基本的にミクロデータのための解

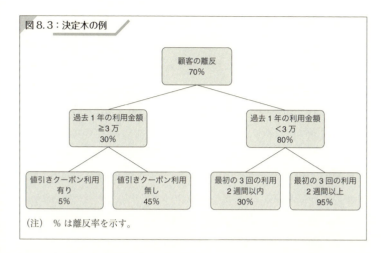

図8.3：決定木の例

```
                    顧客の離反
                      70%
         ┌─────────────┴─────────────┐
   過去1年の利用金額              過去1年の利用金額
      ≧3万                        <3万
       30%                         80%
   ┌─────┴─────┐             ┌─────┴─────┐
値引きクーポン利用  値引きクーポン利用  最初の3回の利用  最初の3回の利用
   有り          無し         2週間以内      2週間以上
   5%           45%          30%          95%
```

（注）　％は離反率を示す。

析法であり，集計された時系列データの場合には時系列解析が行われることが多い。時系列解析では，ビールが夏に多く売れる，携帯電話が年度始まりの少し前の3月やiPhoneの発売がある10月に多く売れるなどといった**季節性**をまず考慮したうえで，時点間の相互関係を表現するさまざまなモデルを利用する。具体的には現在の値を過去の値で説明する**自己回帰**（AR：auto regressive）**モデル**，2変数以上についてある変数の過去の値が別の変数の現在の値を説明するなどといった変数間の関係を表す**ベクトル自己回帰**（VAR：vector AR）**モデル**，時点間に共通の要因を考える**移動平均**（MA：moving average）**モデル**，自己回帰モデルと移動平均モデルを組み合わせた**自己回帰移動平均**（ARMA）**モデル**，値そのものではなく現在と過去の値の差分（＝現在の値−過去の値）についてARMAモデルが成立すると考える**自己回帰和分移動平均**（ARIMA）**モデル**などがある。さらにこれらは時間によって変化する関係を記述することができる**状態空間モデル**の下位モデルに含まれる。

さて外的基準の存在する方法についての注意として，これらの方法が正しい結果を与えてくれる条件の1つに，目的変数に影響を与える変数をすべて解析に投入していることが挙げられる。第4章4節（特に**Column⑰**）で紹介した広告出稿と売上の関係のように，季節性という第3の要因を考慮しないで分析すると，本当は正の係数が出るはずなのに，負に推定されることもある。

とはいえ，必要な変数をすべて投入することが難しい場合には，操作変数（解析に利用されている説明変数には影響を与えるが解析に利用されていない説明変数には影響を与えない変数）や固定効果（顧客や店舗，商品などの解析の単位に固有の効果）を用いた分析が必要になることがある（詳しくは山本 2015 参照）。

また，上記にも関連するが，ここで紹介した方法のほとんどは変数間の関連（変数Aが高い顧客はBも高い，など）をみているだけであり，因果関係（変数Aを高くするとBも高くなる，など）を示すものではないことに注意が必要である。マーケティング施策の真の(因果) 効果を調べる方法は本章4節で説明する。

⑵**外的基準が存在しない場合に利用する方法**　　特定の変数を説明することが目的ではなく，データの構造や顧客・消費者・商品サービスなどがどのように分類できるかを探索的に知りたいというニーズはマーケティング実務では多い。このような場合の方法としては，直接は観測できないがそれを仮定することが有用な**潜在変数**（latent variable）を利用するかしないかで分析法が異なる。

⑵-1 **潜在変数を用いない探索的な分析**　　複数の2値変数（特に商品の購買）間の関係をみる方法として，特に同時購買やサイト内のページ，ネット・サービスの同時利用などからレコメンデーションを行う方法として**アソシエーション分析**（連関分析）がある。これ以

Column ㊳　アソシエーション分析の実際 ●●●━━━━

　EC サイトで蓄積されている購買履歴からのレコメンデーション・システムを例にとってみよう。商品 A（例：Nintendo Switch）と B（例：スプラトゥーン 2）の購買履歴から，B の推薦をするかどうかを考える。ここで全体の顧客のなかでどの程度同時に購入されているか（＝P(A も B も購入)）が支持度である。ただし B の推薦という点では，A を購入した人が B を購入するかどうかを調べて，その確率が高ければ商品 A の購入者に B を薦めるのは自然である。そこで以下の式で求まる「信頼度」を計算するのがよい。

$$P(\text{B 購入} \mid \text{A 購入}) = \frac{P(\text{A も B も購入})}{P(\text{A 購入})} = \frac{\text{支持度}}{\text{A の購入確率}}$$

ただし，もともと B が人気商品ならば A を買っていない人でも高い確率で購入している可能性がある。そこで，全体のなかでの B の購入確率（＝P(B 購入)）で信頼度を割ったものがリフト値

$$\frac{P(\text{B 購入} \mid \text{A 購入})}{P(\text{B 購入})} = \frac{\text{信頼度}}{\text{B の購入確率}}$$

であり，これが 1 を大きく上回る場合には，A の購入者に対して B を推薦することが有効であることが示唆される。

━━━━━━━━◢◢━━━━━━━━━━━━━━━━━━━━━●●●

外にもベイジアン・ネットワークなどさまざまな方法が開発されている。

⑵-2 潜在変数を用いる探索的な分析　　第 3 章で直接観測できない心理学的な構成概念の議論を行ったが，分析において構成概念間の関係や消費者ごとの構成概念の得点を算出する方法として代表的なものに**因子分析**（factor analysis，次節参照）と**共分散構造分析・構造方程式モデリング**（structural equation modeling）がある。また因子分析に類似する主成分分析という方法も利用される。ほかにも複数の離散変数から潜在的な次元を見出す簡便な方法として**コレスポン**

デンス分析がある。

　機械学習の方法論として深層学習（ディープラーニング）の一連の方法の中心となるディープニューラルネットワーク（DNN）は脳の神経細胞のネットワークを模倣したものであるが，その隠れ層は潜在変数の一種として理解することも可能である。ただし DNN など非線形の複雑なモデルは潜在変数の内容に意味づけをすることは難しいので，探索的な分析よりも予測のためのモデルとして利用されることが多い。

　さらに，マーケティング実務での解析目的からは，あとで紹介する STP を実行するための方法として特に「セグメンテーション」のための方法と「ターゲティングとポジショニング」のための方法がある。これらについては次節で説明する。

解析結果の揺らぎへの注意：標準誤差

第 4 章 1 節と第 5 章 1 節に記載したように，関心のある母数とデータから計算した推定値にはズレが存在する。リサーチ会社に依頼をして 2017 年 10 月第 1 週に 1000 人の消費者にゲームアプリ関連の月額の支払額を聞く調査を行い（図 5.1 の標本 1），その平均を計算した結果が 350 円だったとする。もし同じ調査を別の 1000 人に行うとすると（図 5.1 の標本 2），大幅には違わないにせよまったく同じ平均値にはならず，たとえば 35 円などある程度ブレが生じるだろう。このように，同じサンプルサイズの調査を行っても，毎回対象者が異なるので，その結果は異なりうることから，仮想的に「繰り返し n 人に対して調査を行い，平均を計算しそれをヒストグラムにしていく」ときに得られるのが標本平均の**標本分布**である。

　ここで母集団の平均を μ，分散を σ^2 とすると，標本平均の標本

分布の平均は母集団の平均 μ になり，分散は σ^2/n になることが知られている。サンプルサイズ n が大きいほど分散が小さくなり，標本平均の値が母集団平均 μ により近い値を取ることになる。第5章4節で説明した信頼区間の議論からも，サンプルサイズが大きくなることで標本平均によって真の母集団平均をよりよい精度で推定できるということになる。

統計的仮説検定 たとえばクーポン販促が売上への効果があるかどうかを調べるために顧客の 0.1% を無作為に抽出してクーポン販促をしたとしよう。ここで顧客の数，および販促の対象となっていない顧客の人数は十分あり，そこでの月間の購買金額は3万円だったとする。ここで 0.1% の販促対象の顧客が 400 人だったとして，1人当たりの月間購買金額が3万4000円であり，クーポン配布や値引きのコストが 3000 円だったとしよう。つまり 400 人に対して利益が1人当たり 1000 円ということになるが，この結果からクーポン販促を全顧客に行ってもよいだろうか。あくまでも無作為に選ばれた 400 人ではあるが，たまたま今回の 400 人には 4000 円分の効果があっただけで，先ほどの標本分布の議論からは別の 400 人を選んだら 2800 円の効果しかなく 200 円の損失になってしまうかもしれない。

　単に顧客の属性や何らかの特徴によって購買行動がどの程度異なるかといった探索的な解析であれば，顧客が多い場合には単純に差を計算したりクロス表を作成すればよいが，実験のように手軽にサンプルサイズを増やすことが難しい場合には，結果の揺らぎを考慮した分析が求められることがある。

　統計的仮説検定とは，帰無仮説と呼ばれる（販促の例ならクーポンの効果がないなどの）成立していないであろうと思われる仮説と，対

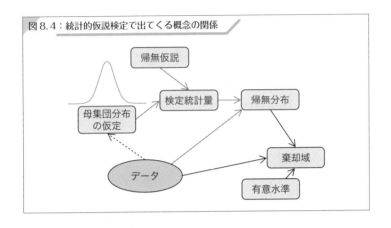

図8.4：統計的仮説検定で出てくる概念の関係

帰無仮説

母集団分布
の仮定

検定統計量

帰無分布

データ

棄却域

有意水準

立仮説と呼ばれる（販促の例ならクーポンの効果があるなどの）成立していると見込まれる仮説の2つのうち，データからどちらが成立しているかを判断する方法である。具体的な手順は，母集団分布と帰無仮説によって決まる**検定統計量**という計算式と，その検定統計量が「帰無仮説が正しい場合に従う分布」である**帰無分布**を特定しておく。もし帰無仮説が正しければ極端に出現しにくいような値の範囲（棄却域）も決まるので，実際にデータから計算した検定統計量の値が棄却域に入っていれば，帰無仮説が正しい場合には今回のデータが得られる可能性は低いことになる（**図8.4参照**）。裏返していえば，検定統計量の値が棄却域にはいるということは，帰無仮説が誤っていて対立仮説が正しい（販促の例ならクーポンの効果がある）ということになる。

このようにいったん帰無仮説が正しいと仮定して，手元のデータが「帰無仮説が正しい場合には発生しにくい」しかし「データは正しいとすると帰無仮説が間違っている」という論理から帰無仮説を否定する「背理法」の一種として理解することもできる。

　先ほどの販促の例で，顧客の購買金額の母集団分布（ここではクーポン非対象の顧客の分布）が正規分布で標準偏差が 5000 円（$=\sigma$）だとする。帰無仮説を「全員にクーポン販促をした場合は 3 万 3000 円（$=\mu_0$）」対立仮説を「3 万 3000 円以上になる」とすると，このような場合での検定統計量は

$$T=(\bar{X}-\mu_0)/(\sigma/\sqrt{n})=(3.4-3.3)/(0.5/\sqrt{400})=4$$

となりその帰無分布が標準正規分布であることが知られている。ここで T が標準正規分布の上側 5% 点である 1.645 以上が棄却域であり，4＞1.645 なので対立仮説が正しいと判断する。ただし $\bar{X}$ は販促対象群での購買金額の平均である。

　また，帰無仮説が正しい場合に検定統計量が極端な値を取る確率を有意水準といい，通常は 5% と設定する。帰無仮説が正しい場合には極端な値となる 5% の値の範囲に検定統計量が入れば，帰無仮説は正しくない，とみなすことになる。

　ここで検定統計量や帰無仮説，棄却域などはマーケティング・リサーチに出てくるようなさまざまな分析ごとに考案されているので，適切な文献にあたって選択すればよい。

> 抽出確率を考慮した
> 重み付け

第 5 章 1 節で説明したさまざまな抽出法のうち「単純無作為抽出法」「系統抽出法」以外の方法では，以上で説明した単純な解析法を利用すると誤った結果を導くことがある。なぜなら標本に構成単位（たとえば消費財の調査なら消費者，生産財の調査なら企業）が含まれる確率である**包含確率**が構成単位間で異なる可能性があるためである。顧客満足度の調査のために店舗（第 1 次抽出単位）を選び，それぞれの店舗で顧客（第 2 次抽出単位）を選ぶ 2 段抽出の例を多

段抽出の説明の例で挙げたが，このような場合には単純に解析するのではなく包含確率を考慮した解析を行うのがよい。

　包含確率が存在する場合の集計方法として利用されるのが，包含確率の逆数を重みとする重み付け集計である。たとえば回答者iの値をy_iとし，回答者iの包含確率をπ_iとすると，yの母集団平均を

$$\frac{1}{n} \sum_{i=1}^{n} \frac{y_i}{\pi_i} \quad （n はサンプルサイズ）$$

のように推定する（これは Horvitz-Thompson 推定量と呼ばれる）。平均以外にもクロス集計表やほかのさまざまな解析法でも，包含確率の逆数を重みとする重み付けの推定が利用できる。

　重み付けを行わないために抽出確率を工夫する方法もあり，その場合の標本を自己加重標本と呼ぶ。たとえば2段抽出法や層化抽出法の場合，第1抽出単位や層の大きさに比例する比例配当を行えば，それが自己加重標本になる。たとえば極端な例として2つの層（たとえば SNS 利用者と非利用者）に層別するとして，母集団での比率が6対4であれば，各層から等しい確率で（同じ人数）抽出すると SNS 利用者の包含確率と非利用者の包含確率の比はそれぞれ4対6になる。一方各層からの抽出人数を6対4にすれば，当然包含確率はどちらの層でも等しくなるので重み付けをする必要はなくなる。

3 マーケティング STP のための手法

マーケティング戦略策定や施策立案のためには消費者がどのよう

なニーズを持ち，そのうちどのニーズを満たすべきであるかの選択を迫られる場合が多い。Web サービスなどであれば個別の顧客のニーズを満たすようにサービスを提供する One-to-One マーケティングを行うことが可能な場合もあるが，自動車など耐久消費財，シャンプーなどの日用非耐久消費財はもちろん，ゲームアプリなどであっても商品やサービスを個別最適化することは難しい。そこで消費者（のニーズ）をいくつかのセグメントに分類し（**セグメンテーション**：segmentation），そのセグメントのどれに対して製品・サービスを提供するかを決定し（**ターゲティング**：targeting），また消費者から競合商品・サービスに対してどのように差別化されて認識されているかを理解し，またどのように位置づけられるべきかを考える（**ポジショニング**：positioning）というマーケティング STP の分析を行うことが一般的である。ここではデータから STP 分析を行ういくつかの方法について紹介する。

セグメンテーション
セグメンテーションを実施する際には消費者を何らかの変数で分類することになるが，すぐに思いつくのは性別や年齢，職種等で分類することである。ほかにもどのようなメディアや SNS などを利用しているか，居住地域なども直接対象に広告コミュニケーションをとるなどという点で重要である。しかし本来のセグメンテーションの目的からは，消費者が製品やサービスに「どのようなベネフィットやニーズを求めているか」「どのような問題を解決したいか」「いつ，どの程度の頻度で利用するか」「どの程度支払ってもよいと思うか」（＝WTP）などで分類するほうがより精度の高いセグメンテーションが可能である。これらの変数をセグメンテーションにおける**基底変数**（base variable）と呼ぶ。ただし基底変数は市場調査など「集めるデータ」か

らしか得られないことが多い。

　一方，各セグメントがどのような人から構成されているかを説明するための変数を記述変数（descriptor variable）と呼ぶ。実際の消費者に対してマーケティング・コミュニケーションを行う際には「どのようなニーズを持っているか」を消費者ごとに測定することは難しいので，たとえば広告を出稿する先（テレビCMなら時間帯，Webならページやアプリなど）をどこにするかなどを理解するために利用する変数（たとえば性・年代，居住地域やどのようなメディアに接触するか）が記述変数となるが，場合によって一部基底変数と重なることもある。

　Webサービスや小売企業などにおいて業務で「集まるデータ」から解析を行う際に，過去の購買履歴を基底変数として利用する場合がある。第7章1節で紹介したRFM分析を具体的に実行する方法として，過去の購買量や金額でライト・ミドル・ヘビーの3つに分類したり，10%ずつに分けるデシル分析では，3つや10のセグメントごとに離反率や販促への反応をみることが多い。

　一方，基底変数の候補が複数存在する場合に探索的にセグメンテーションを実施するための分析法としてはk-means法，階層的クラスター分析，潜在クラス分析，混合分布モデル，LDA（latent Dirichlet allocation：潜在ディリクレ配分法）などがある。ここでは非階層的なクラスター分析であるk-means法を紹介する。ほかの方法についてはブックガイドを参照されたい。

　k-means法は複数の変数の情報を使ってセグメンテーションを行う方法であり，図8.5を用いて説明したい。ここでは顧客データベースから顧客を分類することを考える。説明を簡単にするために，2つの変数として縦軸が1回当たりの利用時間，横軸が月当た

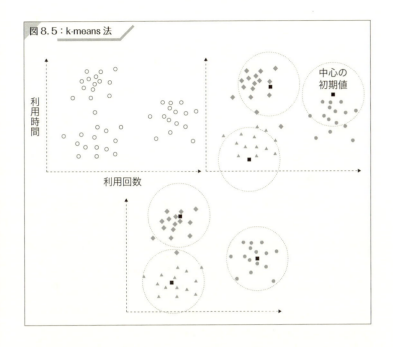

図8.5：k-means法

中心の
初期値

利用時間

利用回数

りの利用回数とする。左上のデータの散布図に対して，3つのセグメントが自然とすると，まずは①適当に3つのセグメントの中心（四角の点）を決め，②その3つの中心への近さで各セグメントを決めるとしよう。それが右上の図であり，顧客は●（利用回数の多い群）と◆（利用回数は少ないが1回当たりの利用時間が多い群），および▲（どちらも少ない群）の3群に分かれている。よりきれいに3つに分けるためには，③それぞれのセグメントに分類された顧客の群平均を計算し，④その平均への近さから再分類を行う。以降③と④を繰り返し，平均の変化がなくなってきたら，最終的に最もよいセグメンテーションが行える（下の図）というのがこの方法である。実際にはいくつのセグメントにするかなどはセグメントの解釈のし

やすさやデータへの当てはまりぐあいから決めることになる。

また，一度セグメンテーションを実施したら，次はセグメント間の記述変数の分布の違いから，実際にどのセグメントに所属する消費者に広告販促や営業などのコミュニケーションをどのようにとるかを考えることになる。

ターゲティングと
ポジショニング

「ターゲティングとポジショニング」のための方法としてよく利用されるものに**知覚マップの作成**と**選好回帰**，シェアの計算という一連の手順（Urban, Hauser, & Dholakia 1987）がある。このうち知覚マップの作成は，因子分析や主成分分析，コレスポンデンス分析を応用して消費者が競合商品やサービスをどのような軸で認知したり評価したりしているかを調べるものである。

ここでは代表的な方法である因子分析について説明する。因子分析はお互いに関連のある複数の変数の背後に，その関連を生み出す少数の潜在変数（＝因子）を仮定する方法である。この方法は心理学を中心にマーケティング，学力テストの作成，複数企業の株価の変動要因の探索などさまざまな分野で利用されている。たとえば**図8.6**の上図では知能検査の一部項目の背後に2つの能力次元を想定する場合であり，下図では複数のブランドパーソナリティ項目の背後にパーソナリティ次元の「洗練」と「刺激」が考えられるという例である。

ポジショニング分析を行う場合は，まず自社他社に限らず当該カテゴリーのメジャーな競合商品とサービスに関する複数の調査項目について調査回答者に回答を求める。結果として得られるのは「回答者×複数商品（またはサービス）×複数変数」のデータであり，これは通常のエクセルの行列の形式（これを2元データと呼ぶ）のデー

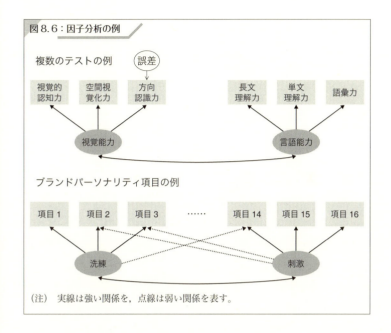

図8.6：因子分析の例

複数のテストの例　　（誤差）

視覚的　　空間視　　方向　　　　　　　長文　　単文　　語彙力
認知力　　覚化力　　認識力　　　　　　理解力　　理解力

　　　　　視覚能力　　　　　　　　　　　言語能力

ブランドパーソナリティ項目の例

項目1　項目2　項目3　……　　項目14　項目15　項目16

　　　　洗練　　　　　　　　　　　　　　刺激

(注)　実線は強い関係を，点線は弱い関係を表す。

タにもう1つ深さのある3元データとなる（図8.7の*D*。ちなみに相
という用語もあるがこれは「回答者」や「項目」などであり，このデータ
は3元3相データである）。通常は，回答者について平均を取って「複
数商品（またはサービス）×複数変数」の2元データにする。そのう
えで因子分析を行うことで作成されるのが知覚マップである（図
8.7の*X*）。知覚マップは基本的に2次元上に複数商品（またはサー
ビス）が布置されたマップであり，その2次元は消費者が当該カテ
ゴリーの商品やサービスを認知・評価する次元を表している。因子
分析には因子数の決定や因子の回転などいろいろな要素があるため，
詳細についてはブックガイドを参照されたい。
　一方，選好回帰とシェアの計算というのはマーケティング分野で

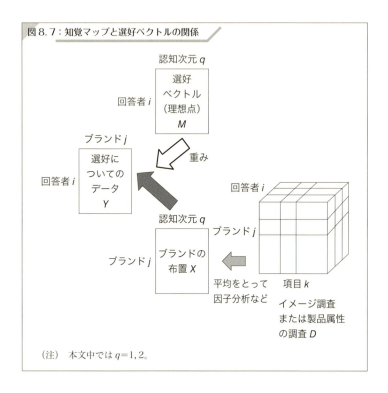

図8.7：知覚マップと選好ベクトルの関係

認知次元 q

選好ベクトル（理想点）M

回答者 i

ブランド j

選好についてのデータ Y

回答者 i

重み

回答者 i

ブランド j

認知次元 q

ブランドの布置 X

ブランド j

平均をとって因子分析など

項目 k

イメージ調査または製品属性の調査 D

（注）　本文中では $q=1, 2$。

のみ利用されるやや特殊な分析法である。これは以下の手順を取る（これより**図8.7**を見ながら読み進めてほしい）。

　①複数製品・サービスへの購買意向や選好を単独項目として調査する。このデータは「調査回答者×複数商品（またはサービス）への選好」という2元データとなっている（図8.7の Y）。

　②回答者 i の商品・サービス j への選好の得点を y_{ij} とし，知覚マップ（図8.7の X）ですでに作成された商品・サービス j の2次元の得点を (x_{j1}, x_{j2}) とするとき

$$y_{ij} = m_{i0} + m_{i1} \times x_{j1} + m_{i2} \times x_{j2} + e_{ij} \qquad （ただし e_{ij} は誤差）$$

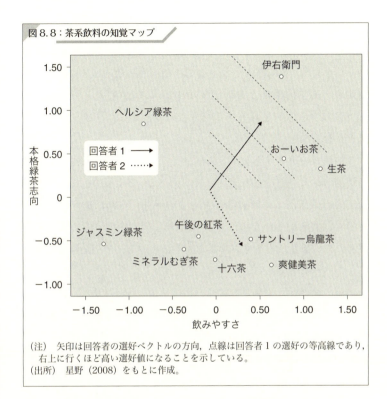

図8.8：茶系飲料の知覚マップ

（注）　矢印は回答者の選好ベクトルの方向，点線は回答者1の選好の等高線であり，
右上に行くほど高い選好値になることを示している。
（出所）　星野（2008）をもとに作成。

という個人ごとの重回帰分析モデルを考える。このモデルから係数
（m_{i1}, m_{i2}）を回答者ごとに計算する（図8.7のM）。

　③上記の2つの係数を**選好ベクトル**と呼び，知覚マップ上に配置
する。選好ベクトルは回答者の好みの方向を示しており，方向が同
じ，かつより原点から離れている商品が選択されると考える（厳密
には各商品の選好ベクトル上への「射影」の長さが最大の商品が選好され
る）。**図8.8**ならば回答者1は飲みやすくかつ本格的な緑茶を好み，
「伊右衛門」が選択されやすい。一方，回答者2は緑茶以外で飲み

やすい茶系飲料を好み，「爽健美茶」が選択されやすい。

④この選好ベクトルを用いて各商品・サービスの購入率やシェアの計算を行う。シミュレーションはその商品・サービスに依存する。自動車であれば数年に1台しか買わないが，飲料などでは特定期間で複数ブランドを購入する場合もあるので，上位3ブランドが選択されるなどのシミュレーションもありうる。

⑤消費者の選好ベクトルの分布が変わらないという仮定のもとで，新製品のシェアや特定のブランドのリニューアル後のシェアの推定などを行う。たとえば回答者1と2の中間の方向に選好ベクトルを持つ消費者が多いならば，「生茶」は「伊右衛門」との競合を避けるためにより飲みやすさを訴求するほうがシェアが上昇する可能性がある，などである。

　上記のターゲティングとポジショニングあるいはリポジショニングを一連のパッケージとして行う方法は他の方法に比べて予測力が高いことから，Urban, Hauser & Dholakia（1987）以降，日用財の製品開発とリニューアルのためのマーケティング施策立案において非常によく利用されている方法である。

Case　飲料メーカーのマーケティング・リサーチ⑨

　Aさんが作成した調査項目では，日本茶やお茶のイメージを中心に設定しましたが，最近の健康・美容意識の高まりを考慮し，「身体に良い」「ダイエット効果がある」といったイメージについても，各ブランドがどの程度あてはまるか回答してもらいました。調査データについて因子分析（最尤法・バリマックス回転）を行った結果，2つの因子を得ることができました（表8.3参照）。

　この表を見ると因子1が，「飲みやすい」「食べ物にあう」という項目の因子負荷量の値が高いことから日本茶の特徴を表し，因子2が「美

容に良い」「身体に良い」「ダイエット効果がある」といった項目の因子負荷量が高いことから健康・美容因子であると考えられます。

表8.3：因子負荷量

項目	因子1	因子2
飲みやすい	**0.798**	0.048
食べ物にあう	**0.752**	0.105
美容に良い	0.177	**0.729**
身体に良い	0.296	**0.603**
ダイエット効果がある	−0.047	**0.760**
お茶本来の味が味わえる	0.620	0.159
本物を体験できる	0.547	0.349
手軽に買える	0.640	−0.035
家族が安心して飲める	0.647	0.217
楽しい気分になれる	0.547	0.420
リフレッシュできる	0.671	0.344
リラックスできる	0.719	0.312

Case　飲料メーカーのマーケティング・リサーチ⑩

　図8.9はAさんの調査対象の各ブランドについて，因子得点をもとに平面上に布置した結果です。横軸が因子1（日本茶因子）を表しており，正の方向に布置されるブランドは消費者にとって日本茶のイメージが強いブランドです。図8.9では「お〜いお茶」やサントリーの「伊右衛門」が消費者にとって日本茶のイメージが強いブランドであることが理解できます。縦軸は因子2（健康・美容因子）であり，正の方向にあるブランドが美容・健康意識の強いブランドです。「ヘルシア緑茶」，サントリー「伊右衛門 特茶」，コカ・コーラ「からだ巡茶」が健康・美容のイメージが強いブランドですが，ブランド間の距離があり，ブランドによる消費者イメージの差が大きいことが理解できます。また，図8.9から，日本茶のイメージと健康・美容イメージの高い商品がないこと

より，市場参入の機会があると考えられます。

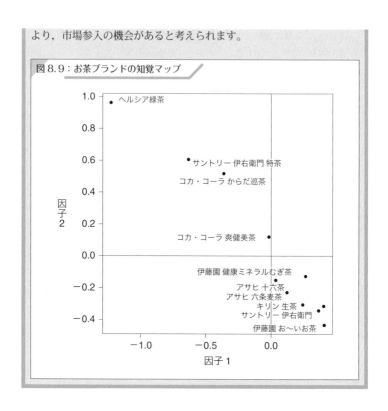

図8.9：お茶ブランドの知覚マップ

4 選択バイアスの補正と因果効果の推定

　第3章で外的妥当性の議論を行ったが，自分の得たデータ（標本）から得られる分析の結論を何らかの母集団に一般化したいという場合には，自分の得たデータの偏り（第5章で説明した選択バイアス）を補正することが求められる。

外部情報との比較 まずは母集団について，手元のデータより
も代表性の担保されている方法でデータが
収集された外部情報との比較を行うのがよい。たとえばスマートフ
ォンの利用形態を聞く（あるいはログを得る）調査の対象者が偏って
いる可能性があるとしよう。母集団が日本人一般であれば，国勢調
査や国民生活基礎調査など大規模な政府統計調査の年齢・性別・地
域（場合によっては年収）などが母集団からの代表性がある外部デー
タとして考えられるので，その分布や平均と近いかどうかを比較で
きる。同様に自社サービスの潜在顧客が日本の消費者全般であるな
らば，性・年代の分布については国勢調査のそれと比較することが
可能である。家計調査や家計消費状況調査などの国の調査や，リサ
ーチ会社が行っている大規模なシンジケートデータも場合によって
は利用可能である（**Column㊵**の例参照）。たとえばカーシェア業界
に参入するかどうかを決定するために，消費者の自動車購入行動を
調べるならば，政府や業界団体が行っている全数調査による出荷情
報や新車登録台数の情報などが利用できる。

　既存顧客の他社への流出を避けるための施策立案を目的とする，
既存顧客の一部を対象として実施した調査であれば，既存顧客が母
集団となる。したがって回収された標本の性・年代や購入額・利用
行動の分布が既存顧客全体に近いかどうかを調べればよい。

**補助情報の分布を
用いた事後調整** 標本に偏りがあると考えられる場合には，
自分が得たデータを解析した結果を母集団
へ一般化することは難しいということにな
る。ただし場合によっては適切な補正を施すことで母集団に一般化
することも可能である。以下にそのためのいくつかの方法を紹介す
る。

Column ⑩ 重み付け集計の例　●●●━━━━━━

　偏りのある標本から 20 歳以上 70 歳未満の日本人の旅行への支出額や旅行先などの質問調査を行うことを考えよう。下記の表 8.4 の母集団構成比は 2016 年 10 月での総務省による国勢調査などを用いた日本人の性・年代別の母集団構成比の推計値である。

表 8.4：日本人の性・年代別母集団構成比

	日本人全体 (千人)		母集団構成比 (%)		標本構成比 (%)		重み	
	男性	女性	男性	女性	男性	女性	男性	女性
20 代	6,435	6,118	7.968	7.576	8.0	14.0	0.996	0.541
30 代	7,787	7,561	9.642	9.363	7.0	17.0	1.377	0.551
40 代	9,623	9,405	11.916	11.646	5.0	17.0	2.383	0.685
50 代	7,720	7,714	9.559	9.552	5.0	11.0	1.912	0.868
60 代	8,971	9,424	11.108	11.669	8.0	8.0	1.389	1.459
合計	80,758							

事後層化とレイキング・キャリブレーション推定

　属性や年収など，調査の目的となる変数に影響を与えるであろう変数について，母集団での分布に近づくように補正を行う方法の最も簡単なものが**事後層化**（post-stratification）である。事後層化は，第 5 章で説明した層化抽出とは異なり，標本が得られたあとで性・年代カテゴリーなどを層化変数として事後的に層別し，各層の構成比が母集団（あるいは代表性のある外部データ）に一致するように調整する方法である。**Column⑩**の例は偏りのある標本を性（男女で 2），年代（10 年刻みで 5）の 10 セルの性・年代カテゴリーについて国勢調査の構成比に合わせるように調整する場合を示して

性・年代層で重み付けするとは，たとえば 30 代女性なら母集団構成比 9.363% に対して標本構成比は 17% と高いので，9.363÷17＝0.551 の重みを与える，というものである。これにより，たとえば母集団での構成比より標本での構成比が大きい 30 代女性の重みは小さくし，逆に標本での構成比の小さい 40 代男性の重みを大きくする年間支出額の平均が計算できる。ただし性・年代層だけで重み付けをした場合には，性・年代層による割当法同様に，在宅していて謝礼を得て調査に答えた 40 代男性の値が 2 倍以上に割り増されるなどのため，旅行への年間支出額などは大幅に過小推計されるだろう。このような問題を防ぐためには，たとえば世帯収入でもう 1 つ層をつくるなどが考えられるが，その場合は世帯収入が高い（不動産所得や金融所得が高い）時間に余裕のある 40 代男性などが割り増されて集計されてしまい，過大推計の可能性がある。よりさまざまな変数を一挙に考慮するには傾向スコア（後述）を利用するなどの対策が必要である。

いる。また事後層化は層化変数以外の補助変数（たとえば収入）の平均が各層で母集団の各層の平均に等しくなるような調整を行うことも可能である。いずれにせよ事後層化はある 1 つの層化変数についてのみ調整する方法であるが，複数の層化変数について調整を行う方法も存在する。その代表的な方法がレイキングである。

　　レイキング（raking）は事後層化と異なり複数の層化変数について調整を行う方法であるが，各層化変数ごとにその構成比（や補助変数の平均）が母集団に一致するような重みを計算する。表 8.5 の例では標本の男性比率が 33% に対して母集団では 50.2%，各年代の比率も標本と母集団では大きく異なっている。

表 8.5：性別と年代の周辺分布の差異

	男性	20 代	30 代	40 代	50 代	60 代
母集団構成比	50.194%	15.544%	19.005%	23.562%	19.111%	22.778%
標本構成比	33.000%	22.000%	24.000%	22.000%	16.000%	16.000%

　レイキングでは，このように 2 つ以上の層化変数について個別に標本の構成比が母集団構成比に合うように調整を行う。**Column**⑩の例では性別と年代を別々に行う必要はなく事後層化で十分であるが，居住地域や年収など複数の変数を調整したい場合には，①事後層化では，複数変数を組み合わせたカテゴリーの数が多くなると標本でのカテゴリーごとのサンプルサイズが小さくなり重みが不安定になる，②変数ごとに調整するならば，母集団や外部データの情報源が複数であってもよい（たとえば性・年代居住地域は国勢調査，年収は国民生活基礎調査からなど），という理由からよく利用される。

　さて，**Column**⑩の例では性・年代の組み合わせは 10 カテゴリーであり，全体が 100% だからその分布は（10−1 で）9 つの値がある。一方レイキングでは 100% から男性の割合を引いたものが女性の割合であるから，性別については 1 つ，同様に年代については 5−1 で 4 つの値があり，2 つの変数で 5 つの値を持つことになる。性別と年代という 2 つの変数の組み合わせの分布（これを同時分布と呼ぶ）ではなく，2 つそれぞれの分布（これを周辺分布と呼ぶ）ごとに調整を行うということは，そのままでは 10 カテゴリーごとの重みは決まらないということである。そこでもともとの（包含確率による）重みからなるべく大きく変わらないように重みを決めるという方法が**キャリブレーション推定**による重みの決定という

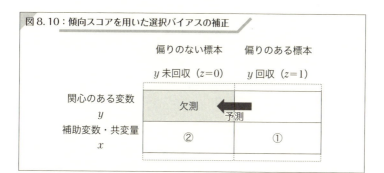

図8.10：傾向スコアを用いた選択バイアスの補正

	偏りのない標本 y 未回収（$z=0$）	偏りのある標本 y 回収（$z=1$）
関心のある変数 y	欠測	←予測
補助変数・共変量 x	②	①

考え方であり，その特殊な形態がレイキングであるといえる（詳しくは土屋 2009 を参照）。

傾向スコアを用いた補正　さらにより精度の高い方法として，リサーチの目的変数と関連が高いと思われる複数の補助変数の同時分布が母集団や外部データと等しくなるように重みを決定し，その重みを用いて解析を行うのが**傾向スコアを用いた補正法**（Imbens & Rubin 2015；星野 2009）である。

　第5章3節では調査に回答してくれない対象者が存在する場合には，無作為抽出による調査であっても偏りのあるデータになることを説明した。図5.7を少し書き換えて，偏りのない標本については補助変数のデータを得られるようにした場合が**図8.10**である。

　ここでは偏りのある標本で，マーケティング・リサーチで関心のある変数と補助変数の組み合わせが得られているデータ（$z=1$；図8.10の①）があり，一方で外部データとして偏りのない標本で補助変数だけ得られているデータ（$z=0$；図8.10の②）があるとする。①のデータの補助変数の同時分布が②の同時分布に一致するように補正を行うことで，偏りのない標本での関心のある変数の平均や分

布を予測しようという方法の代表的なものが傾向スコアを用いた重み付き解析である。発想は非常に単純で、「対象者 i が偏りのある標本に存在する確率 $p(z_1 = 1 \mid x_i)$」が対象者 i の傾向スコア e_i である（ただし添え字 i は対象者 i の値を示す）。

傾向スコアが大きい対象者 i は偏りのある標本において典型的な消費者であることを示すので、傾向スコアが小さい人の y の値をより大きく重み付けすることで、偏りのない標本での結果を予測することが可能となる。具体的には偏りのない標本での y の平均値は、本章 2 節で紹介した Horvitz-Thompson 推定量のように

$$\sum_{i=1}^{n} \frac{(1-e_i) \times z_i \times y_i}{e_i}$$

を計算することで推定が可能となる。実際の計算では対象者ごとの傾向スコアを計算する必要があるが、2 値変数である z を x で説明する回帰分析モデル、たとえばロジスティック回帰分析やプロビット回帰分析モデルを利用することで計算ができる。

施策の因果効果推定
の理解

第 3 章で内的妥当性について説明を行ったが、マーケティング施策単体の純粋な効果を知りたいとしても実験ができない場合は多い。たとえば第 3 章で記載したようなゲームアプリのテレビ CM の効果が知りたい場合、テレビ CM 接触者と非接触者はテレビ CM に影響される前の時点でスマートフォンの利用時間が異なるのだから、ゲームアプリの起動時間の差がテレビ CM の効果にはならないことを説明した。

同様に優良顧客へのクーポン配布の効果を調べるためにクーポンを配布した顧客と配布していない顧客でのクーポン対象商品の購買数の比較をしても、クーポン配布対象は優良顧客であるからそもそ

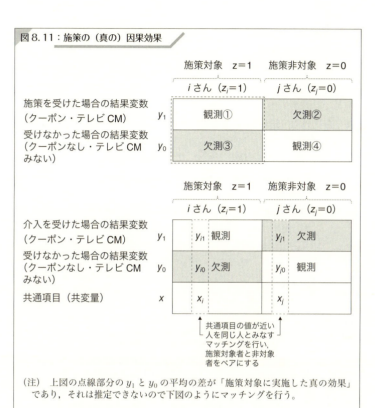

図8.11：施策の（真の）因果効果

		施策対象 z=1	施策非対象 z=0
		i さん（$z_i=1$）	j さん（$z_j=0$）
施策を受けた場合の結果変数 （クーポン・テレビCM）	y_1	観測①	欠測②
受けなかった場合の結果変数 （クーポンなし・テレビCM みない）	y_0	欠測③	観測④

		施策対象 z=1		施策非対象 z=0	
		i さん（$z_i=1$）		j さん（$z_j=0$）	
介入を受けた場合の結果変数 （クーポン・テレビCM）	y_1	y_{i1}	観測	y_{j1}	欠測
受けなかった場合の結果変数 （クーポンなし・テレビCM みない）	y_0	y_{i0}	欠測	y_{j0}	観測
共通項目（共変量）	x	x_i		x_j	

共通項目の値が近い
人を同じ人とみなす
マッチングを行い，
施策対象者と非対象
者をペアにする

（注）上図の点線部分の y_1 と y_0 の平均の差が「施策対象に実施した真の効果」
であり，それは推定できないので下図のようにマッチングを行う。

もクーポンがなくても配布していない顧客より購買数は多いはずで
あるから，見かけとしてマイナスの効果が出ることが多い。このよ
うに施策対象かどうかというだけで単純に比較しても「施策の効
果」を調べることはできないのは，施策対象と対象でない顧客・消
費者の集団の違いを考慮していないためであり，選択バイアスの問
題と同じように考える必要がある。

真の効果を統計学では**因果効果**と呼び，それを定義する際に潜在

Column ㊶　ゲームアプリのテレビ CM の因果効果　●●●━━

　第 4 章 4 節で紹介したゲームアプリについてのテレビ CM の効果の実際の解析例を示す。図 8.12 上段の図は CM 接触群と非接触群のテレビ視聴時間の差であるが，ここから明らかなように CM 接触群はテレビをみている時間が長い。逆にいえばもともとスマートフォンを比較的利用していない人たちであり，非接触群に比べてアプリ利用回数も利用秒数も少ないのは当然である（下段の図の調整前の結果が負になっていることに注意）。そこで「CM 接触群において『CM をみた場合とみていない場合の差』の平均」を計算したのが下図の調整後だが，当然ながら CM の効果があることがわかる。

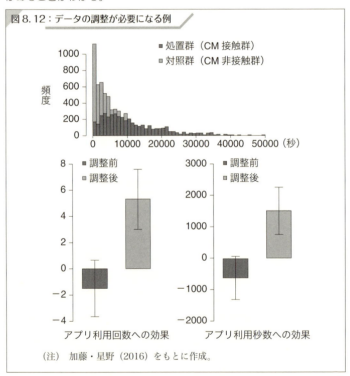

図 8.12：データの調整が必要になる例

（注）　加藤・星野（2016）をもとに作成。

的結果変数（potential outcome）アプローチという考え方が利用される。これは要するに同じ対象者に2つの値「もしその人が施策の対象になった場合の結果（購入額や利用頻度など）」（図8.11上の y_1）と「もしその人が対象にならなかった場合の結果」（図8.11上の y_0）が本来存在するはずだ，と仮想的に考えるというものである。実際にはそのうちのどちらかしか実現しない（したがって一方しか観測できない）ことが「潜在的」という用語の由来である。

　この概念を利用すると「優良顧客へのクーポン配布」施策の真の効果（優良顧客での因果効果）は，

　　優良顧客における「施策を実施した場合の結果の平均」（図8.11上図の①）と「施策を実施しなかった場合の結果の平均」（図8.11上図の③）の差（あるいはさらにはそこから実施コストを引いたもの）

と考えることができる。ただし，ある人が優良顧客と判断されるとその人にはクーポンが配布されるので，クーポン配布がなかった場合の購入額（y_0）は観測できない（欠測値になる）。したがって上記の真の効果はデータから単純に計算できない。

　ここで仮に第4章で説明したような無作為割り当てによる実験研究が行われていて，施策を実施する条件としない条件に顧客がランダムに割り当てられていれば，上記の式のうち，

　　施策を実施した対象の「施策を実施しなかった場合の結果の平均」（図8.11上図の③）＝施策を実施しなかった対象での結果の平均（図8.11上図の④）

となり，施策対象での因果効果を「施策を実施した群としなかった群での単純な結果の平均の差」（図8.11上図の①と④の差）で観測可能である。しかし実務ではこのような無作為割り当てによる実験ができない場合が多い。

そこで，図8.11下図のように，たとえばこれまでの累積購買金額などの共通変数について，クーポン配布対象者 i さんに一番近い非対象者 j さんをみつけることができれば，j さんの購入額が「i さんがもし配布対象でなかった場合の購入額」になると考える。このようなマッチングという発想を用いて図8.11上図の点線部分の「施策を実施した場合の結果の平均」と「施策を実施しなかった場合の結果の平均」の差が計算でき，これが真のクーポン配布の効果になる。

マッチングするためには，施策対象と施策非対象の顧客が「施策を受けたかどうか以外については同じである」という仮定（これを強い意味での無視可能性という）が必要であり，それが満たされるためには多くの共通変数を利用する必要がある。そのため，多くの共通変数についてマッチングをするのは容易ではない。そこで，先ほども登場した傾向スコアを利用することが多い。傾向スコアは施策対象になる確率であり，0から1の間の値を取るため，傾向スコアが近い施策対象と施策非対象の顧客をマッチングさせることが容易である。

このような考え方は顧客単位での施策効果の推定だけではなく，店舗レベル，地域レベルでの施策効果や広告効果の推定にも用いられている。マーケティング・リサーチで世界トップ企業のニールセン社は Nielsen MPA（Matched Panel Analysis）というサービスを提供しているが，このサービスでは，たとえばあるテレビ CM プ

ロモーションをした地域と，それをしていないがあとは同様の条件が成り立っている地域をマッチングさせることで，テレビCMの真の効果が時系列的にどのようになっているかを明確にすることを可能にしている。

またマッチング以外にも，図8.10と同様の発想で優良顧客における「施策を実施しなかった場合の結果の平均」を重み付き平均で計算することで施策効果を推定することもできる（星野 2009）。

また，もしここでクーポン配布有無を過去の累積金額が特定の閾値以上かどうかによって完全に決定する場合には，回帰不連続デザインという別の方法を用いて推定できる（詳しくはAngrist & Pischke 2009 参照）。

ほかにも第4章2節で紹介した差分の差分析，操作変数法を用いた方法，パネルデータや時系列データを用いた方法などデータの取得状況や置くことができる仮定によって利用される方法が異なるが，これらについてはブックガイドを参照されたい。

課 題

8-1 本書のWebサポートページから飲料またはゲームアプリの調査ケースのデータをダウンロードして，自分の関心のある変数についてのヒストグラム，およびクロス集計表を作成してみよう。

8-2 表8.2の高齢者の調査データと**Column㊲**のベイズの定理を利用して，「ある顧客がスマートフォン所有者であることがわかっている場合にその所有者が60代男性である」確率を計算してみよう。

8-3 本書のWebサポートページの飲料の調査データから，知覚マップを作成してみよう。
なお，知覚マップ作成のRコードも同ページに掲載されている。

8-4 本書のWebサポートページの飲料の調査データから，選好分析

を実施してみよう。またその結果をもとに既存製品のどれかを選び，リニューアルをした場合のシェアの推移を計算してみよう。

8-5　本書の Web サポートページの飲料の調査データから，k-means 法で顧客をセグメンテーションしてみよう。具体的には

(1)　記述変数として性・年代，家族構成，収入区分を使って生成されたセグメントについて議論してみよう。

(2)　個人ごとの選好回帰ベクトルを用いたセグメンテーションを行ってみよう。

(3)　両者の違いを議論してみよう。

　なお，セグメンテーションの R コードは本書 Web サポートページに掲載されている。

8-6　本書 Web サポートページの飲料とゲームアプリの各ケースについて，性・年代が Column⑩ の日本人の母集団の性・年代分布の推計値に一致するように事後層化の重みを計算してみよう。さらにその重みを使わない場合のクロス集計表と使った場合でのクロス集計表を作成して比較してみよう。

8-7　本書 Web サポートページの飲料の調査データから，これまで学んだ知識を生かして，特定の既存ブランドのシェアを高めるリポジショニングおよび広告販促施策についてデータに基づいた提案を行ってみよう。

8-8　本書 Web サポートページのゲームアプリのケースについて，これまで学んだ知識を生かして，特定の既存アプリの課金額を高めるマーケティング施策の提案を行ってみよう。

 参考文献 ●●●

加藤諒・星野崇宏（2016）「因果効果推定の応用——CM 接触の因果効果と調整効果」『岩波データサイエンス』3，91-100。

倉田博史・星野崇宏（2009）『入門統計解析』新世社。

土屋隆裕（2009）『概説 標本調査法』朝倉書店。

星野崇宏（2008）「ブランドイメージに関する広告政策を策定するための階層ベイズ的な選択モデルとその応用」『マーケティングサイエンス』

15, 27-44。

星野崇宏 (2009)『調査観察データの統計科学——因果推論・選択バイアス・データ融合』岩波書店。

山本勲 (2015)『実証分析のための計量経済学——正しい手法と結果の読み方』中央経済社。

Angrist, J. D., & J-S. Pischke (2009), *Mostly Harmless Econometrics: An Empiricist's Companion*, Princeton University Press. (大森義明・小原美紀・田中隆一・野口晴子訳『「ほとんど無害」な計量経済学——応用経済学のための実証分析ガイド』NTT 出版, 2013 年)

Imbens, G. W., & D. B. Rubin (2015), *Causal Inference for Statistics, Social, and Biomedical Sciences: An Introduction*, Cambridge University Press.

Urban, G. L., J. R. Hauser, & N. Dholakia (1987), *Essentials of New Product Management*, Prentice-Hall. (林広茂・中島望・小川孔輔・山中正彦訳『プロダクト・マネジメント——新製品開発のための戦略的マーケティング』プレジデント社, 1989 年)

第9章

これからのマーケティング・リサーチ

今後の展望

Introduction

　今後のマーケティング・リサーチというと，fMRI を用いた脳の活動状態の調査など新しいリサーチの手法に注目が集まるが，マーケティング・リサーチの将来を考えるうえで手法だけに注目するのでは不十分である。特に，従来の調査を中心とした「集めるデータ」のマーケティング・リサーチから「集まるデータ」のマーケティング・リサーチへというパラダイムの変化に対応することは，マーケティング・リサーチの環境への対応という点において重要である。また，マーケティング・リサーチは企業のマーケティング活動，ひいては経営の意思決定を支援するものであり，企業を取り巻くマーケティングおよび経営環境の変化も踏まえて，今後のマーケティング・リサーチについて検討するべきである。

　本章では，マーケティング・リサーチにおける今後の検討するべき課題について，「集まるデータ」というパラダイムシフトならびにマーケティング・経営環境の変化を踏まえて明らかにする。

　Aさんは，その後もさまざまなマーケティング・リサーチを行い，自身の業務が会社の意思決定を支える重要な業務であると思うようになりました。同時に，将来にわたって，マーケティング・リサーチから正しい情報が得られるように今から準備する必要もあるのではと考えるようになりました。

1 「集めるデータ」から「集まるデータ」へ

視点の転換

　マーケティング・リサーチはマーケティングの意思決定のために消費者が有する真の意見，本当の考えを明らかにすることを目的とし，さまざまな手法が開発されてきた。質的調査でラダリング法が開発され，量的調査で消費者の選好を2次元上にまとめる知覚マップと選好回帰が開発されたのも消費者の真の意見を得たいというマーケティング・リサーチ担当者のニーズの表れである。この真の意見を得たいというマーケティング・リサーチ担当者のニーズは今後も不変であるため，マーケティング・リサーチにおいて，データの収集手法および分析手法の検討は続くと考えられる。

　これまでは，目的をもってデータを収集し，その収集したデータから消費者の真の姿を得ることを目的にマーケティング・リサーチを行っていたが，ビッグデータの時代になり，データが自然に集まる現在では，データの収集手法および分析手法を検討するうえで，今までとは異なる点に注意する必要性がある。これまでの「集める

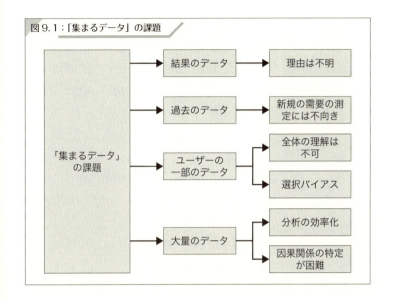

図9.1：「集まるデータ」の課題

```
「集まるデータ」    →  結果のデータ      →  理由は不明
の課題

                   →  過去のデータ      →  新規の需要の測
                                          定には不向き

                   →  ユーザーの        →  全体の理解は
                      一部のデータ          不可
                                       →  選択バイアス

                   →  大量のデータ      →  分析の効率化
                                       →  因果関係の特定
                                          が困難
```

データ」のマーケティング・リサーチでは，母集団からどのように標本を選び出すのか，枠母集団が偏らずに母集団をカバーできているかといった抽出の問題や，被験者が正しく回答できるような調査票の作成上の工夫および得られたデータから行う分析手法についての注意が主であった。

マーケティング・リサーチを取り巻く環境が大きく変わり，「集めるデータ」だけではなく「集まるデータ」も多くなり，「集まるデータ」がマーケティング・リサーチの実務においても利用されるようになったが，「集まるデータ」だけでは，マーケティングの意思決定に不十分な場合が多い。第7章でも指摘したが，あらためて，「集まるデータ」の課題についてまとめ（図9.1参照），その課題への対応を述べたい。

「集まるデータ」は何らかの行動をした結果のデータである。そのため，どのような行動をしたかという結果を定量的に把握できるが，行動の理由，行動に影響を与える消費者の態度や意識については，基本的に理解することはできない。行動と態度の両面から消費者を理解することは，第3章の「偽のロイヤルティ」と「真のロイヤルティ」のようにマーケティングにおいて必要なことである。したがって，「集まる」行動のデータのほかに，理由・態度・意識といったデータは別途「集める」必要がある。その際は，行動のデータと態度のデータを別々に収集するのではなく，同一のモニターから態度と行動のデータを収集したほうがよい。たとえば，第4章のColumn⑮の惰性で購入している顧客のように，購買パネルのモニターに調査をすることで，より深く購買行動を理解でき，効果的なマーケティングが可能となる。

　2番めの課題として，「集まるデータ」が結果のデータであるがゆえに過去のデータでもあるという点が挙げられる。過去と同じことが起きた際には，過去のデータから予測できるが，新商品のように過去にデータがない場合には，「集まるデータ」では対応できない。新商品や新サービスの需要の確認という目的に対しては，コストを掛けてデータを「集める」必要がある。

　「集まるデータ」の3つめの課題は，「集まるデータ」はユーザーや市場の一部のデータであり，ユーザーや市場の全体を表しているわけではない点である。この一部のデータという点は，「集まるデータ」には欠測値を含むことも意味する（「集めるデータ」では，欠測値が生じないようにマーケティング・リサーチを設計するため，欠測値の問題は生じにくい）。そのため，「集まるデータ」で集めきれていない部分を何らかの手法で補う必要がある。たとえば，第4章の

Column⑭でも取り上げた，インテージ社の SCI，マクロミル社の QPR や MHS といった，市場全体を表すデータの利用や，必要なデータを企業間で融通しあう方法がある。後者については，データ融合という方法を用いることで自社のデータで欠測している部分を他社のデータで補うことが可能である（データ融合については第 4 章の Column⑯を参照のこと）。

　また，「集まるデータ」がユーザーの一部ということは，分析して得られる結果にはバイアスが含まれることを意味する。たとえば，自社のコミュニティサイトの会員から得られる意見は，サイトに登録している人の意見であり，消費者全体の意見ではない。そのため，会員からの意見のみを用いた分析結果による意思決定は，自社に好意を持っている消費者の意見による判断であり消費者全体の意見をもとにした判断ではない。「集めるデータ」のマーケティング・リサーチでは対象者の抽出法を検討し，調査，実験および観察を設計することで，選択バイアスの問題を回避することが可能であるが，「集まるデータ」では，この選択バイアスの問題が常に存在する（選択バイアスについては第 5 章 3 節に詳しい）。

　「集まるデータ」を用いてマーケティングの意思決定をする際は，常に選択バイアスを念頭に置き，どのような人が対象者なのかということを考え，時には，得られた結果を真の値に近づける「補正」を行う必要がある。補正を行う際は，性・年代から重みを求めることが多いが，性や年代だけでは変数が少なく，第 8 章の Column⑩で指摘したような問題が生じる。できれば，第 8 章でも説明した傾向スコアのように多数の変数を用いて補正を行うべきである。

　「集まるデータ」の最後の課題は，そのデータ量である。「集めるデータ」はコストを掛けて収集するため，データの量はコストによ

り制限される。一方,「集まるデータ」は,コストという制限がないため,その量は多くなる。その莫大な量のデータを分析するには,因子分析やクラスター分析といった多変量解析と呼ばれる手法では効率性に欠けるため,第1章で指摘したように機械学習の手法を活用する必要がある。

また,「集まるデータ」ではデータの量に加え,データに含まれる変数の種類も多いという特徴がある。変数の種類が多ければ,変数の組み合わせも増え,それらを用いて因果関係を特定するには膨大な時間を要する。ビジネスにおいて時間は無駄にできない貴重な資源であるため,担当者の因果関係に関する仮説があれば,仮説をもとに実験を行い,その仮説を検証したほうが効率的な場合が多い。

データ融合と
企業の連携

企業活動に付随してデータが「集まる」時代において,自社にデータが「集まる」ということは,「他社」においてもデータが「集まる」ことでもある。先に,自社の「集まるデータ」だけではマーケティングを行ううえで難しいことが多く,「集めるデータ」で補う必要があると指摘したが,他社の「集まるデータ」も自社にとって「集めるデータ」であり,今後,他社のデータの活用が盛んになると考えられる。

他社のデータを利用するには,データが流通する市場が必要であるが(アメリカでは,"Qlik DataMarket"というサービスがある〔https://www.qlik.com/us/products/qlik-data-market〕),市場からの調達以外にも他社データの利用が活発になる可能性がある。

知財の世界では,それぞれの企業が保有する特許をお互いに開放し(クロスライセンスの締結),製品開発を行うことがあるが,今後,データの交換,共有をもとに企業間の連携も進む可能性がある。以

前，アサヒビール，江崎グリコ，花王，近畿日本ツーリスト，コクヨ，トヨタ自動車，パナソニックといった企業による異業種プロジェクト（プロジェクト名 "WiLL"）があったが，このような異業種プロジェクトにおいて，消費者像を明らかにするという目的でお互いのデータを交換することは，共創の概念（次節参照）の浸透とともに今後，増える可能性がある。

実験の重要性 マーケティングにおける因果関係を分析する際に，「集まるデータ」は量も多く，原因と考えられる変数が多く含まれているため，因果関係の分析に向いていると考えられることもあるが（「集まるデータ」を分析すると因果関係が理解できると考える人も多い），変数が多いため，どのような因果関係になるのかを特定することが難しく，容易ではない。また，「集まるデータ」の分析だけでは，欠測値が含まれないデータであっても，因果関係の特定が難しい場合がある。その理由の1つに，原因と考えられる変数の値の変化が乏しく分析できないという問題がある。たとえば，値引きの効果を分析したいという際，駅の売店など価格の変動がほとんどみられない業態の POS データでは，値引きの効果は分析できない。この問題に対し，原因となる変数を検討し，いくつかの水準を用意し実験計画を組み分析することで，因果関係の特定を効率的に行うことができる。

　ただし，状況によっては実験を行うことが難しい（介入することが難しい）ことが考えられるため，実験を行う際は現実的に実施ができるかを検討する必要がある。また，第4章で指摘しているように，実験する際は，実験する対象を無作為に割り付ける（対象群と実験群の振り分けを無作為に行う）ことで，実験する内容を正しく評価することができる点についても注意するべきである。

Point！

　「集まるデータ」で実験を行うメリットは，結果を表すデータがすでに手元にあり，新規にデータを収集する必要がない点である。この結果のデータは企業活動の結果のデータであり，因果関係が特定できれば，原因に働きかけ，結果の改善，企業活動を向上させることができるというメリットがある。

分析手法の変化

　「集まるデータ」の特徴は，ビッグデータの特徴と同じであり，量，種類，発生頻度がきわめて大きい点である。また，文字や画像といった非数値データが含まれる点も特徴である。そのため，従来のマーケティング・リサーチで用いられてきた，多変量解析といわれる一連の手法だけでは効率的な分析を行うことができないような大量のデータを処理することを目的に研究されてきた，機械学習の手法のマーケティング・リサーチへの利用について検討をするべきである。

　たとえば，自然言語処理で有名な word2vec（ワード・トゥ・ベック）は，言葉をベクトルとして定量化し，分析する手法である。その特徴は，単に共起構造を明らかにするだけではなく，「A における B は C における D である」というような，アナロジーを分析結果として返してくれるところにある。これをマーケティングにおいて用いれば，A 社における商品ブランド a は B 社における b に相当するというように，企業における商品ブランドの位置づけが簡単に理解できる。共起構造だけなら，文章のなかにある言葉の組み合わせを計測しても可能であるが，類似の構造を明らかにするまでには相当の時間が掛かる。機械学習の手法は開発されてから，まだ日

が浅いが，分析の効率化を図ることができ，かつ従来の手法にはない特徴を有する。話題となった手法については，マーケティング・リサーチへ活用できるか，常に検討する必要があろう。

Point！

　機械学習の手法は膨大なデータから有用な結果を導き出すうえで強力なツールであり，ついつい，出力された結果のみに注目してしまう傾向がある。しかし，出力された結果は，分析したデータの影響を受けているため，機械学習の手法で分析した結果を読み取る際には，分析したデータの条件を踏まえて結果を読み取る必要がある（回帰分析や因子分析といった多変量解析の手法において結果を読み取るときと同じである）。

「集まるデータ」が
重視される背景

「集まるデータ」には，「集めるデータ」にはない課題があり，「集まるデータ」を用いる際には，その課題に対応する必要があることを述べたが，このことは新たな対策を講じたとしても「集まるデータ」を用いるメリットがあることを示している。「集まるデータ」の長所は，第2章の表2.1で示しているとおりであるが，それに加えて，マーケティングの業務という点において，「集まるデータ」を利用する意味がある。

　マーケティングの主たる業務は，消費者のニーズに見合った商品・サービスの開発を行い，市場に導入し，ロングセラーの商品・サービスに育成することであるが，このことは，マーケティングの業務が，新しい商品・サービスを生み出す「創造（creation）」と市場に導入した商品を管理し育成する「運営（operation）」の2つに

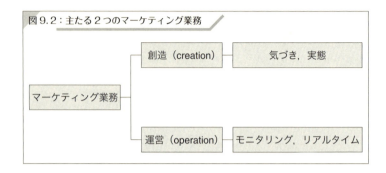

図9.2：主たる2つのマーケティング業務

```
                    ┌─ 創造（creation）─── 気づき，実態
マーケティング業務 ─┤
                    └─ 運営（operation）── モニタリング，リアルタイム
```

分けられることを意味する。「創造（creation）」においては，データから新しい消費者ニーズに対する気づきを得たり，消費者の実態からヒントを得て，新商品・サービスを開発したりすることであり，「運営（operation）」においては，マーケティングの各プロセスにおいて，滞りなく進捗しているかを管理することである（図9.2）。そのためには，企業活動とリンクし，リアルタイム性の高い「集まるデータ」の利用が欠かせない（「集めるデータ」では，リアルタイム性が低いという問題がある）。

「集めるデータ」の重要性　先に述べたように，「集めるデータ」をマーケティングの意思決定に用いるときに，必要なデータが欠けている場合がある。たとえば，自社の Web サイトの稼働状況を確認する際，比較対象がなければ，自社のサイトが良いのか悪いのかその判断がつかない。自社の Web サイトを閲覧する人数が把握できても他社の Web サイトの閲覧人数は把握できない。

　また，小売業では売上のデータや商品の価格のデータは POS データから得ることができるが，店頭でどのような販促活動が行われていたのかは，POS データからは理解することはできない。店頭

の状況が理解できないと，価格の効果を実際よりも大きいものと判断する可能性がある（守口 2002）。これらの問題に対応するため，その欠けている部分を何らかの方法で補うこと，すなわちデータを「集める」必要がある。「集まるデータ」の時代ではあるが，「集めるデータ」もマーケティングの意思決定には必要である。

　課題は，自社のマーケティング，特に管理すべき課題について，自社に「集まるデータ」だけで管理できるのか，管理できなければ，どのように「集めるデータ」を用意するのかを把握することである。

2　マーケティングの進化とリサーチの進化

多国間リサーチの時代　国立社会保障・人口問題研究所が推計した結果によると，日本の総人口は 2050 年代には 1 億人を下回る（http://www.ipss.go.jp/pp-zenkoku/j/zenkoku2017/pp_zenkoku2017.asp）。人口の減少は市場の縮小を意味し，各社とも成長を維持するために国内の縮小する市場ではなく，海外の市場に活路を見出している。企業活動の国際化は，マーケティング・リサーチの国際化を意味する。図 9.3 は日本貿易振興機構（ジェトロ：JETRO）が行っている調査結果から，今後の海外への進出意向を抜き出したものである。この結果をみると，企業の海外進出の意向は強く，マーケティング・リサーチの国際化が必要不可欠であることが理解できる。

　マーケティング・リサーチの国際化で注意すべき点は 2 つである。1 つは海外の市場に見合った商品・サービスを開発するために，当該の市場の消費者に対し，どのようなマーケティング・リサーチを

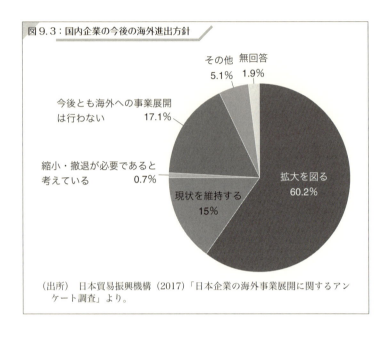

図9.3：国内企業の今後の海外進出方針

その他 5.1%　無回答 1.9%

今後とも海外への事業展開は行わない 17.1%

縮小・撤退が必要であると考えている 0.7%

現状を維持する 15%

拡大を図る 60.2%

（出所）　日本貿易振興機構（2017）「日本企業の海外事業展開に関するアンケート調査」より。

　行えばよいのかという問題である。もう1つがマーケティング管理上の問題である。たとえば，企業が所有するブランドでは，収益を確保するために，ブランドの現状を世界的な規模で定期的に調査し，得られた調査結果を比較する必要がある。ただし，調査した結果を単に比較するだけでは十分ではない。第7章で示したベトナムとマレーシアの例のように，地理的に近いからといって回答結果が同じであるとは限らず，国民性の違いを考慮せずに単純な比較をするだけではマーケティング・リサーチの結果を読み誤ってしまうおそれがあるからである。企業の活動が国際化するのにあわせ，その結果をどのように比較すればよいのか，その方法を開発する必要がある。マーケティング・リサーチの国際化とは，リサーチの結果

を横断比較し，その比較を通して意思決定ができるようになること
である。

モノからコトへ BRICsなどの新興国の成長により日本の
製造業はビジネスモデルの転換に迫られて
いる。「モノ」を製造し，販売をすることで収益を上げるビジネス
モデルでは，市場における新興国のメーカーとの競争で，製造した
「モノ」がコモディティ化し収益の悪化が避けられない。この問題
に対処するには，「モノ」からではなく「コト」から収益を上げる
ビジネスモデルに転換する必要があり，実際に「コト」を中心とし
たビジネスモデルへとシフトしている企業が現れている。

　たとえば，世界的な工作機械のメーカーのHiltiでは，「フリート
マネジメント」というプランを提供している。このプランは毎月一
定金額を支払えば，必要な工具を最良の状態で使用できるサービス
である。Hilti以外ではタイヤ・メーカーのミシュランや重電メー
カーのゼネラル・エレクトリック（GE）などが，販売ではなく利
用に課金するサービスを提供している（石川・清水 2016）。毎月一
定額を支払うことで利用できるサブスクリプションサービスのビジ
ネスもこの「コト」から収益を得るビジネスモデルである。男性の
髭剃りに注目したDollar Shave Club（https://www.dollarshaveclub.
com）や音楽の配信サービスであるSpotify（https://www.spotify.
com）などが有名である。

　この流れは，モノがインターネットにつながるIoT（internet
of things）が浸透すればするほど，加速すると考えられる。これ
までのマーケティング・リサーチでは図9.4に示すように「モノ」
をつくるときにどのようなステップで進めればよいか検討してきた
が，「コト」の開発については，まだ，検討段階である。早急に，

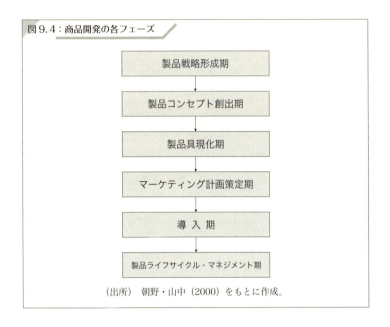

図9.4：商品開発の各フェーズ

製品戦略形成期

製品コンセプト創出期

製品具現化期

マーケティング計画策定期

導　入　期

製品ライフサイクル・マネジメント期

(出所)　朝野・山中（2000）をもとに作成。

どのようなデータを収集し，どのような分析手法を用いれば，利用者が満足いく「コト」を開発できるのか，その方法を考えるべきである。

共　　創　　従来のマーケティングでは，企業は商品・サービスを提供し，消費者はそれらを消費するというぐあいに，企業と消費者の役割が異なっていた。そのような時代では，商品やサービスの利用の仕方は，企業が決めていた。社会が成熟し，消費が多様化すると，企業が思ってもいなかった使い方が消費者から提案されるようになった。このような例にマスキング・テープがある。従来は，工場などで塗装する際に使われていたマスキング・テープが，今では装飾のためにも使用されている。

図 9.5：各地域におけるワークショップの事例

（出所）　キリン株式会社提供。

　このような流れで，良品計画のように消費者とともに商品・サービスの開発を行う企業も出てきた。

　企業と消費者のこのような共同作業を，Prahalad & Ramaswamy (2004) は，共創（co-creation）と呼んだ。企業が共創を行う例は多く，サッポロビールの「百人のキセキ」やキリンビールの「47都道府県の一番搾り（図 9.5）」などがある。共創が行われる背景には，消費者自身の変化と企業の変化の 2 つがある。消費者については，ソーシャル・メディアの普及により消費者には消費するだけではなく，商品の良さを伝達する伝達者という役割が新たに追加された点である。企業については，消費者と共に商品をつくり，その商品を訴求するというマーケティング姿勢の変化と，持続可能な開発目標（SDGs：sustainable development goals）などの社会的課題に向き合い，事業のなかで課題解決をめざし，顧客や社会と価値

の共有を重視するという社会的行動の変化がある（「47都道府県の一番搾り」は後者の意味が大きい）。

　先に述べた社会的な背景を考えると，共創は今後も企業において実施されると思われるが，良品計画のようにシステムとして位置づけるのか，それともプロモーションとして，一時的な対応にとどめるのかを検討する必要がある。また，共創を進めるうえで，参加する消費者との関わりをどのようにするかが重要である。キリンの「47都道府県の一番搾り」では，各地域でワークショップを開催し，直接，消費者との対話を進めながら商品化を行った（図9.5参照）。このように共創を成功させるには，現在のマーケティング・リサーチのなかにどのように位置づけ，業務にどのように組み込むのかという点が課題であろう。

顧客中心マーケティングへのシフト

　マーケティングの目的の1つが，消費者の潜在的なニーズを満たす商品・サービスの供給であること考慮すると，Fader (2012) が提唱する顧客中心のマーケティング（customer-centricity）にシフトすることは，自然なことである。加えて，Woolf (1996) がデータを用いて少数の顧客が利益の大半を生み出していることを指摘して以来，優良な顧客を維持・増加させるために，商品・サービスではなく顧客を中心とするマーケティングは経営面からも重要視されるようになった。

　これまでの商品・サービスを中心とするマーケティングから顧客を中心とするマーケティングへ変化していくなかで，マーケティング・リサーチ自体も変化させざるをえない。商品・サービス中心のマーケティングでは，商品・サービスを開発するにあたり，それらの使用状況や不満などから新しい商品・サービスをつくってきたが，

顧客中心のマーケティングでは、顧客の生活全体を理解し、顧客の気がつかないような点に気づき、同時に、生活の行動のなかで、それらがどのように位置づけられるのかを考え、商品・サービスを提供する必要がある。そのためには、生活全体を理解できるような手法の開発、調査だけではなく観察、生活空間における実験など複数の種類を組み合わせる必要がある。

　マーケティングが顧客を中心とするマーケティングへシフトするなか、学術的な領域においても消費者の行動や態度に関する研究が進められた。そのなかで、消費者特有の判断や意思決定に研究の関心が集まり、さまざまな研究が進められた。たとえば、Williams & Bargh (2008) では人物を評価する前に、温かいコーヒーと冷たいコーヒーを飲用させてから人物を評価させると、その評価がコーヒーの温度に影響されることを示した。また、社会心理学や消費者行動論で注目を集めている、解釈レベル理論では、同じ対象でもその距離感によってその人の評価が変わることを指摘している（第7章も参照）。たとえば、シンポジウムなどの企画者にとって、企画した当初（時間的な距離が遠い）の高揚した気分が、シンポジウムの開催直前（時間的な距離が短い）では、シンポジウムで想定されるさまざまなことを考え、その高揚感が低下するといったように、シンポジウム自体は変化しないが、企画者の気分は大きく変化する。

　これらの研究結果は、消費者の評価は安定的なものではなく、その人が置かれた環境で変化することを意味している。この点を考慮すると、従来の調査中心のマーケティング・リサーチでは、正しく結果を把握することができないことを意味している。人間の意思決定の非合理性という特徴に焦点を当てた行動経済学が誕生したように、マーケティング・リサーチにおいても、人間の判断・評価の特

徴に焦点を当てた手法の開発が望まれている。たとえば，第 7 章でも紹介したように，竹内・星野（2015）は解釈レベル理論を応用することで，調査結果に含まれるバイアスを低減できることを示した。

　マーケティングが顧客中心に進められるならば，企業の役割の 1 つに仲介がある。Airbnb や Uber といった企業は仲介者としての役割を担っている代表的な企業である。消費者が自分の遊休資産をシェアするシェアリングエコノミーの成長が期待されるなか，これまでのマーケティング・リサーチでは扱ってこなかった重要な問題（たとえば，提供者・利用者の信頼性の評価，利用者と提供者のマッチングなど）があり，これらの問題を解決することが求められている。

3　企業経営の変化

　企業のマーケティングが変化するとマーケティング・リサーチも変化するが，企業の経営自体が変化しても，もちろんマーケティング・リサーチは変化する。

事業開発とマーケティング・リサーチ

市場における競争の激しさが増すなか，企業のマーケティング担当者は画期的な新商品や新サービスを市場に導入する必要に迫られている。画期的な新商品・サービスは時にはある事業領域を創造することを見越して設計される。その際，最初から時間をかけてリサーチを行ったうえで戦略を確定し，ほぼ完全な商品・サービスをつくり，市場に導入していては，成功することが難しい場合がある。画期的な新商品・サービスであればあるほど，市場における不

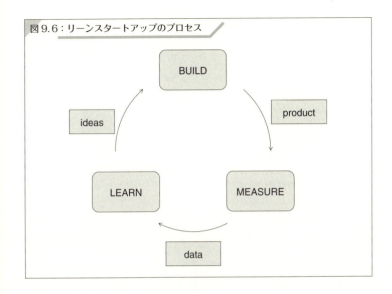

図9.6：リーンスタートアップのプロセス

確定要素が多く失敗する可能性が高い。そのため，成功する確率を高めるためには，必要最小限の機能を有する商品やサービスを開発し，市場に導入し，市場の評価をもとに商品・サービスの改良を行うという一連のプロセスをできるだけ早く回すことが求められる（これを，リーンスタートアップ：lean startup〔Ries 2011〕）という。

　リーンスタートアップは図9.6にあるように商品・サービスに対する顧客の声をできるだけ早く商品・サービスに反映する必要がある。マーケティング・リサーチの「企画立案→実施→結果の読み取り」という一連の流れを従来の手法よりもできるだけ早くする工夫が求められている。マーケティング・リサーチにおける即時性というニーズが特に求められてることを意味する。常設型のMROC，設問数の少ないマイクロサーベイなどはこの即時性のニーズを満たす解決策である。

Column ㊷　消費者の声は早い時期に聞こう　●　●　●━━

先にリーンスタートアップには，高い投資額が必要な商品には向かない
と指摘したが，リーンスタートアップの基本的な考えである。早いうちに
消費者の意見を聞くという点は，高い投資額が必要な商品にも十分に利用
できる考え方である。ポイントは何らかの問題を今までよりも少ない時間
で解決することが重要で，その方法が求められている点である。Knapp,
Zeratsky, & Kowitz（2016）は 5 日間で問題を解決する手法として，
"SPRINT" という手法を提案しているが，この手法でもアイデアをだし，
プロトタイプを作成し，最後の 5 日目に顧客からの意見を聞いている。

　　ただし，すべての商品・サービスがリーンスタートアップのよう
な開発体制に向いているわけではない。新たに工場を建設するとい
った莫大な投資を必要とする商品については従来のマーケティン
グ・リサーチの手法も必要である。商品・サービスの性質を見極め
どちらの手法を用いるか決定するべきである。

効率性の重視　　企業の目的が利益を得ることであると考え
ると，利益率のように効率性を表す指標で
経営を管理し，無駄な工程や作業を改善することは目的の達成に不
可欠である。作業改善による効率性の向上は，製造業の生産現場に
おいて主に実施されてきたが，生産現場以外でも，生産性の向上に
努めるべきである。

　　マーケティングにおいても効率性が求められているが，マーケティ
ング活動自体の効率性の向上のほかに，企画，開発，生産，物流，
販売のすべての過程における全体最適も求められている。新商品を
企画するうえで，配送時に商品が壊れないようなパッケージを開発
できれば，ロスがなくなって効率が良くなり，自社の利益が向上す

ることは自明である。このことは，マーケティング・リサーチにおいて，消費者ニーズを反映した商品を具現化するだけではなく，生産から流通を通し，当該の商品の価値を毀損することなく伝える工夫も必要であることを意味する。効率性を追求するには，商品・サービスを企画開発する段階から利用者の手に届くまでの間にロスを極力抑える必要があるが，それを考えるのは，マーケティング，ひいてはマーケティング・リサーチの仕事である。

4　マーケティング・リサーチのマネジメント

　マーケティング，経営環境の変化に合わせ，マーケティング・リサーチ自体も変化を迫られている。一方で，マーケティング・リサーチは，マーケティングの意思決定の判断材料となる情報を提供する責務があるため，情報の質を担保するため，変化については慎重な検討を行う必要がある。この変化への対応と質の担保を両立するには，マーケティング・リサーチにおけるマネジメントが重要になる。

　マーケティング・リサーチにおけるマネジメントは，図9.7にあるように，内的なマネジメントと外的なマネジメントに分けられる。内的なマネジメントとは，主に社内で完結する問題に関するマネジメントであり，外的なマネジメントは，消費者や協力企業といった，社内だけでは完結しない問題に関するマネジメントである。

文章化による標準化　「集まるデータ」の時代になり，取り扱うデータの種類が増えたことにより管理業務が増し，マーケティング・リサーチを効率的に運営する方法が求め

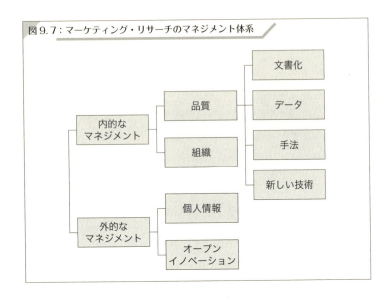

図9.7：マーケティング・リサーチのマネジメント体系

内的な
マネジメント
├ 品質
│ ├ 文書化
│ ├ データ
│ ├ 手法
│ └ 新しい技術
└ 組織

外的な
マネジメント
├ 個人情報
└ オープン
　 イノベーション

られている。また，市場における競争に打ち勝つためにも，迅速な意思決定が求められ，マーケティング・リサーチの実施から結果までの時間の短縮化が求められている。ただし，この時間の短縮化は品質を保ったうえでの短縮化である。

　マーケティング・リサーチを効率的に運営するには，同じ結果が得られるように，作業を文書化し，作業内にチェック項目を設定し，マーケティング・リサーチのプロセスを管理する必要がある。文書化することは各プロセスの意思決定のルール化につながり，意思決定をする時間を大幅に短縮でき，かつ，確実に実施できるというメリットがある。生産現場において，一定以上の品質の製品を効率よく生産するために，工程を文書化した基準書を作成し生産活動を行うのと同じである。先に，マーケティング・リサーチ分析手法は分析手法自体が進化するため，時期を決めて見直しをするべきと指摘

したが，いつ見直しをするべきかがルール化されていなければ，見直しをすること自体ができず，新しい分析手法を取り入れることができない。文書化には，個人が持つそれぞれの知識，ノウハウを組織で共有することで，組織の知識レベルを平準化させる利点がある。また，文書化されることで実施すべき作業が明確になるため，作業の抜け漏れや過剰な作業を減少させることができる。

　作業を文書化し，プロセスで管理するメリットは，迅速な意思決定，確実な実施のほかに，無駄な作業の排除という側面がある。マーケティング・リサーチにおいて作業を細かく行おうと思えばどこまでも行うことができる。しかしリサーチ自体の作業としての労力も無視することはできない。そのため何らかの基準を持ち，作業を限定したほうが，効率的に作業を進めることが可能となる。

| データ・手法の選択 |

マーケティング・リサーチにおいて用いられるデータにおいて，調査データが主であった時代は，対象者の条件設定や母集団からの抽出法だけを考えればよかった。「集まるデータ」の時代となり，マーケティング・リサーチに利用できるデータの種類が増加したことは，今までよりも深く消費者を理解することにつながり，より良い商品・サービスの開発に貢献する。そのため，マーケティング・リサーチで活用するデータの検討は定期的に行うべきであり，その際は，補完性と代替性という2つの視点で検討するべきである。

　マーケティング・リサーチで扱えるデータの種類が増えると，同時に手法の開発も進むと考えられる。一方，データの種類が増えるということは，さまざまな角度から消費者を理解することができることを意味し，単なる集計レベルでも十分な情報を得ることができる可能性があり，これまで行っていた分析の必要性が低下すること

(出所) ESOMAR APAC 報告会にて（インテージ社撮影）

　が考えられる。得られた結果の効果と結果を得るための労力のバランスを取りながら手法の取捨選択をデータと同じように行う必要がある。

　新しい技術の検討　　情報技術，通信技術の発達はマーケティング・リサーチに大きな影響を与える。たとえば，電話の普及からは，即時性の高い電話調査が生み出され，高速のインターネット通信網の普及は動画調査の実施を容易にした。また，コンピューターの処理速度の高速化は，機械学習の手法の発展に大きく貢献した。

　このように，新しい技術，技術の進歩はマーケティング・リサーチに大きな影響を与えるため，現在の手法の課題とあわせて，新しい技術の動向について，常に考えるべきである。新商品開発において，その受容性を確認するには，実際の商品をみてもらい意見を貰

うのが，最も良い方法であるが，試作品を作成するには時間と費用がかかる。その問題を仮想現実（virtual reality：VR）で解決を行う方法が提案されている。たとえば，図9.8のように，日本コカ・コーラ社はインテージ社と共同で，新しいコーヒーの自動販売機をVRで再現し，コーヒーの購買を疑似体験できる手法を開発した（https://www.intage.co.jp/case/case_01.html）。

> 組織における業務の
> 切り分け

データの種類が増え，企業内のさまざまな部署においてデータを分析した結果を用いて意思決定するようになると，分析業務をマーケティング・リサーチの部署のみが行うことは，効率的ではなくなる。集計レベル結果だけが欲しい部署もあれば，高度な分析が必要な場合もある。また，部署特有の知識がなければ分析できない場合もある。

このような状況に対応するには，マーケティング・リサーチの部署が行うべき分析と，そうではない分析を切り分ける必要がある。時には，自社のデータ活用全体をデザインしたうえで，マーケティング・リサーチの部署の位置づけを考えるべきである。たとえば，花王のように，「集まるデータ」が多くなるビッグデータの時代に対応し，従来のマーケティング・リサーチの部署とは異なる専門の部署を立ち上げる（日経情報ストラテジー2010年10月）など，組織としてのマネジメントも必要になってくる。

> 個人情報への配慮

2003年に個人情報保護法が制定されて以来，個人が特定できる何らかのデータを収集し，マーケティング・リサーチに活用する際，法律に則った管理が求められるようになった。2015年に同法が改正されたが，その中で，5000人分以下の個人情報を取り扱う事業者に対しても個人

Column ㊸　調査を学力テストと考える　●●●━━━━━━━━

　調査と学校で実施されるテストは類似している。どちらも被験者の頭の
なかにある潜在的なものを測定し，それと同時に提示した項目の評価を行
う。異なるのは，テストは個人の学力を測定する点である。

　調査を学力テストとして見立てる利点には，①事実を確認するだけなの
で回答が安定（何らかの評価よりも安定），②テストを運用，分析する理
論がある（項目反応理論）の２点がある。

　①については，先に，消費者の評価がさまざまな要因に影響を受けるこ
とを指摘したが，記憶している事実の確認であれば，知っている，知らな
いの問題でありこのような問題は発生しがたい。②については，運用，分
析のモデルがあれば，そのモデルに沿って作業を進めることができるため，
効率的な運営が可能である。さらに，項目反応理論では，TOEIC のよう
な国際的なテストで用いられている実績が示すように，地域間および，時

━━◢◢　　　　　　　　　　　　　　　　　　　　　　　　　

情報保護法が適用されるようになり，サンプルサイズが小さくても，
個人情報（個人を識別できる情報）が収集するデータに含まれる際は，
個人情報保護法に則り管理する必要がある。個人情報が含まれるデー
タの管理は自社で行うこともあれば，他社にデータの管理を委託
する場合もある。個人情報保護法では委託先を適切に監督する義務
があることを定めており，マーケティング・リサーチを管理するう
えで，委託先の監督の方法も十分に検討するべきである。

**オープンイノベーショ
ンへの対応**

本章２節で，マーケティングの１つの流
れに共創があると指摘したが，これは，企
業がこれまで社内で行っていた活動を社外
まで広げ，社外のパートナーとともに創造的な商品・サービスをつ
くり出すことである。市場における消費者ニーズの複雑化，消費者
の成熟を考えると，社内のリソースだけに頼るマーケティングでは

系列的な比較，新しい項目の評価など，従来の調査では難しい内容に対応することができる（単に結果を集計して比較するだけではない）。加えて，項目反応理論では，項目に対する反応の結果は，被験者の能力の高低に影響を受けるという仮定を置いており，この仮定がマーケティングにも当てはまりやすい。さらに，項目反応理論では，名義尺度，順序尺度，比尺度などさまざまな尺度の変数を利用できることも，マーケティングにおいて扱いやすい。

　ただし実際には，マーケティングにおいて扱われた事例はあまり多くなく，たとえば，消費者の価格感度を測定した研究（守口 1993），ブランドイメージの測定（上田 2015）などがある。経時的な調査を実施している企業は多いと思われるが，調査結果を有効に活用するのであれば，項目反応理論の活用を考えるべきであろう。

不十分であり，外部との連携は避けては通れない。

　外部との連携を実りあるものにするには，まず，自社の強みと弱みを理解し，強化すべき（自社では不十分な）分野・項目の優先順位を決定することである。この際，強化したい分野・項目に関する技術が社内にある，もしくは社内にある技術を転用して利用できることもあるため，事前の確認作業は入念に行う必要がある。この際，自社の活動についてアーカイブ化され，いつでも閲覧できる体制があれば，この確認作業に時間を必要としない。外部のパートナーと提携する前に，先に述べた文書化のように実施すべき内容が多い。

課　題

9-1　モノではなくコトのマーケティングを行っている企業を1つ挙

げてみよう。

9-2　その企業が，自社の商品，サービスを開発するのに，どのようなデータを集めて意思決定したか考えてみよう。

9-3　上で挙げたデータを「集めるデータ」と「集まるデータ」に分けてみよう。

9-4　9-3の内容をみて，なぜ「集まるデータ」が必要か考えてみよう。

 参考文献

朝野熙彦・山中正彦（2000）『新製品開発』朝倉書店。

石川雅崇・清水新（2016）「成果から売る仕組み」『ダイヤモンド・ハーバードビジネスレビュー別冊』1，22-27。

上田雅夫（2015）「連想のつながりの強さによるブランド・イメージの理解」『オペレーションズ・リサーチ』60（12），728-738。

竹内真登・星野崇宏（2015）「解釈レベルの操作を伴うコンジョイント測定法の開発──マーケティングリサーチに生じるバイアスの排除に関する実証分析」『マーケティング・サイエンス』23（1），15-34。

日経情報ストラテジー（2010）「花王データ経営の正体」『日経情報ストラテジー』10，24-29。

守口剛（1993）「項目反応理論を用いた市場反応分析──価格プロモーション効果とブランド選好度の測定」『マーケティングサイエンス』2（1，2），1-14。

守口剛（2002）『プロモーション効果分析』朝倉書店。

Fader, P. (2012), *Customer Centricity*, Wharton Digital Press.

Knapp, J., J. Zeratsky, & B. Kowitz (2016), *SPRINT*, Simon and Schuster.

Prahalad, C. K. & V. Ramaswamy (2004), *The Future of Competition*, Harvard Business School Press.

Ries, E. (2011), *The Lean Startup*, Portfolio Penguin.

Williams, L. E. & J. A. Bargh (2008), "Experiencing Physical Warmth Promotes Interpersonal Warmth,"*Science*, 322, 606-607.

Woolf, B. P. (1996), *Customer Specific Marketing*, Teal Books.

ブックガイド

❏ 統 計 学

倉田博史（2017）『大学4年間の統計学が10時間でざっと学べる』
　　KADOKAWA。

高橋信（2004）『マンガでわかる統計学』オーム社。

⇒数式がほとんどない本でまずおおまかなイメージをつかみたい場合には
　これらの本が読みやすく，また記述が正確なためお薦めしたい。

永田靖（1992）『入門統計解析法』日科技連。

⇒定義，性質，用語の仮説などが丁寧かつ平易な日本で書かれており，初
　学者にとって大変理解しやすいテキストであると同時に，検定，分散分
　析の説明もあり，統計の初学者だけではなく，ある程度，知識を有して
　いる人にとっても役立つ内容となっている。

東京大学教養学部統計学教室編（1991）『統計学入門』東京大学出版会。

⇒『入門統計解析法』で統計学に関心を持った人が読む書籍。確率変数お
　よび確率分布に関する章の記述が丁寧で理解しやすい。このシリーズの
　『人文・社会科学の統計学』とセットで読むとさらに理解が深まる。

倉田博史・星野崇宏（2009）『入門統計解析』新世社。

⇒本格的に学ぶうえで読むべき入門の教科書としては様々なものがあるが，
　筆者（星野）が関わったものである。上記の『統計学入門』ほど高度で
　はなく，より必要な内容に限定されて説明されている。

南風原朝和（2002）『心理統計学の基礎──統合的理解のために』有斐閣。

⇒心理測定や教育測定，心理学的な実験計画など心理統計学はマーケティ
　ングや消費者行動研究でよく利用されている。この本は重回帰分析や分
　散分析モデルなどの線形モデルを幾何学的・ベクトル的な見方で統一的
　に記述した画期的な教科書である。

大久保街亜・岡田謙介（2012）『伝えるための心理統計——効果量・信頼区間・検定力』勁草書房。
⇒これまでの統計学の教科書ではあまり触れてこなかった，効果量，信頼区間，検定力についてまとめた書籍。この書籍を読むと，検定が有意確率のみに注意するべきではないことが良く理解できる。

久保拓弥（2012）『データ解析のための統計モデリング入門——一般化線形モデル・階層ベイズモデル・MCMC』岩波書店。
⇒実際の解析でよく利用される一般化線形モデルや階層モデルを扱った本であり，わかりやすい。

山際勇一朗・田中敏（1997）『ユーザーのための心理データの多変量解析法——方法の理解から論文の書き方まで』教育出版。
⇒心理学のための本ではあるが，データを多変量解析の手法を用いて分析する際の注意点，ならびに報告書等に記入すべき項目についてまとめられており，この本を読むことで分析し，結果を解釈し，報告まで行える内容となっている。

永田靖・棟近雅彦（2001）『多変量解析法入門』サイエンス社。
⇒実務において使用頻度の高い多変量解析の手法について，式の展開を含めて解説しており，統計ソフトウェアで分析しながらこの本を読むと多変量解析の内容を数式の面からも理解できる書籍。

藤澤洋徳（2006）『確率と統計』朝倉書店。
久保川達也（2017）『現代数理統計学の基礎』共立出版。
⇒統計学の入門書に書かれているさまざまな定理や法則の背景を学ぶためにはこれらの本を読むことをお勧めする。

永田靖（2005）『統計学のための数学入門30講』朝倉書店。
⇒統計学や解析を本格的に学ぶために必要な数学の知識について紹介されている。

❏ 標本調査法

土屋隆裕（2009）『概説標本調査法』朝倉書店。

⇒本書でも扱った確率的抽出法や重みづけ，キャリブレーション推定について体系的にまとめられている書籍であり，この分野ではほとんど国内唯一の本である。本書（『マーケティング・リサーチ入門』）を読み，標本抽出や重みづけ集計をより詳しく知りたい人が読むべき本。

❏ マーケティング／消費者行動

沼上幹（2008）『わかりやすいマーケティング戦略 [新版]』有斐閣。

⇒マーケティングとは何かを理解するために初学者がまず読むべき本。必要なことについて具体例を示してまとめている。

和田充夫・恩蔵直人・三浦俊彦（2016）『マーケティング戦略 [第5版]』有斐閣。

⇒マーケティングについて上の本を読み，さらに詳しいことを知りたい人が読むべき書籍。ソーシャル・マーケティング，関係性マーケティングといった今後重要なマーケティングの話題についても取り上げている。

青木幸弘・新倉貴士・佐々木壮太郎・松下光司（2012）『消費者行動論』有斐閣。

⇒消費者行動をモデル化するときに参考となる書籍。消費者行動論について重要なポイントを網羅し体系的にまとめられている。

水野誠（2014）『マーケティングは進化する──クリエイティブな Market＋ing の発想』同文館出版。

⇒分析法の本ではないが，実証的なサイエンスとしてのマーケティングが現在どのような知見と広がりを有しているのかを総括できる非常に優れた本。

❏ マーケティング・リサーチ

上田拓治（2010）『マーケティングリサーチの論理と技法 [第4版]』日本評論社。

⇒マーケティング・リサーチの技法について，その手法の説明だけでなく
　事例を踏まえて解説した書籍。

Malhotra, Naresh K. (2009), "*Marketing Research: An Applied
　Orientation*, 6th Edition," Pearson.
⇒マーケティング・リサーチについてデータの量的および質的な手法，お
　よびデータの収集から分析までをまとめた書籍。訳書が日本マーケティ
　ング・リサーチ協会監修で理論編と技術編として分冊で出版されていた。

林知己夫（2017）『社会調査ハンドブック［新装版］』朝倉書店。
⇒タイトルは社会調査であるが，マーケティング・リサーチにおいても十
　分に役立つ。傍らにおいて，辞書のように使うべき書籍。

❏ マーケティング・サイエンス／マーケティング・エンジニアリング
照井伸彦・佐藤忠彦（2013）『現代マーケティング・リサーチ──市場を
　読み解くデータ分析』有斐閣。
⇒マーケティング・リサーチというタイトルであるが，マーケティングや
　分析手法まで説明した書籍。補講でRコマンダー（後述する統計ソフト
　"R"のパッケージオプションのひとつ）の使い方が丁寧に記載されてお
　り，データの収集から分析を初めて行う，初学者に適した解説本。

古川一郎・守口剛・阿部誠（2011）『マーケティング・サイエンス入門
　──市場対応の科学的マネジメント［新版］』有斐閣。
⇒マーケティング・サイエンスの基礎的な考え方がコンパクトにまとめら
　れた入門書。

岡田彬訓・守口剛（2010）『マーケティングのデータ分析──分析手法と
　適用事例』朝倉書店。
⇒マーケティング・リサーチで収集したデータをどの手法を用いて分析す
　るべきか，その手法の特徴と注意点をまとめた書籍。応用例として分析
　した結果とその解釈が記載されており，用いられた手法の特徴を理解す
　ることができる。

里村卓也 (2015)『マーケティング・モデル [第 2 版]』共立出版。
⇒本書の第 8 章までを読んだ後に，実際にフリーの統計解析ソフトの R を
　用いて，データを分析する際に参考となる書籍。

岡田彬訓・木島正明・守口剛編 (2001)『マーケティングの数理モデル』
　朝倉書店。
⇒多変量解析の手法をマスターした人が，次に読むべき中級編の書籍。「市
　場反応分析」「マーケティングにおける最適化モデル」など分析（業務）
　の目的別に編集されているので，実務への活用がイメージしやすい。

上田雅夫・生田目崇 (2017)『マーケティング・エンジニアリング入門』
　有斐閣。
⇒マーケティング・サイエンスと密接な関係のあるマーケティング・エン
　ジニアリングの教科書である。

❏ R の利用
里村卓也 (2014)『マーケティング・データ分析の基礎』共立出版
⇒データ分析に関する解説書は多数出版されているが，データ分析する前
　のデータの加工について触れた本はほとんどない。本書は，R を用いて
　データの加工をどのように行うか説明した解説書である。同時にマーケ
　ティングの課題別の分析手法に解説もあり，初級者から中級者まで利用
　できる内容になっている。

村井潤一郎 (2013)『はじめての R──ごく初歩の操作から統計解析の導
　入まで』北大路書房。
山田剛史・杉澤武俊・村井潤一郎 (2008)『R によるやさしい統計学』オ
　ーム社。
⇒R を使った分析をする際に読むとよい。ここまで挙げた里村の 2 冊より
　やさしい内容である。

❏ 機 械 学 習
大関真之 (2016)『機械学習入門──ボルツマン機械学習から深層学習ま

で』オーム社。

杉山将（2013）『イラストで学ぶ機械学習——最小二乗法による識別モデル学習を中心に』講談社。

⇒この分野は統計学と数学の知識を一定程度必要とするが，比較的数式などが少なく理解しやすいものとして上記2冊を勧めたい。

後藤正幸・小林学（2014）『入門パターン認識と機械学習』コロナ社。

⇒マーケティング・リサーチのデータ分析で用いる，サポートベクターマシン，決定木，潜在クラスなどの機械学習の手法について解説した書籍。読者の理解を深まるよう，各章において適宜数式を用いた説明がある。

❏ 計量経済学

山本勲（2015）『実証分析のための計量経済学』中央経済社。

⇒入門的であり数式もあまりないが，様々な方法を興味の持てる具体例とともに示した本である。

田中隆一（2015）『計量経済学の第一歩——実証分析のススメ』有斐閣。

⇒上記の『実証分析のための計量経済学』より数式も多くもう少し高度でありながら，わかりやすい。

末石直也（2015）『計量経済学——ミクロデータ分析へのいざない』日本評論社。

⇒計量経済学で標準的に使われる様々な数理的な枠組みが簡潔に紹介されており，この本を超えるレベルは洋書を参照することになる。

❏ 因 果 推 論

岩波データサイエンス刊行委員会（2016）『岩波データサイエンス』（第3巻）岩波書店。

⇒D. B. Rubin によって構築された因果効果推定の枠組みと，J. Pearl らによってはじめられたグラフィカルモデリングの2つの統計的因果推論について比較的わかりやすく書かれている。

星野崇宏（2009）『調査観察データの統計科学——因果推論・選択バイアス・データ融合』岩波書店。

⇒マーケティング・リサーチの目的は，マーケティングの意思決定に用いるためにバイアスを取り除いた結果を得ることである。そのためにリサーチの担当者が気をつけなくてはいけない点を数式とともに説明している。文章のみを眺めるだけでも，マーケティング・リサーチの課題に気がつかせてくれるかもしれない。

中室牧子・津川友介（2017）『「原因と結果」の経済学——データから真実を見抜く思考法』ダイヤモンド社。

⇒因果推論について，わかりやすくまとめており，入門書として読むべき書籍。この本を読んだあとに前述の星野（2009）を読むと因果関係についてより理解が進む。

索　引

ARMA
有斐閣アルマ

マーケティング・リサーチ入門
Introduction to Marketing Research

2018 年 12 月 25 日　初版第 1 刷発行

著　　者	星野 ほし の	崇 たか	宏 ひろ お夫
	上田 うえ だ	雅 まさ	夫 お
発行者	江草 貞治
発行所	株式会社 有　斐　閣

郵便番号 101-0051
東京都千代田区神田神保町 2-17
電話　(03) 3264-1315〔編集〕
　　　(03) 3265-6811〔営業〕
http://www.yuhikaku.co.jp/

印刷・大日本法令印刷株式会社／製本・大口製本印刷株式会社
©2018, Takahiro Hoshino, Masao Ueda. Printed in Japan
落丁・乱丁本はお取替えいたします。

★定価はカバーに表示してあります。

ISBN 978-4-641-22116-1